**Studien zum
deutschen und europäischen Arbeitsrecht**

Herausgegeben von

Prof. Dr. Martin Henssler, Universität zu Köln
Prof. Dr. Martin Franzen, Universität München
Prof. Dr. Abbo Junker, Universität München
Prof. Dr. Peter Schüren, Universität Münster

Band 76

Isabel Jost

Jugend ohne Mindestlohn

§ 22 Abs. 2 MiLoG vor dem Hintergrund supranationaler und nationaler Vorgaben

 Nomos

Die Deutsche Nationalbibliothek verzeichnet diese Publikation in
der Deutschen Nationalbibliografie; detaillierte bibliografische
Daten sind im Internet über http://dnb.d-nb.de abrufbar.

Zugl.: München, LMU, Diss., 2019

ISBN 978-3-8487-5968-2 (Print)
ISBN 978-3-7489-0094-8 (ePDF)

1. Auflage 2019
© Nomos Verlagsgesellschaft, Baden-Baden 2019. Gedruckt in Deutschland. Alle Rechte,
auch die des Nachdrucks von Auszügen, der fotomechanischen Wiedergabe und der
Übersetzung, vorbehalten. Gedruckt auf alterungsbeständigem Papier.

Meinen Eltern

Vorwort

Die vorliegende Arbeit entstand während meiner Tätigkeit als wissenschaftliche Mitarbeiterin bei Professor Dr. Richard Giesen am Lehrstuhl für Sozialrecht, Arbeitsrecht und Bürgerliches Recht an der Ludwig-Maximilians-Universität München. Sie wurde im Wintersemester 2018/2019 von der juristischen Fakultät der Ludwig-Maximilians-Universität München als Dissertation angenommen. Rechtsprechung und Literatur wurden grundlegend bis Dezember 2018 berücksichtigt. Spätere Veröffentlichungen sind nur punktuell eingearbeitet.

Mein besonderer Dank gilt an dieser Stelle meinem Doktorvater Professor Dr. Richard Giesen, der mich während der Erstellung der Arbeit stets unterstützte und förderte. Ich danke ihm für seine engagierte Betreuung und seine wertvolle Kritik. Die Arbeit an seinem Lehrstuhl wird mir stets positiv in Erinnerung bleiben und hat mich stark geprägt.

Daneben danke ich Professor Dr. Jens Kersten für seine hilfreichen Anregungen und Hinweise sowie die rasche Erstellung des Zweitgutachtens.

Dank gebührt in erheblichem Maße meinen ehemaligen Kollegen vom ZAAR, die mir stets mit fachlichem Rat zur Seite standen, jederzeit Diskussionsbereitschaft zeigten und sich auch meine kompliziertesten Probleme geduldig anhörten. Unsere gemeinsamen Mittagspausen sowie die oft lebensrettenden Kaffeepausen werde ich vermissen. Dankend zu erwähnen sind an dieser Stelle noch Professor Dr. Christian Picker, der mich zum Thema dieser Arbeit inspiriert hat sowie Romy Eiselt, die gute Seele der ZAAR-Bibliothek, die mich stets mit neuer Literatur für meine Arbeit versorgte.

Schließlich gilt mein größter Dank an dieser Stelle jedoch meiner Familie und meinen Freunden, die mir während Freud und Leid in der Promotionszeit den Rücken gestärkt und an mich geglaubt haben, die mir stets mit Rat und Tat zur Seite standen und die mich trotz Rückschlägen dazu gebracht haben, nie aufzugeben. Eine namentliche Aufzählung aller würde den Rahmen dieses Vorwortes sprengen, aber seid euch gewiss: Ohne euch wäre diese Arbeit so nicht entstanden. Danke.

Meinen Eltern danke ich von Herzen, dass sie mir diese Ausbildung ermöglicht und mich auf meinem bisherigen Lebensweg bedingungslos unterstützt und gefördert haben. Ihnen widme ich diese Arbeit.

München, April 2019 *Isabel Jost*

Inhaltsverzeichnis

Abkürzungsverzeichnis	15
§ 1 Einleitung	19
A. Problematik	19
B. Das Mindestlohngesetz	20
C. Gang und Ansatz der Untersuchung	22
§ 2 Die gesetzliche Regelung: § 22 Abs. 2 MiLoG	24
A. Regelungsinhalt nach Wortlaut und Systematik	24
I. Altersgrenze: Verweis auf das JArbSchG	24
1. Personen im Sinne von § 2 Abs. 1 und 2 JArbSchG	25
2. Missglückter Verweis	25
II. Ohne abgeschlossene Berufsausbildung	26
III. Verhältnis von § 22 Abs. 2 MiLoG zu anderen Vorschriften	27
1. Verhältnis zu § 22 Abs. 1 Satz 2 Hs. 1 MiLoG	27
2. Verhältnis zum AGG	29
3. Verhältnis zu AEntG und AÜG	30
B. Sinn und Zweck der Regelung in § 22 Abs. 2 MiLoG	30
I. Das Mindestlohngesetz	31
II. § 22 Abs. 2 MiLoG: Kein Mindestlohn für Jugendliche	32
1. Wille des Gesetzgebers	32
2. Sonstige (mögliche) Zwecke	33
III. Jugendarbeitslosigkeit in Deutschland	34
§ 3 Lohnbestimmungen für Jugendliche jenseits des MiLoG	36
A. Angemessene Vergütung (§ 17 Abs. 1 Satz 1 BBiG)	36
B. Sittenwidrigkeitsgrenze (§ 138 Abs. 2 BGB)	38
I. Die Anwendbarkeit des § 138 BGB: Sittenwidrigkeit und Mindestlohn	39
II. Allgemeines zum Lohnwucher	39
III. Auffälliges Missverhältnis	40
1. Leistung und Gegenleistung	41

	2. Auffälliges Missverhältnis	41
	3. Übliche Vergütung für Jugendliche?	42
IV.	Subjektive Voraussetzungen von § 138 BGB	44
	1. Erweiterung der Geschäftsfähigkeit durch § 113 BGB	45
	2. Schwächesituation	46
	3. Ausbeutung	48
V.	Rechtsfolge: Übliche Vergütung (§ 612 Abs. 2 BGB)	49
VI.	Zwischenergebnis	50

§ 4 Jugendmindestlöhne in anderen Ländern: ein Rechtsvergleich   51

A. Überblick: Mindestlöhne im internationalen Vergleich   51

B. Jugendmindestlohnregelungen in ausgewählten Ländern   54

    I. Frankreich   55
       1. Gesetzliche Mindestlohnregelung für jugendliche Arbeitnehmer   56
       2. Kritik und Probleme   58
       3. Vergleich mit Deutschland   60
    II. Niederlande   60
       1. Gesetzliche Mindestlohnregelung für jugendliche Arbeitnehmer   61
       2. Kritik und Probleme   63
       3. Vergleich mit Deutschland   65
    III. Großbritannien   66
       1. Gesetzliche Mindestlohnregelung für jugendliche Arbeitnehmer   67
       2. Vergleich mit Deutschland   69
    IV. USA   70
       1. Gesetzliche Mindestlohnregelung für jugendliche Arbeitnehmer   71
       2. Kritik und Probleme   72
       3. Vergleich mit Deutschland   73
    V. Zwischenergebnis   73

§ 5 Vereinbarkeit von § 22 Abs. 2 MiLoG mit höherrangigem Recht   76

A. Prüfungsmaßstab: Nationales Recht, vorrangiges Unionsrecht oder Parallelität der Maßstäbe   76

    I. Eröffnung des Anwendungsbereichs des Unionsrechts   77
       1. Umsetzung von Unionsrecht   77

2. Spezifische Vorgaben des Unionsrechts für nationales
   Recht ... 78
3. Anwendungsbereich der Richtlinie 2000/78/EG ... 79
   a. Persönlicher Anwendungsbereich ... 80
      aa. Geschützter Personenkreis ... 80
      bb. Verpflichteter Personenkreis/Normadressaten ... 81
   b. Sachlicher Anwendungsbereich ... 83
   c. Zeitlicher Anwendungsbereich ... 84
   d. Zwischenergebnis ... 84
II. Parallele Anwendbarkeit der nationalen Grundrechte
   mangels Kollision ... 84
   1. Handhabung von Diskriminierungsfällen im
      Anwendungsbereich der RL 2000/78/EG durch das
      Bundesverfassungsgericht ... 84
   2. Fehlen einer Kollision zwischen Unionsrecht und
      nationalen Grundrechten ... 86
III. Zwischenergebnis ... 87
B. Vereinbarkeit von § 22 Abs. 2 MiLoG mit unionsrechtlichen
   Vorschriften ... 87
   I. Verhältnis von Richtlinie und primärrechtlichen
      Diskriminierungsverboten ... 88
   II. Gleichbehandlungs-Richtlinie 2000/78/EG ... 91
      1. Schutzzweck der Diskriminierungsverbote in der
         RL 2000/78/EG ... 93
      2. Anwendbarkeit der Richtlinie 2000/78/EG ... 94
      3. Ungleichbehandlung ... 94
         a. Grundsatz ... 94
         b. Ungleichbehandlung wegen eines geschützten
            Merkmals ... 95
      4. Rechtfertigung ... 97
         a. Rechtfertigung als Maßnahme im Sinne von
            Art. 2 Abs. 5 RL 2000/78/EG ... 99
         b. Rechtfertigung wegen beruflichen Anforderungen
            nach Art. 4 Abs. 1 RL 2000/78/EG ... 99
         c. Gerechtfertigte Ungleichbehandlung nach Art. 6
            Abs. 1 RL 2000/78/EG ... 101
            aa. Legitimes Ziel ... 102
               [1] Der Grundtatbestand (Art. 6 Abs. 1
                  Unterabs. 1 RL 2000/78/EG) ... 103

		[2] Regelbeispiele (Art. 6 Abs. 1 Unterabs. 2 RL 2000/78/EG)	106
		[3] Zwischenergebnis	107
	cc.	Verhältnismäßigkeit	107
		[1] Anforderungen	107
		[2] Geeignetheit	109
		[a] Grundsatz	110
		[b] Bedenken bezüglich § 22 Abs. 2 MiLoG	112
		[aa] Einfluss des Mindestlohns auf das Ausbildungsverhalten von Jugendlichen	112
		[bb] 18 Jahre als „falsche" Altersgrenze	115
		[cc] Keine Pflicht zur „schlechteren" Vergütung	120
		[c] Kohärenzgebot	121
		[aa] Anforderungen	121
		[bb] Kohärenz von § 22 Abs. 2 MiLoG	123
		[d] Zwischenergebnis	124
		[3] Erforderlichkeit	124
		[a] Grundsatz	124
		[b] Erforderlichkeit der Regelung in § 22 Abs. 2 MiLoG	125
		[aa] Anhebung der Ausbildungsvergütungen	126
		[bb] Gestaffelter Jugendmindestlohn	130
		[4] Angemessenheit: Verhältnismäßigkeit im engeren Sinne	131
		[a] Prüfungsanforderungen	132
		[b] Angemessenheit der Regelung in § 22 Abs. 2 MiLoG?	133
		[aa] „Schutz durch Benachteiligung"	134
		[bb] Übers Ziel hinausgeschossen?	137
		[cc] Anreiz für billige Arbeitskräfte	139
	5. Zusammenfassung		140
III.	Charta der Grundrechte der Europäischen Union		141
	1. Anwendungsbereich		142
	2. Verletzung von Art. 15 Abs. 1 GRCh		143
	3. Verletzung von Art. 20 GRCh		144

4. Verletzung von Art. 21 Abs. 1 GRCh	145
a. Alter als geschütztes Merkmal des Art. 21 Abs. 1 GRCh	145
b. Diskriminierung durch § 22 Abs. 2 MiLoG und mögliche Rechtfertigung	146
IV. Unionsrechtsverstoß	147
C. Verfassungsmäßigkeit von § 22 Abs. 2 MiLoG	149
I. Verfassungsrechtliches Gebot zur Einführung eines gesetzlichen Mindestlohns?	151
II. Verfassungsrechtliche Verankerung der Regelungen: die formelle Rechtmäßigkeit von § 22 Abs. 2 MiLoG	154
III. Verstoß gegen Art. 9 Abs. 3 GG	155
IV. Verstoß gegen Art. 12 Abs. 1 GG	155
1. Schutzbereich der Berufsfreiheit	157
2. Eingriff	158
a. Stufentheorie	158
b. § 22 Abs. 2 MiLoG als Berufsausübungsregelung	159
c. Grundrechtliche Schutzpflicht aus Art. 12 Abs. 1 GG	160
3. Rechtfertigung eines Eingriffs	161
4. Zwischenergebnis	162
V. Verstoß gegen Art. 3 Abs. 1 GG	162
1. Ungleichbehandlung	163
a. Gleichbehandlungspflicht	164
b. Verfassungsrechtlich relevante Ungleichbehandlung	165
2. Rechtfertigung der Ungleichbehandlung	166
a. Prüfungsmaßstab	167
aa. Rechtsprechung des Bundesverfassungsgerichts	168
bb. Kriterien zur Bestimmung dieses Prüfungsmaßstabes	170
[1] Vergleichbarkeit mit den Merkmalen in Art. 3 Abs. 3 GG	171
[2] Verletzung von Freiheitsgrundrechten	171
[3] Einflussmöglichkeiten des Einzelnen	172
cc. Prüfungsmaßstab für § 22 Abs. 2 MiLoG	172
b. Rechtfertigung der Ausnahme in § 22 Abs. 2 MiLoG?	175
VI. Zusammenfassung	178
VII. Rechtsfolge	178

Inhaltsverzeichnis

§ 6 Schlussbetrachtungen und Ausblick	180
A. Kein Einklang mit den einschlägigen unions- und verfassungsrechtlichen Vorgaben	180
B. Alternative Lösungsmöglichkeiten	181
I. Änderung von § 22 Abs. 2 MiLoG	182
1. Mindestlohnausnahme begrenzt auf Vollzeitbeschäftigungen	182
2. Anhebung der Altersgrenze in § 22 Abs. 2 MiLoG	183
3. Abschläge vom Mindestlohn: gestaffelter Jugendmindestlohn	184
4. Höchstlohngrenze statt Mindestlohnausschluss	185
II. Abschaffung von § 22 Abs. 2 MiLoG	186
1. Arbeitszeiten im JArbSchG anpassen	186
2. Anhebung der Ausbildungsvergütung	187
3. Ausnahme von Qualifizierungsmaßnahmen vom Anwendungsbereich	188
4. Reduzierung der Sozialabgabenpflicht für den Arbeitgeber	188
III. Die richtige Alternative?	189
C. Fazit	190
Literaturverzeichnis	191

Abkürzungsverzeichnis

a.A.	andere Ansicht
a.a.O.	am angegebenen Ort
a.F.	alte Fassung
ABl.	Amtsblatt
ABl. EG	Amtsblatt der Europäischen Gemeinschaften
Abs.	Absatz
AEntG	Arbeitnehmer-Entsendegesetz
AEUV	Vertrag über die Arbeitsweise der Europäischen Union
AGG	Allgemeines Gleichbehandlungsgesetz
ArbRAktuell	Arbeitsrecht Aktuell
Art.	Artikel
AÜG	Arbeitnehmerüberlassungsgesetz
BAG	Bundesarbeitsgericht
BBIB	Bundesinstitut für Berufsbildung
BBiG	Berufsbildungsgesetz
BeckRS	elektronische Entscheidungsdatenbank in beck-online
Begr.	Begründer
BGB	Bürgerliches Gesetzbuch
BGH	Bundesgerichtshof
BR	Bundesrat
BSG	Bundessozialgericht
BT	Bundestag
BVerfG	Bundesverfassungsgericht
BVerfGG	Bundesverfassungsgerichtsgesetz
BVerwG	Bundesverwaltungsgericht
d.h.	das heißt
ders.	derselbe
Drs.	Drucksache
EG	Europäische Gemeinschaft
EL.	Ergänzungslieferung
EnWZ	Zeitschrift für das gesamte Recht der Energiewirtschaft

Abkürzungsverzeichnis

et al.	et alii *(lat.)*
EU	Europäische Union
EuGH	Europäischer Gerichtshof
F.A.Z.	Frankfurter Allgemeine Zeitung
FLSA	Fair Labor Standards Act
Fn.	Fußnote
GA	Generalanwalt
GAin	Generalanwältin
GG	Grundgesetz
GRCh	Die Charta der Grundrechte der Europäischen Union
Hrsg.	Herausgeber
Hs.	Halbsatz
ILJ	Industrial Law Journal *(internationale Fachzeitschrift für Arbeitsrecht)*
J.O.R.F.	Journal officiel de la République française (franz. Amtsblatt)
JAR	Jurisprudentie Arbeidsrecht *(niederländische Fachzeitschrift für Arbeitsrecht)*
JArbSchG	Gesetz zum Schutze der arbeitenden Jugend
JSE	Jura Studium & Examen
JuS	Juristische Schulung
JZ	Juristenzeitung
Kap.	Kapitel
LAG	Landesarbeitsgericht
lit.	littera *(lat.)*
LPC	Low Pay Commission *(britische Niedriglohnkommission)*
Ls.	Leitsatz
m.w.N.	mit weiteren Nachweisen
MiLoG	Mindestlohngesetz
NJW	Neue Juristische Wochenschrift
NJWE-FER	NJW-Entscheidungsdienst Familien- und Erbrecht
NMW	national minimum wage
Nr.	Nummer
NVwZ	Neue Zeitschrift für Verwaltungsrecht
NZA	Neue Zeitschrift für Arbeitsrecht
RL	Richtlinie
Rn.	Randnummer

Abkürzungsverzeichnis

Rs.	Rechtssache
Rspr.	Rechtsprechung
S.	Seite
SA	Schlussantrag
SGB	Sozialgesetzbuch
SI	Statutory Instrument (*Rechtsverordnung in Großbritannien*)
Slg.	Sammlung
SMIC	Salaire minimum interprofessionnel de croissance (französischer Mindestlohn)
u.a.	und andere
Unterabs.	Unterabsatz
USD	US-Dollar
v.	vor
Vgl.	Vergleiche
WPM	Wertpapier Mitteilungen
z.B.	zum Beispiel ippipipip
ZfA	Zeitschrift für Arbeitsrecht
ZRP	Zeitschrift für Rechtspolitik

Im Übrigen wird verwiesen auf:
Kirchner, Hildebert: Abkürzungsverzeichnis der Rechtssprache, 8. Auflage 2015.

§ 1 Einleitung

A. Problematik

Auf den ersten Blick kommt der Gegenstand dieser Arbeit – die Bereichsausnahme von minderjährigen Arbeitnehmern ohne Ausbildung gemäß § 22 Abs. 2 MiLoG – als Absurdum daher. Gefeiert als Errungenschaft des Sozialstaats, von einigen gar als unmittelbarer Ausfluss der verfassungsrechtlichen Pflicht zum Schutz der Berufsfreiheit begriffen,[1] wurde in Deutschland im Januar 2015 – einerseits – endlich ein gesetzlicher Mindestlohn eingeführt. Andererseits aber wird eine Gruppe besonders schwacher und deshalb eigentlich schutzbedürftiger Arbeitnehmer – Jugendliche ohne Berufsausbildung – von dieser sozialstaatlichen Wohltat ausgenommen und soll nicht in den Genuss der Mindestlohnregelungen kommen. Der Gesetzgeber hat sich bei der Begründung dieser Bereichsausnahme vergleichsweise bedeckt gehalten, schien mit der Ausnahme aber offenbar einen paternalistischen *Nudge* (von engl. *to nudge* = schubsen) setzen zu wollen:[2] Im wohlverstandenen Interesse der betroffenen Jugendlichen wollte er diesen keinen (Fehl-)Anreiz zu ungelernter Beschäftigung geben,[3] sondern sie – mehr oder weniger sanft – in Richtung einer geordneten schulischen oder beruflichen Ausbildung „schubsen".

Ziel dieser Arbeit soll es sein, vor dem Hintergrund der Konzeption der deutschen Mindestlohnregelungen und mit einem Seitenblick auf alternative Regelungskonzeptionen in anderen Ländern zu überlegen, ob die Bereichsausnahme des § 22 Abs. 2 MiLoG mit den einschlägigen unions- und verfassungsrechtlichen Vorgaben im Einklang steht. Die Zulässigkeit des flächendeckenden gesetzlichen Mindestlohns wurde im Schrifttum mit Blick auf verfassungs- und unionsrechtliche Vorgaben bereits ausführlich

---

1 *Winkler*, in: Friauf/Höfling, Berliner Kommentar zum Grundgesetz, Art. 12 Rn. 113.
2 Vgl. grundlegend zum Konzept des Nudgings *Thaler/Sunstein*, Nudge: Improving Decisions about Health, Wealth and Happiness (2008); mit öffentlich-rechtlicher Einordnung *Wolff*, Rechtswissenschaft 2015, S. 194 ff.; siehe zum Ganzen auch *Krönke*, Der Staat 55 (2016), 319 (320) mit vielen weiteren Nachweisen.
3 BT-Drucksache 18/1558 vom 28.05.2014, S. 42 f.

§ 1 Einleitung

diskutiert.⁴ Während die Vereinbarkeit des Mindestlohngesetzes mit höherrangigem Recht somit schon vergleichsweise intensiv beforscht ist, existieren nur wenige Untersuchungen zur Zulässigkeit des § 22 Abs. 2 MiLoG.⁵ Dabei ist oft nur ein verhältnismäßig kurzer Abschnitt dazu zu finden, dass die Regelung diskriminierend und daher europa- und verfassungsrechtswidrig sei, ohne dass umfassende Erläuterungen gegeben werden.⁶

B. *Das Mindestlohngesetz*

Die Einführung eines allgemeinen gesetzlichen Mindestlohns in Deutschland war Gegenstand einer langen sozialpolitischen Diskussion.⁷ Anlass für die Einführung des Gesetzes zur Regelung eines allgemeinen Mindestlohns (Mindestlohngesetz – MiLoG) ab dem 1.1.2015 waren das immer weiter sinkende Lohnniveau im Niedriglohnbereich sowie die abnehmende Tarifbindung und auch die starke Belastung der sozialen Sicherungssysteme.⁸ Auch die Tatsache, dass in Deutschland vor der Einführung des MiLoG ein „Flickenteppich"⁹ an unterschiedlichen Mindestlohninstru-

---

4 Vgl. zum Beispiel *Barczak*, RdA 2014, 290; *Henssler*, RdA 2015, 43; *Junker*, EuZA 2015, 399; *Kainer*, NZA 2016, 394; *Picker*, RdA 2014, 25 (28 ff.); *ders*. JSE 2015, 4; *Preis/Ulber*, Gutachten (2014); *Sittard*, NZA 2010, 1160; *Sodan/Zimmermann*, NJW 2009, 2001; *Thüsing*, ZfA 2008, 590; *Waltermann*, NZA- Beilage 2009, 110; *ders*. AuR 2015, 166; *Zeising/Weigert* NZA 2015, 15.
5 Zu diesem Schluss kommt auch *Grzeszick*, Verfassungsrechtliche Zulässigkeit (2014), S. 7, die Aussage stammt allerdings von März 2014. Eine ausführliche Untersuchung zur Ausnahme der Praktikanten in § 21 Abs. 1 Satz 2 MiLoG findet sich derweil bei *Popella*, Praktikanten zwischen Mindestlohngesetz und Berufsbildungsgesetz (2017) und in der rechtsvergleichenden Monographie von *Heukenkamp*, Gesetzlicher Mindestlohn in Deutschland und Frankreich, S. 100 ff.
6 Vgl. *Brors*, NZA 2014, 938; BeckOK ArbR/*Greiner* (2018), § 22 MiLoG Rn. 48-52.1; *Picker*, JSE 2015, 4 (16-18), Düwell/Schubert/*Schubert/Jerchel*, § 22 MiLoG Rn. 52-54.; *Ulber*, AuR 2014, 404 (406), etwas umfassender begutachtet die verfassungsrechtliche Vereinbarkeit der Ausnahme *Grzeszick*, Verfassungsrechtliche Zulässigkeit (2014) S. 9 ff.
7 Vgl. zur historischen Entwicklung der Einführung eines Mindestlohnes in Deutschland *Popella*, Praktikanten zwischen Mindestlohngesetz und Berufsbildungsgesetz (2017), S. 147 ff.; kurze Darstellung auch bei *Barczak*, RdA 2014, 290; *Lobinger*, Mindestlohn und Menschenwürde, in: Verfassungsvoraussetzungen, Gedächtnisschrift für Winfried Brugger (2013), 355 (355).
8 Vgl. BT-Drucksache 18/1558 vom 28.05.2014, S. 2; Düwell/Schubert/*Schubert*, Einleitung, Rn. 2; *Grzeszick*, Verfassungsrechtliche Zulässigkeit, S. 4.
9 *Waltermann*, NZA-Beilage 2009, 110 (115).

menten bestand, verstärkte den Ruf nach einer pauschalen gesetzlichen Regelung, um die strukturellen Defizite der Tarifautonomie auszugleichen.[10]

Die Regierungsparteien der 18. Legislaturperiode vereinbarten daher im Koalitionsvertrag vom 27.11.2013, in aller Eindeutigkeit, dass „zum 1. Januar 2015 […] ein flächendeckender gesetzlicher Mindestlohn von 8,50 Euro brutto je Zeitstunde für das ganze Bundesgebiet gesetzlich eingeführt" wird.[11] Viele Stimmen lehnten die generelle Einführung eines gesetzlichen Mindestlohnes aber auch ab oder kritisierten zumindest dessen geplante Höhe und Ausgestaltung.[12] Entgegen allen Kritikern wurde das Artikelgesetz „zur Stärkung der Tarifautonomie" schließlich am 11.8.2014 ausgefertigt und am 15.8.2014 im Bundesgesetzblatt veröffentlicht.[13]

Art. 1 des Tarifautonomiestärkungsgesetzes enthält das Gesetz zur Regelung eines allgemeinen Mindestlohns, das Mindestlohngesetz (MiLoG), welches am 1.1.2015 in Kraft getreten ist. Seitdem gibt es nun den Mindestlohn in Deutschland und Arbeitgeber müssen ihren Arbeitnehmern[14] seit der letzten Erhöhung zum 1.1.2019 mindestens 9,19 € brutto je Arbeitszeitstunde zahlen.[15]

---

10 *Barczak*, RdA 2014, 290; *Waltermann*, NZA-Beilage 2009, 110 (119) und *Wank*, RdA 2015, 88 (88).
11 Deutschlands Zukunft gestalten, Koalitionsvertrag zwischen CDU, CSU und SPD, 18. Legislaturperiode, 27.11.2013, S. 68; abrufbar unter https://www.cdu.de/sites/default/files/media/dokumente/koalitionsvertrag.pdf [zuletzt abgerufen am 29.11.2018], vgl. auch Düwell/Schubert/*Schubert*, Einleitung, Rn. 8.
12 So zum Beispiel *Rieble*, Funktionalität allgemeiner und sektoraler Mindestlöhne, 17 (23 ff.) und Löwisch/Riebele/*Rieble*, Tarifvertragsrecht, § 5 TVG Rn. 10. *Rieble* kritisierte insbesondere den durch das MiLoG gesunkenen Anreiz für Gewerkschaften im Niedriglohnsektor; *Spielberger/Schilling*, NJW 2014, 2897 (2901, 2903), die Kritik an der Zusammensetzung der Mindestlohnkommission und sowie der mangelnden Stärkung der Tarifautonomie durch das MiLoG äußern; *Picker*, RdA 2014, 25 (35) der sich gegen einen einheitlichen Mindestlohn in der Bundesrepublik ausspricht und für einen branchenbezogenen oder zumindest regional gestalteten Mindestlohn plädiert sowie *Lobinger*, JZ 2014, S. 810 ff, der die Verstaatlichung der Tarifautonomie durch das Mindestlohngesetz bemängelt.
13 BGBl. I 2014/39, I S. 1348.
14 Das MiLoG spricht stets genderkonform von „Arbeitnehmerinnen und Arbeitnehmern" sowie „Praktikantinnen und Praktikanten"; in dieser Arbeit wird zu Gunsten der Lesbarkeit auf die Doppelung verzichtet und nur die männliche Variante genannt, selbstverständlich sind aber stets alle Geschlechter gemeint.
15 Die Mindestlohnkommission hat sich im Juni 2018 für eine erneute Anhebung der Lohnuntergrenze, dieses Mal in zwei Stufen, ausgesprochen: ab 1.1.2019 wurde der Mindestlohn auf 9,19 € angehoben, ab 1.1.2020 soll auf 9,35 € angehoben werden, vgl. dazu den Artikel im Handelsblatt vom 26.6.2018, abzurufen unter

Das Gesetz gilt grundsätzlich für alle Arbeitnehmer (§ 22 Abs. 1 Satz 1 MiLoG), verdrängt bestehende Tarifverträge mit niedrigeren Lohnvereinbarungen und gilt unabhängig von laufenden Geschäftsjahren, Kündigungsfristen oder anderen Vereinbarungen. Der Mindestlohn ergänzt dabei die bereits bestehenden tariflichen Mindestentgelte nach dem AEntG und AÜG.[16]

Zugleich enthält das Mindestlohngesetz jedoch auch zahlreiche Ausnahmen. Ausnahmen vom Mindestlohn waren im Koalitionsvertrag zunächst nicht vorgesehen,[17] wurden jedoch schon bald nach Unterzeichnung des Koalitionsvertrages von verschiedenen Seiten verlangt, die sich letztlich auch durchsetzten.[18] So gelten heute unter anderem Ausnahmeregelungen für Praktikanten gemäß § 22 Abs. 1 Satz 2 MiLoG und für Jugendliche unter 18 Jahren ohne abgeschlossene Berufsausbildung gemäß § 22 Abs. 2 MiLoG. Auch Auszubildende fallen nach § 22 Abs. 3 MiLoG nicht in den personellen Anwendungsbereich des Gesetzes. Gleiches gilt auch für Langzeitarbeitslose nach § 22 Abs. 4 MiLoG.

C. Gang und Ansatz der Untersuchung

Diese Arbeit beschäftigt sich mit der Bereichsausnahme für jugendliche Arbeitnehmer ohne Berufsausbildung in § 22 Abs. 2 MiLoG, deren ökonomische Wirksamkeit als auch rechtliche Zulässigkeit in der Literatur äußerst umstritten sind.

Zunächst sollen im folgenden Kapitel § 2 Wortlaut und Systematik sowie Sinn und Zweck der Bereichsausnahme untersucht werden, um davon ausgehend später die rechtliche Zulässigkeit der Regelung besser bewerten zu können. Anschließend werden in Kapitel § 3 sonstige Lohnbestimmungen für Jugendliche untersucht, vor dem Hintergrund, dass bei bestehenden anderen Absicherungen, ein Ausschluss vom Mindestlohnanspruch verfassungsrechtlich nicht gar so schwer wiegt. In Kapitel § 4 wirft die Arbeit dann einen rechtsvergleichenden Blick auf andere Länder. Hier sollen

---

https://www.handelsblatt.com/politik/deutschland/lohnuntergrenze-mindestlohn-steigt-2019-auf-9-19-euro-2020-auf-9-35-euro/22736080.html?ticket=ST-1583940-2R99PWhcjwH9SKpqlH23-ap2 [zuletzt abgerufen am 29.11.18].
16 ErfK/*Franzen* MiLoG (2018), § 1 Rn. 1.
17 *Däubler*, NJW 2014, 1924 (1925); *Grzeszick*, Verfassungsrechtliche Zulässigkeit, S. 5.
18 *Bug*, Wissenschaftliche Dienste, WD 6 – 3000 – 002/14, S. 4; *Däubler*, NJW 2014, 1924 (1925); *Grzeszick*, Verfassungsrechtliche Zulässigkeit, S. 4.

anhand der Jugendmindestlohnregelungen in Frankreich, Großbritannien, den Niederlanden und den USA andere Regelungskonzeptionen aufgezeigt werden. Diese Länder wurden unterem anderem ausgewählt, um unterschiedliche Rechtskreise zu vergleichen und um differenziertere Lösungsmöglichkeiten als die deutsche Regelung aufzuzeigen. Im Hauptkapitel § 5 wird schließlich die Vereinbarkeit der Regelung mit dem Unionsrecht sowie mit dem Verfassungsrecht genauer untersucht, die von vielen zurecht bezweifelt wird. Hier wird nach einer Untersuchung des zugrunde zulegenden Prüfungsmaßstabes insbesondere die Vereinbarkeit der Regelung mit der Gleichbehandlungs-Richtlinie 2000/78/EG und mit der Charta der Grundrechte der Europäischen Union als auch der Einklang mit den deutschen Grundrechten thematisiert. Schließlich sollen am Ende der Arbeit in Kapitel § 6 alternative Regelungsmöglichkeiten für das mit § 22 Abs. 2 MiLoG verfolgte Ziel aufgezeigt und erörtert werden.

§ 2 Die gesetzliche Regelung: § 22 Abs. 2 MiLoG

Der Ausnahmetatbestand für Jugendliche ist in die Regelung über den persönlichen Anwendungsbereich des MiLoG in § 22 eingebettet. Neben Praktikanten (Abs. 1 Satz 2) und Langzeitarbeitslosen (Abs. 4) regelt § 22 MiLoG auch die Bereichsausnahme für Jugendliche in § 22 Abs. 2 MiLoG. Bevor sich die Arbeit mit den möglichen rechtlichen Problemen, die diese Bereichsausnahme in § 22 Abs. 2 MiLoG mit sich bringt, auseinandersetzt, soll diese vorab genauer betrachtet werden.

§ 22 Abs. 2 MiLoG lautet:

„Personen im Sinne von § 2 Absatz 1 und 2 des Jugendarbeitsschutzgesetzes ohne abgeschlossene Berufsausbildung gelten nicht als Arbeitnehmerinnen und Arbeitnehmer im Sinne dieses Gesetzes."

A. Regelungsinhalt nach Wortlaut und Systematik

Ausgeschlossen vom Anspruch auf den gesetzlichen Mindestlohn sind durch diese Negativfiktion „Personen im Sinne von § 2 Absatz 1 und 2 des Jugendarbeitsschutzgesetzes ohne abgeschlossene Berufsausbildung", da sie nicht als Arbeitnehmer im Sinne des MiLoG gelten, unabhängig davon, ob sie in einem Arbeitsverhältnis beschäftigt werden. Arbeitgebern ist es durch diesen Ausschluss erlaubt, mit den von § 22 Abs. 2 MiLoG erfassten Arbeitnehmern Entgelte unterhalb des gesetzlich festgelegten Mindestlohnes zu vereinbaren. Um den normativen Gehalt des § 22 Abs. 2 MiLoG exakt zu erfassen, müssen allerdings zunächst die Bedeutung der Verweisung auf das JArbSchG (I.), der Begriff der „abgeschlossenen Berufsausbildung" und das Verhältnis von § 22 Abs. 2 MiLoG zu anderen Vorschriften (III.) erklärt werden.

I. Altersgrenze: Verweis auf das JArbSchG

Die Bereichsausnahme verweist zur Definition der von ihr erfassten Personen auf § 2 JArbSchG.

1. Personen im Sinne von § 2 Abs. 1 und 2 JArbSchG

Das JArbSchG definiert in seinem § 2 die Begriffe „Kind" und „Jugendlicher". Personen im Sinne von § 2 Abs. 1 JArbSchG sind Kinder, die das 15. Lebensjahr noch nicht vollendet haben. Personen im Sinne von § 2 Abs. 2 JArbSchG sind Jugendliche die 15, aber noch nicht 18 Jahre alt sind, d.h. die 15- bis 17-jährigen.

Somit fallen alle Arbeitnehmer, die 17 Jahre oder jünger sind, unter die Ausnahmeregelung des § 22 Abs. 2 MiLoG. Sobald der minderjährige Arbeitnehmer während der Beschäftigung dann das 18. Lebensjahr erreicht, hat er auch Anspruch auf den gesetzlichen Mindestlohn unabhängig von einer abgeschlossenen Ausbildung.[19] Da mit Vollendung des 18. Lebensjahres der Ausnahmetatbestand des § 22 Abs. 2 MiLoG nicht mehr gilt, muss der Arbeitgeber dem jetzt volljährigen Arbeitnehmer ab diesem Tag den gesetzlichen Mindestlohn gemäß § 1 Abs. 1 MiLoG zahlen.[20]

2. Missglückter Verweis

Der Verweis auf das JArbSchG ist jedoch unglücklich gewählt, suggeriert er doch, dass MiLoG und JArbSchG die gleiche Schutzrichtung verfolgen würden.[21] Dem ist jedoch offensichtlich nicht so, denn beide Gesetze verfolgen unterschiedliche Ziele: das JArbSchG steht für den Arbeitsschutz von minderjährigen Arbeitnehmern, insbesondere vor Ausbeutung. Der Schutz von Kindern und Jugendlichen steht im Vordergrund. Das Gesetz bezweckt die Gesundheit und die Entwicklung Minderjähriger sowie deren Arbeitskraft vor den Gefahren einer Beschäftigung zu schützen.[22] Im JArbSchG werden zum Beispiel besondere Arbeitszeiten für minderjährige Arbeitnehmer geregelt (§ 8 JArbSchG) sowie Arten von Arbeit gelistet, die diese aufgrund einer erhöhten Gefährdung nicht ausüben dürfen (§ 22 JArbSchG).

---

[19] Schaub/*Vogelsang*, § 66 Rn. 7; *Lakies*, § 22 MiLoG Rn. 15.
[20] Eine Kündigung wegen des Entgeltsprungs bei Erreichen des 18. Lebensjahres wäre wohl unzulässig. Fraglich ist aber, ob eine Befristung des Arbeitsvertrages auf den Tag vor dem 18. Geburtstag des Arbeitnehmers mit dem TzBfG im Einklang stehen kann. Siehe zu dieser Überlegung *Ulber*, AuR 2014, 404 (406).
[21] So auch *Riechert/Nimmerjahn*, 2. Auflage, § 22 Rn. 140; *Schulten/Bispinck*, Stellungnahme WSI (2014), S. 3.
[22] *Lakies*, § 1 JArbSchG Rn. 1; ErfK/*Schlachter* JArbSchG (2018), § 1 Rn. 1.

§ 2 Die gesetzliche Regelung: § 22 Abs. 2 MiLoG

Das MiLoG hat hingegen eine ganz andere Schutzrichtung: es zielt auf Mindestentgeltschutz ab und regelt nur die Entlohnung von Arbeit.[23]

Ein Widerspruch lässt sich insbesondere auch feststellen, wenn man das oben bereits genannte Verbot der Kinderarbeit in § 5 JArbSchG betrachtet: Dieses soll unter anderem Kinder vor der wirtschaftlichen Ausnutzung als billige Arbeitskräfte schützen.[24] Dazu passt dann aber § 22 Abs. 2 MiLoG nicht, der den minderjährigen Arbeitnehmern einen Mindestlohnanspruch verwehrt und es somit gerade erlaubt, dass Arbeitgeber die jungen Arbeitnehmer für geringe Löhne anstellen können.[25]

Man darf den Verweis in § 22 Abs. 2 MiLoG auf § 2 JArbSchG daher nur als bloßen Verweis auf die definierten Altersgrenzen verstehen und keinen Zusammenhang zu den Schutzzwecken des JArbSchG ziehen.[26] Wünschenswert wäre es sicherlich gewesen, der Gesetzgeber hätte im § 22 Abs. 2 MiLoG eine eigene Altersgrenze definiert ohne den Verweis ins JArbSchG zu wählen.

II. Ohne abgeschlossene Berufsausbildung

Wer keine abgeschlossene Berufsausbildung hat und die Altersanforderungen nicht erfüllt, gilt nach § 22 Abs. 2 MiLoG nicht als Arbeitnehmer im Sinne des MiLoG. Wer jedoch eine Berufsausbildung abgeschlossen hat, wenn er das 18. Lebensjahr noch nicht vollendet hat, dem steht auch dann ein Anspruch auf Mindestlohn zu.

Was eine „abgeschlossene Berufsausbildung" bedeutet, definiert das MiLoG selbst nicht. Hier ist auf die Regelungen des BBiG zurückzugreifen:

Eine Ausbildung dauert gemäß § 5 Abs. 1 Nr. 2 BBiG mindestens zwei, maximal drei Jahre. Dabei ist § 5 Abs. 1 Nr. 2 BBiG als Soll-Vorschrift ausgebaut, so dass die Ausbildungsordnung für manche Berufe auch Abweichungen vorsehen kann.[27] Die Ausbildung ist abgeschlossen im Sinne des § 22 Abs. 2 MiLoG, wenn sie erfolgreich bestanden ist.[28] Eine erfolgreich

---

23 Siehe dazu sogleich unter § 2 B. S. 31.
24 ErfK/*Schlachter* JArbSchG (2018), § 5 Rn. 1.
25 So auch noch *Riechert/Nimmerjahn*, 1. Auflage, § 22 Rn. 91.
26 *Riechert/Nimmerjahn*, 2. Auflage, § 22 Rn. 140; so auch *Thüsing*, Stellungnahme (2014), S. 53.
27 So dauert beispielsweise die Berufsausbildung für Mechatroniker dreieinhalb Jahre (§ 2 der Mechatroniker-Ausbildungsverordnung, BGBl. I 2011/39, I S. 1516).
28 *Lakies*, § 22 MiLoG Rn. 94.

abgeschlossene Berufsausbildung setzt dabei gemäß § 37 Abs. 1 BBiG das Bestehen einer Abschlussprüfung voraus. Das Berufsausbildungsverhältnis endet dann gemäß § 21 Abs. 2 BBiG mit der Bekanntgabe des Prüfungsergebnisses durch den Prüfungsausschuss. Die Prüflinge erhalten ein Zeugnis über ihr Ergebnis in der Abschlussprüfung, § 37 Abs. 2 Satz 1 BBiG. Gemäß § 50 Abs. 2 BBiG können ausländische Prüfungszeugnisse bei Gleichwertigkeit nach Inhalt, Umfang und Schwierigkeit der Prüfung anerkannt werden. Auf eine etwaige Gleichwertigkeit der Ausbildung kommt es nicht an.[29] Damit können auch im Ausland erworbenen Kenntnisse mit entsprechendem Prüfungszeugnis zur Anerkennung einer Ausbildung und damit zum Mindestlohnanspruch führen.

Die Praxisrelevanz des Merkmales der abgeschlossenen Berufsausbildung vor Erreichen des 18. Lebensjahres im Rahmen des Mindestlohnanspruchs dürfte jedoch vergleichsweise gering sein, da das Alter bei Ausbildungsbeginn in den letzten Jahren stark gestiegen ist und heute nur noch wenige Jugendliche bereits mit 17 Jahren (oder jünger) die Ausbildung abgeschlossen haben.[30]

III. Verhältnis von § 22 Abs. 2 MiLoG zu anderen Vorschriften

Im Ergebnis führt die Negativdefinition in § 22 Abs. 2 MiLoG dazu, dass die minderjährigen Arbeitnehmer ohne abgeschlossene Berufsausbildung gegen ihren Arbeitgeber keinen Anspruch auf die Zahlung eines Stundenlohnes in Höhe des gesetzlichen Mindestlohnes nach § 1 Abs. 1 MiLoG haben. Alle anderen arbeitsrechtlichen Vorschriften bleiben grundsätzlich anwendbar.[31] Das systematische Verhältnis zu einigen anderen arbeitsrechtlichen Regelungen verdient jedoch eine genauere Betrachtung.

1. Verhältnis zu § 22 Abs. 1 Satz 2 Hs. 1 MiLoG

Die Fiktion in § 22 Abs. 1 Satz 2 Hs. 1 MiLoG stellt klar, dass Praktikanten im Sinne des § 26 BBiG als Arbeitnehmer im Sinne des Mindestlohngesetzes gelten und somit grundsätzlich einen Anspruch auf Mindestlohn nach

---

29 BeckOK ArbR/*Hagen* (2018), § 50 BBiG Rn. 1.
30 Siehe dazu die ausführliche Darstellung unten, „18 Jahre als falsche Altersgrenze" S. 115 ff.
31 BeckOK ArbR/*Greiner* (2018), § 22 MiLoG Rn. 43.

§ 2 Die gesetzliche Regelung: § 22 Abs. 2 MiLoG

§ 22 Abs. 1 in Verbindung mit § 1 Abs. 1 MiLoG haben.[32] Diese zum Mindestlohn berechtigende Gleichstellung gilt derweil nur für „echte Praktikanten" im Sinne des § 26 BBiG. Auszubildende im Sinne der §§ 4 ff. BBiG hingegen haben auch weiterhin nur einen Anspruch auf eine „angemessene Vergütung" gemäß § 17 BBiG, denn das Ausbildungsverhältnis stellt kein Arbeitsverhältnis dar.[33] Dass die Vergütung von Auszubildenden – oder in der Sprache des MiLoG, der „zu ihrer Berufsausbildung Beschäftigten"[34] – vom MiLoG nicht geregelt wird, stellt auch § 22 Abs. 3 MiLoG noch einmal deklaratorisch klar.[35] Ebenfalls ausgeschlossen sind besondere Praktikumsverhältnisse, die in § 22 Abs. 1 Hs. 2 Nr. 1 bis 4 MiLoG aufgezählt werden. Dazu gehören insbesondere verpflichtende Praktika aufgrund einer Schul-, Ausbildungs- oder Prüfungsordnung.[36]

Unklarheiten können im Zusammenspiel von § 22 Abs. 1 und Abs. 2 MiLoG entstehen, wenn ein Minderjähriger ohne Ausbildung – der also unter die Ausnahme in § 22 Abs. 2 MiLoG fällt – ein Praktikum ausübt, das wiederum nicht unter die Ausnahme in § 22 Abs. 1 Hs. 2 Nr. 1 bis 4 MiLoG fällt, also nach § 22 Abs. 1 Satz 2 Hs. 1 MiLoG eigentlich zum Mindestlohnanspruch berechtigt. Es spricht viel dafür, dass die Negativfiktion in § 22 Abs. 2 MiLoG die spezialgesetzliche und damit vorrangige Regelung ist. Damit würde dem minderjährigen Praktikanten kein Mindestlohnanspruch zustehen.

Was auf den ersten Blick kontrovers erscheint, ist durchaus sinnvoll. Ansonsten würde ein minderjähriger Beschäftigter im Rahmen eines Praktikums einen Mindestlohnanspruch haben, im Rahmen eines regulären Arbeitsverhältnisses aber nicht. Dieser Unterschied erscheint sachlich nicht begründbar.[37]

---

32 Kritisch zu dieser Regelung: *Picker/Sausmikat*, NZA 2014, 942 (943 ff.); befürwortend dagegen: *Preis/Ulber*, Gutachten (2014), S. 115 f.
33 MüKoBGB/*Müller-Glöge* (2016), § 611 Rn. 1267.
34 Düwell/Schubert/*Schubert/Jerchel*, § 22 MiLoG Rn. 56.
35 Schaub/*Vogelsang*, § 66 Rn. 8; zugleich ist der Ausnahmetatbestand des § 22 Abs. 3 MiLoG noch viel weiter und erfasst alle zu ihrer Berufsausbildung Beschäftigte, unabhängig davon, ob das BBiG Anwendung findet oder nicht, also auch zum Beispiel Studierende in dualen Studiengängen mit praktischen Phasen, vgl. ErfK/*Franzen* MiLoG (2018), § 22 Rn. 3 sowie Düwell/Schubert/*Schubert/Jerchel*, § 22 MiLoG Rn. 57; aA *Riechert/Nimmerjahn*, 2. Auflage, § 22 Rn. 144, der nur Berufsausbildungen im Sinne des BBiG von § 22 Abs. 3 MiLoG umfasst sieht.
36 Ausführlich zur Anwendung des MiLoG für Praktikanten *Popella*, Praktikanten zwischen Mindestlohngesetz und Berufsbildungsgesetz (2017); *Heukenkamp*, Gesetzlicher Mindestlohn in Deutschland und Frankreich, S. 100 ff.
37 BeckOK ArbR/*Greiner* (2018), § 22 MiLoG Rn. 47.

Zudem spricht auch der Schutzzweck des § 22 Abs. 2 MiLoG[38] dafür, dass dessen Ausnahme auch für die Fiktion nach § 22 Abs. 1 Satz 2 MiLoG gilt. Der Jugendliche soll zugunsten einer Ausbildung nicht nur davon abgehalten werden, einer ungelernten Beschäftigung nachzugehen, die mit Mindestlohn vergütet ist, sondern auch von der Aufnahme eines mit Mindestlohn vergüteten Praktikums zulasten einer Ausbildung. Auch wenn sowohl bei der Ausbildung als auch beim Praktikum der ausbildende Charakter überwiegt, sieht der Gesetzgeber die Ausbildung gegenüber dem Praktikum als wichtiger an.[39]

2. Verhältnis zum AGG

Durch die Regelung in § 22 Abs. 2 MiLoG werden jüngere Arbeitnehmer schlechter gestellt als solche, die das 18. Lebensjahr bereits vollendet haben. Damit stellt die Regelung an sich eine direkte Altersdiskriminierung bei Arbeitsbedingungen nach § 2 Abs. 1 Nr. 2 AGG dar.[40] Das AGG ist zwar als Art. 1 des Gesetzes zur Umsetzung der europäischen Richtlinie zur Verwirklichung des Grundsatzes der Gleichbehandlung (RL 2000/78/EG) erlassen worden und setzt vier weitere Richtlinien um: die Antidiskriminierungs-Richtlinie, die Beschäftigungs-Richtlinie, die Gender-Richtlinie und die Gleichbehandlungs-Richtlinie.[41] Diese Richtlinien begründen neben der Pflicht zur Umsetzung auch das an die Mitgliedstaaten gerichtete Verbot, gegen die Richtlinie verstoßende Gesetze zu erlassen.[42]

Das AGG ist jedoch wie auch das MiLoG einfach gesetzliches Recht und steht normhierarchisch somit auf der gleichen Ebene. Das AGG ist daher dem MiLoG gegenüber nicht höherrangig, sondern als gleichrangige und einfachgesetzliche Umsetzung der sekundärrechtlichen Unions-Vorgaben kein Prüfungsmaßstab für die Rechtmäßigkeit von § 22 Abs. 2 MiLoG.[43] Es kommt diesbezüglich lediglich ein Verstoß gegen das im AGG umgesetzte Unionsrecht in Frage.[44]

---

38 Siehe zum Sinn und Zweck sogleich unter B.II., S. 32 ff.
39 *Heukenkamp*, Gesetzlicher Mindestlohn in Deutschland und Frankreich, S. 132.
40 *Brors*, NZA 2014, 938 (941).
41 *Rothballer*, Berufliche Anforderungen im AGG (2016), S. 22; Art. 6 der RL 2000/78/EG wurde dabei durch § 10 AGG umgesetzt.
42 Palandt/*Ellenberger* (2017), Einleitung v. AGG 1 Rn. 1 f.
43 BeckOK ArbR/*Greiner* (2018), § 22 MiLoG Rn. 48.
44 Siehe zur Vereinbarkeit der Regelung mit Unionsrecht unten unter § 5 B., S. 87 ff.

3. Verhältnis zu AEntG und AÜG

Schließlich ist zu überlegen, wie sich Vorschriften des MiLoG zu solchen des AEntG und des AÜG verhalten. Das Verhältnis dieser drei Regelwerke regelt § 1 Abs. 3 MiLoG.

Demnach gehen die Regeln des AEntG und des AÜG dem MiLoG vor und das MiLoG tritt insoweit zurück. Dies gilt jedoch nur, soweit die Höhe der auf Grundlage von AEntG und AÜG festgesetzten Branchenmindestlöhne die Höhe des gesetzlichen Mindestlohns nicht unterschreitet.[45] Der gesetzliche Mindestlohn stellt eine Lohnuntergrenze da, die jedoch offen für branchenspezifische, divergierende Lösungen ist, sofern diese für den Arbeitnehmer günstiger sind.[46]

Es ist daher möglich, dass Minderjährige auch ohne abgeschlossene Ausbildung im Einzelfall trotz der Regelung in § 22 Abs. 2 MiLoG nach dem AEntG oder dem AÜG einen Anspruch auf Lohn in Höhe des gesetzlichen Mindestlohnes oder höher haben.

B. Sinn und Zweck der Regelung in § 22 Abs. 2 MiLoG

Vor dem Hintergrund des Normtextes und seiner systematischen Einordnung können nun der Sinn und Zweck des § 22 Abs. 2 MiLoG näher untersucht werden.

Es lassen sich leicht mehrere Gründe und Argumente anführen, die dafür sprechen, einen gesetzlichen Mindestlohn einzuführen.[47] Aber was spricht dafür, jugendliche Arbeitnehmer ohne Ausbildung aus dem Anwendungsbereich eines gesetzlichen Mindestlohnes herauszunehmen? Die Bereichsausnahme in § 22 Abs. 2 MiLoG verfolgt jedenfalls ein ganz anderes Ziel als das Mindestlohngesetz beziehungsweise der Mindestlohnanspruch allgemein. Dennoch besteht natürlich ein Zusammenhang der beiden. Daher sollen im Folgenden beide Gesetzeszwecke näher betrachtet werden.

---

45 ErfK/*Franzen* MiLoG (2018), § 1 Rn. 21.
46 *Barczak*, RdA 2014, 290 (293).
47 Siehe hierzu die umfassende Darstellung bei *Wank*, Mindestlöhne – Begründungen und Instrumente, in: Festschrift Buchner (2009), S. 898 ff. sowie *Rieble*, Funktionalität allgemeiner und sektoraler Mindestlöhne, 17 (19 ff.).

I. Das Mindestlohngesetz

Der allgemeine gesetzliche Mindestlohn wurde in erster Linie eingeführt, um Arbeitnehmer vor der Beschäftigung zu unangemessenen Löhnen beziehungsweise zu Niedrigstlöhnen zu schützen.[48] Der geläufige Zweck von staatlichem Mindestlohn ist es, den Arbeitnehmer vor Ausbeutung zu schützen, insbesondere davor, unter Wert zu arbeiten.[49] Das Mindestlohngesetz kann diesbezüglich zwar keinen umfassenden Schutz bieten. Aber es soll jedenfalls verhindern, dass Arbeitnehmer zu Arbeitsentgelten beschäftigt werden, die branchenübergreifend unangemessen im Sinne der in Art. 2 Abs. 1 und Art. 20 Abs. 1 GG zum Ausdruck kommenden Gerechtigkeitsanforderungen des Sozialstaatsprinzips sind.[50] Der Mindestlohn dient hier der Kompensation des Machtgefälles zwischen Arbeitnehmer und Arbeitgeber, welches entsteht, da der Arbeitnehmer bei Abschluss, Durchführung und Beendigung des Arbeitsvertrages strukturell meist unterlegen ist.[51] Auch die geringe Tarifbindung im immer größer werdenden Niedriglohnsektor war Anlass der Einführung eines gesetzlichen Mindestlohnes. Das dort bestehende Funktionsdefizit der nach Art. 9 Abs. 3 GG gewährleisteten Tarifautonomie soll durch die eingeführte Lohnuntergrenze ausgeglichen werden.[52]

Daneben soll der Mindestlohn auch staatliche Transferleistungen verringern und das deutsche Sozialversicherungssystem stabilisieren.[53] Ziel ist es, die Vereinbarung von nicht existenzsichernden Arbeitsentgelten zu verhindern, welche durch Leistungen der Grundsicherung für Arbeitssuchende „aufgestockt" werden müssten.[54] Der Mindestlohn soll den Anreiz eines Lohnunterbietungswettbewerb zu Lasten der sozialen Sicherungssysteme verhindern.[55] Zugleich bedeuten die höheren Lohnentgelte auch mehr So-

---

48 ErfK/*Franzen* MiLoG (2018), § 1 Rn. 1.
49 *Rieble*, Funktionalität allgemeiner und sektoraler Mindestlöhne, 17 (20) m.w.N.
50 BT-Drucksache 18/1558 vom 28.05.2014, S. 27 f.; kritisch bezüglich der Lohngerechtigkeit durch Mindestlohn *Wank*, Mindestlöhne – Begründungen und Instrumente, in: Festschrift Buchner (2009), 898 (899); *Rieble*, Funktionalität allgemeiner und sektoraler Mindestlöhne, 17 (20 f.).
51 *Giesen*, Rechtspolitik des Mindestlohns, in: Festschrift Kempen (2013), 216 (216); *Preis/Ulber*, Gutachten (2014), S. 29.
52 BT-Drucksache 18/1558 vom 28.05.2014, S. 27 f.; *Waltermann*, AuR 2015, 166 (167 f.).
53 Vgl. BT-Drucksache 18/1558 vom 28.05.2014, S. 28; *Preis/Ulber*, Gutachten (2014), S. 30 ff.; *Waltermann*, AuR 2015, 166 (168).
54 ErfK/*Franzen* MiLoG (2018), § 1 Rn. 1.
55 BT-Drucksache 18/1558 vom 28.05.2014, S. 28.

II. § 22 Abs. 2 MiLoG: Kein Mindestlohn für Jugendliche

Die Regelung der Bereichsausnahme für Jugendliche ist dagegen von einem ganz anderen Normzweck getragen. Bei der Ermittlung des Normzwecks können der subjektive und der objektive Zweck der Regelung unterschieden werden. Während der subjektive Zweck (1.) auf den Willen des Gesetzgebers im Zeitpunkt des Gesetzeserlasses abstellt, versucht der objektive Zweck (2.) den „tieferen Sinn" des Gesetzes anhand anderer, wertender Gesichtspunkte wie Vernunft, Rechtssystem, Natur der Sache etc. zu ergründen.[56]

1. Wille des Gesetzgebers

Das Mindestlohngesetz selbst formuliert keine Zielsetzung bezüglich der Bereichsausnahme in § 22 Abs. 2 MiLoG. Wichtiger Anhaltspunkt für den Willen des Gesetzgebers ist daher die Entwurfsbegründung, die Aufschluss über den Zweck der Ausnahme gibt.[57] Dort heißt es, die Bereichsausnahme für Kinder und Jugendliche sei auf eine nachhaltige Integration junger Menschen in den Arbeitsmarkt gerichtet.[58] So sollen junge Menschen davon abgehalten werden, nach Abschluss der Sekundarstufe 1[59] von einer weiterführenden Schulausbildung oder einer Berufsausbildung abzusehen, um stattdessen eine mit Mindestlohn vergütete (ungelernte) Beschäftigung zu beginnen. Für die Jugendlichen soll sich auch aus der kurzfristigen Perspektive eine Ausbildung lohnen, sei es nun eine Berufsausbildung oder eine weiterführende Schulbildung.[60] Ziel der Bereichsausnahme aus der Mindestlohngarantie ist es daher, dahingehende Fehlanreize zu vermei-

---

56 *Sauer*, in: Krüper (Hrsg.), Grundlagen des Rechts, 176 (188) m.w.N.; *Weiss*, ZRP 2013, 66 (66).
57 *Sauer*, in: Krüper (Hrsg.), Grundlagen des Rechts, 176 (189).
58 BT-Drucksache 18/1558 vom 28.05.2014, S. 42.
59 Die Sekundarstufe I definiert in Deutschland die mittlere Schulbildung, sie reicht nach dem Besuch der Grundschule (Primärstufe) von der Klasse 5 bis hin zu Klasse 9 oder 10 an weiterführenden Schulen, vgl. „Schulstufen", in: Brockhaus Enzyklopädie, Band 24.
60 *Grzeszick*, Verfassungsrechtliche Zulässigkeit, S. 18.

den[61] und damit für eine umfassende Qualifizierung der Minderjährigen zu sorgen.[62] Gerade diese Berufsqualifikation ist unverzichtbar für die Integration junger Menschen in den Arbeitsmarkt[63] und ist Grundvoraussetzung für die Verbesserung der Arbeitsmarktsituation.[64] Abgestellt wird dabei in der Regierungsbegründung auf die Altersgrenze von 18 Jahren und damit gerade auf den Zeitpunkt nach Abschluss der Sekundarstufe 1 als weichenstellendes Alter, da in diesem Alter typischerweise die Grundlagen für den späteren beruflichen Werdegang gesetzt werden.[65]

Die Regelung von Dauer und Beginn der Schulpflicht obliegt in Deutschland den Ländern und ist nicht bundeseinheitlich geregelt.[66] Die allgemeine Schulpflicht beginnt in Deutschland für alle Kinder in der Regel im Jahr der Vollendung des sechsten Lebensjahres und beträgt neun bis zehn Vollzeitschuljahre.[67] In der Theorie passt die Altersgrenze somit zum Ende der Schulpflicht und der sich dann aufdrängenden Frage der beruflichen Zukunft der Jugendlichen. Zur praktischen Situation später mehr.[68]

2. Sonstige (mögliche) Zwecke

Daneben findet sich in der Literatur zu § 22 Abs. 2 MiLoG auch die Begründung, die Bereichsausnahme diene dem erleichterten Zutritt der Jugendlichen auf den Arbeitsmarkt. Die Beschäftigungshürde für jugendliche Arbeitnehmer ohne Ausbildung solle gesenkt werden. Denn der Mindestlohn in Verbindung mit dem bestehenden Kündigungsschutz wirke bei diesen besonders beschäftigungshemmend und die Mindestlohnausnahme in § 22 Abs. 2 MiLoG sichere so die unmittelbaren Marktzutrittschancen der Jugendlichen.[69] Jugendliche Arbeitnehmer hätten in der Regel mangels Berufsausbildung oder anderer Qualifikationen eine geringere

---

61 BT-Drucksache 18/1558 vom 28.05.2014, S. 42 f.
62 BeckOK ArbR/*Greiner* (2018), § 22 MiLoG Rn. 44.
63 BT-Drucksache 18/1558 vom 28.05.2014, S. 42.
64 *Bepler*, Problematische Arbeitsverhältnisse und Mindestlohn, in: Festschrift Richardi (2007), 189 (198).
65 BT-Drucksache 18/1558 vom 28.05.2014, S. 43.
66 Sachs/*Thiel*, GG, Art. 7 Rn. 12.
67 KMK, Das Bildungswesen in der Bundesrepublik Deutschland 2014/2015 (2017), S. 25; *Weber* (Hrsg.), Creifelds Rechtswörterbuch, Schulpflicht, S. 1167 f.
68 Siehe dazu unten § 5 B. II. 4. c. bb. [2] [bb] 18 Jahre als „falsche" Altersgrenze, S. 115.
69 *Picker/Sausmikat*, NZA 2014, 942 (943).

§ 2 Die gesetzliche Regelung: § 22 Abs. 2 MiLoG

Produktivität als ältere, qualifiziertere Arbeitnehmer und die mögliche Wertschöpfung für den Arbeitgeber bei den von den jugendlichen Arbeitnehmern ausgeübten Beschäftigungen sei sehr gering, was ohnehin zu niedrigen Einstellungschancen führe.[70] Durch die Herausnahme aus der Mindestlohngarantie solle der negative Beschäftigungseffekt verhindert werden und die Attraktivität von jugendlichen Arbeitnehmern für Arbeitgebern solle so gesteigert werden.

Zugleich ziele die Regelung auch darauf ab, durch den Ausschluss Jugendlicher vom Mindestlohn die Gefahr von (hoher) Jugendarbeitslosigkeit zu reduzieren.[71] Durch die erleichterte Beschäftigungsmöglichkeit sollen Arbeitgeber unterstützt werden, jugendliche Arbeitnehmer einzustellen und somit die Erwerbslosigkeit dieser Beschäftigungsgruppe minimiert werden.

Greiner sieht bei dieser These der Erleichterung des Marktzutritts durch Absenken der Beschäftigungshürde jedoch einen Konflikt mit der Regierungsbegründung, welche vielmehr den Verbleib in der Schule oder die Aufnahme einer Ausbildung fördern will.[72] Allerdings kann bei einer umfassenden schulischen und/oder praktischen Ausbildung, welche die Regierung durch § 22 Abs. 2 MiLoG eben gerade fördern will, auch nicht von einem negativen Effekt auf die Jugendarbeitslosigkeit ausgegangen werden – eher das Gegenteil. Denn vielmehr kann eine umfassende Qualifizierung die Einstellungschancen erhöhen, so dass ein solcher Konflikt zwischen den beiden Zwecken – entgegen der Ansicht von *Greiner* – nicht besteht.

III. Jugendarbeitslosigkeit in Deutschland

Die Regelung in § 22 Abs. 2 MiLoG soll also, wie oben gesehen, eine Qualifizierung der Jugendlichen fördern, um langfristig gesehen auch ihre Chancen auf dem Arbeitsmarkt zu erhöhen und gegebenenfalls die Gefahr von (Jugend)Arbeitslosigkeit zu verringern. Unabhängig davon, ob man der Norm als Regelungszweck die Verhinderung oder Verminderung von Jugendarbeitslosigkeit unterstellt oder nicht, ist positiv hervorzuheben,

---

70 *Grzeszick*, Verfassungsrechtliche Zulässigkeit, S. 19; *Wank*, Mindestlöhne – Begründungen und Instrumente, in: Festschrift Buchner (2009), 898 (903).
71 *Sittard*, NZA 2014, 951 (953); a.A. Preis, Arbeitsrecht (2018), § 28 Rn. 1262; kritisch zu dieser Gesetzesbegründung *Ulber*, NZA 2016, 619 (620).
72 BeckOK ArbR/*Greiner* (2018), § 22 MiLoG Rn. 45.

dass die Jugendarbeitslosigkeit in Deutschland derzeit vergleichsweise niedrig ist.

So waren im Jahr 2014 nach Ergebnissen der Arbeitskräfteerhebung in Deutschland rund 330 000 Personen im Alter von 15 bis 24 Jahren erwerbslos. Die Erwerbslosenquote von jungen Menschen in Deutschland betrug 2014 damit 7,7 % und Deutschland wies EU-weit die mit Abstand niedrigste Jugenderwerbslosenquote auf.[73] Im Januar 2017 betrug die Jugenderwerbslosenquote (unter 25 Jahre) in Deutschland sogar nur 6,7 %.[74] Im Januar 2018 waren bei den unter 25-Jährigen aktuell nur noch 6,6 % arbeitslos, so dass ein weiterer minimaler Rückgang verzeichnen ist.[75] Ob dies allein auf der Bereichsausnahme in § 22 Abs. 2 MiLoG beruht oder nicht, ist mehr als fraglich. Der Beschäftigungseffekt von gesetzlichen Mindestlöhnen ist empirisch wie theoretisch völlig umstritten.

---

73 Quelle: Statistisches Bundesamt, Pressemitteilung Nr. 288 vom 11.08.2015, abzurufen unter https://www.destatis.de/DE/PresseService/Presse/Pressemitteilungen/2015/08/PD15_288_133.html [zuletzt abgerufen am 29.11.18]
74 Quelle: Statistisches Bundesamt, Pressemitteilung Nr. 069 vom 01.03.2017, abzurufen unter
https://www.destatis.de/DE/PresseService/Presse/Pressemitteilungen/2017/03/PD17_069_132.html [zuletzt abgerufen am 29.11.18].
75 Quelle: Statistisches Bundesamt, Pressemitteilung Nr. 065 vom 28.02.2018, abzurufen unter https://www.destatis.de/DE/PresseService/Presse/Pressemitteilungen/2018/02/PD18_065_132.html;jsessionid=2E326143602D503947E2AA218E91EFC1.InternetLive2 [zuletzt abgerufen am 29.11.18].

§ 3 Lohnbestimmungen für Jugendliche jenseits des MiLoG

Wie oben gesehen, entsteht ein Anspruch auf Mindestlohn gemäß § 1 Abs. 1 MiLoG für Arbeitnehmer somit erst ab Vollendung des 18. Lebensjahres oder aber mit dem erfolgreichen Abschluss einer Berufsausbildung. In allen anderen Fällen aber, also bei minderjährigen Arbeitnehmern ohne eine abgeschlossene Berufsausbildung, besteht kein Anspruch auf Zahlung des gesetzlichen Mindestlohnes, und die Festlegung eines angemessenen Lohnes oder von Lohnuntergrenzen gestaltet sich schwierig.[76] Für diesen Fall gibt es keine allgemeinen gesetzlichen Vorgaben bezüglich Mindestentgelten oder Richtwerten. Je nach Einzelfall können sich allerdings spezifische Lohnvorgaben für Jugendliche aus anderen gesetzlichen Bestimmungen ergeben, namentlich aus § 17 BBiG (A.) und aus § 138 Abs. 2 BGB (B.).

A. Angemessene Vergütung (§ 17 Abs. 1 Satz 1 BBiG)

Für die Dauer der Berufsausbildung hat der Auszubildende gemäß § 17 Abs. 1 Satz 1 BBiG einen Anspruch auf „angemessene Vergütung". Dieser Begriff ist dem sonstigen Arbeitsrecht an sich fremd: hier gibt es keine Vorschrift, die den Arbeitgeber zu angemessener Entlohnung verpflichtet. Denn die Arbeitsvertragsparteien vereinbaren in der Regel – abgesehen von Tarifverträgen – die Entgelthöhe individuell und sind hier frei, so lange die Grenzen der Sittenwidrigkeit nicht überschritten werden.[77]

Eine Vorgabe, welcher Betrag als angemessen anzusehen ist, gibt das Gesetz aber nicht. Die Ausbildungsvergütung nach dem BBiG stellt sowohl einen Unterhaltsbeitrag zur Finanzierung der Berufsausbildung als auch Entgelt für geleistete Arbeit dar und soll die Qualifikation von Nachwuchs sichern.[78] Im Vordergrund steht aber der Ausbildungszweck. Damit ist die Ausbildungsvergütung kein Arbeitsentgelt und kein Lohn im üblichen Sinne, sondern nur eine Nebenpflicht des Ausbilders, so dass sie auch

---

76 Düwell/Schubert/*Schubert/Jerchel*, § 22 MiLoG Rn. 50.
77 *Bayreuther*, NJW 2007, 2022 (2022).
78 ErfK/*Schlachter* BBiG (2018), § 17 Rn. 2; BeckOK ArbR/*Hagen* ArbR (2018), BBiG § 17 Rn. 3

deutlich unter dem Lohn eines normalen Arbeitnehmers liegen kann.[79] Die Vergütungspflicht verhält sich nicht synallagmatisch zur Tätigkeit des Auszubildenden.[80] Daher können die Grundsätze bezüglich der „normalen" Arbeitnehmerentlohnung nicht pauschal auf Auszubildende übertragen werden.[81] Das BAG hat jedoch diesbezüglich entschieden, dass eine Ausbildungsvergütung dann nicht mehr angemessen im Sinne des § 17 Abs. 1 Satz 1 BBiG ist und dass widerlegbar die Unangemessenheit vermutet wird, wenn der Lohn mehr als 20 % der maßgeblichen tariflichen Vergütung unterschreitet.[82]

Jedoch findet § 17 BBiG auf ein „normales" Beschäftigungsverhältnis mit jugendlichen Arbeitnehmern keine Anwendung, er gilt nur im Berufsausbildungsverhältnis und grundsätzlich nur gegenüber Auszubildenden.[83] Ein Arbeitsverhältnis mit Minderjährigen stellt auch nicht automatisch ein Berufsausbildungsverhältnis im Sinne des BBiG dar. Letzteres wird nur durch den Abschluss eines Berufsausbildungsvertrages nach § 10 BBiG begründet. § 17 Abs. 1 Satz 1 BBiG gilt daneben über § 26 BBiG auch für Personen, mit denen kein Arbeitsverhältnis besteht und „die eingestellt werden, um berufliche Fertigkeiten, Kenntnisse, Fähigkeiten oder berufliche Erfahrung zu erwerben, ohne dass es sich um eine Berufsausbildung im Sinne dieses Gesetzes handelt". Auch hierfür ist jedoch die Vereinbarung dieser Form der Ausbildung erforderlich. Als Vertragsverhältnisse im Sinne des § 26 BBiG gelten dabei Rechtsverhältnisse, in denen es um die erstmalige Vermittlung bestimmter Kenntnisse oder Fertigkeiten geht.[84] Dazu zählen zum Beispiel Praktika im Rahmen einer betrieblichen Einstiegsqualifizierungen nach § 54a SGB III, die vor dem Beginn einer Ausbildung im Unternehmen als berufsvorbereitende Maßnahme absolviert werden. Wird der Jugendliche aber nicht zur Ausbildung oder zwecks Vermittlung von neuen Fertigkeiten eingestellt, sondern lediglich als Hilfs-

---

79 *Grzeszick*, Verfassungsrechtliche Zulässigkeit, S. 17; *Natzel*, DB 1992, 1521 (1524).
80 BAG, Urteil vom 12.2.2015 – 6 AZR 845/13, AP BBiG § 22 Nr. 1, Rn. 37 = NZA 2015, 741 (743 f.); BeckOK ArbR/*Hagen* ArbR (2018), BBiG § 17 Rn. 2.
81 *Wank*, Mindestlöhne – Begründungen und Instrumente, in: Festschrift Buchner (2009), 898 (910).
82 In der Rspr zu § 17 BBiG hat das BAG die zu § 138 BGB entwickelte Sittenwidrigkeitsgrenze von der 2/3- zu einer 80 %-Grenze erhöht, vgl. BAG, Urteil vom 10.4.1991, 5 AZR 226/90, NZA 1991, 773 (774); BAG, Urteil vom 29.04.2015 – 9 AZR 108/14, Rn. 20, NZA 2015, 1384 (1386) sowie Staudinger/*Sack/Fischinger* (2017), § 138 BGB Rn. 569; BeckOK ArbR/*Hagen* (2018), BBiG § 17 Rn. 6; *Natzel*, DB 1992, 1521 (1525 f.).
83 BeckOK ArbR/*Hagen* (2018), BBiG § 17 Rn. 1.
84 BAG, Urteil vom 12.2.2013 – 3 AZR 120/11, Rn. 12 = NZA 2014, 31 (32).

arbeiter oder Aushilfe ohne weitere Vereinbarungen beschäftigt, besteht eben kein (Berufs-) Ausbildungsverhältnis im Sinne des BBiG, und auf die Vergütungsvereinbarung mit dem Minderjährigen findet § 17 Abs. 1 Satz 1 BBiG keine Anwendung. Daneben ist anzumerken, dass gemäß § 22 Abs. 1 Satz 2 MiLoG für „andere Vertragsverhältnisse" im Sinne des § 26 BBiG auch kein Anspruch auf Mindestlohn besteht: der Anspruch besteht explizit nur für Praktikanten, sofern diese nicht in § 22 Abs. 1 Satz 2 MiLoG ausgeschlossen sind.[85]

Andere konkrete gesetzliche Vorschriften beziehungsweise Lohnbestimmungen betreffend die Vergütung von jugendlichen Arbeitnehmern existieren derzeit nicht.

B. Sittenwidrigkeitsgrenze (§ 138 Abs. 2 BGB)

Schon aus Rücksicht auf das Sozialstaatsprinzip und die grundsätzlichen Schutzpflichten aus Art. 12 Abs. 1 GG[86] kann es jedoch nicht so weit kommen, dass der Jugendliche gar keinen Schutz genießt und umsonst („Entgelt Null"[87]) arbeitet oder zu einem extrem niedrigen Lohn beschäftigt wird. In einer solchen Konstellation, fällt er auf die Sittenwidrigkeitsgrenze des § 138 BGB zurück.[88] Innerhalb des § 138 BGB stellt dabei der Lohnwucher nach § 138 Abs. 2 BGB, der bei einem auffälligen Missverhältnis zwischen dem Wert der Arbeitsleistung und der Entgelthöhe Anwendung findet, einen Sonderfall zur Generalklausel der Sittenwidrigkeit in § 138 Abs. 1 BGB und dem dort verankerten wucherähnlichen Rechtsgeschäft dar.[89] Die konkrete Höhe der Sittenwidrigkeit ist stets durch die Rechtsprechung geprägt, da der Richter die Sittenwidrigkeit stets für den Einzelfall feststellen muss. Die Sittenwidrigkeitsgrenze des § 138 BGB wird daher auch als „richterlicher Mindestlohn" bezeichnet.[90]

---

85 *Lakies*, § 22 MiLoG Rn. 17.
86 Vgl. z.B. *Winkler*, in: Friauf/Höfling, Berliner Kommentar zum Grundgesetz, Art. 12 Rn. 112.
87 Düwell/Schubert/*Schubert*, § 22 Abs. 2 MiLoG Rn. 50.
88 Die Rspr. des BAG zur Sittenwidrigkeit von Arbeitsentgelten nach Maßgabe von § 138 BGB ist auch neben dem MiLoG uneingeschränkt anwendbar, so ErfK/*Franzen* MiLoG (2018), § 1 Rn. 1 sowie *Däubler* NJW 2014, 1924 (1927), siehe zur Anwendbarkeit auch gleich § 3 B.I., S. 39.
89 MüKoBGB/*Armbrüster* (2018), § 138 Rn. 140 ff.; vgl. zum systematischen Verhältnis der Wuchertatbestände ausführlich *Rieble/Picker*, ZfA 2014, 153 (156).
90 *Hanau*, 60 Jahre BAG, S. 107.

I. Die Anwendbarkeit des § 138 BGB: Sittenwidrigkeit und Mindestlohn

Bevor es den allgemeinen Mindestlohn in Deutschland gab, stellte der Lohnwucher nach § 138 Abs. 2 BGB ein schwer durchsetzbarer Schutz für Arbeitnehmer dar, weil repräsentative Entgelterhebungen über übliche Marktlöhne oder geeignete Tariflöhne schwer zu ermitteln waren.[91]

Mit Einführung des MiLoG hat der Lohnwucher nach § 138 Abs. 2 BGB sicherlich an praktischer Bedeutung verloren. Denn viele im Rahmen des § 138 BGB früher noch beweisrechtlich problematische Fälle, sind jetzt bei Unterschreitung der Mindestlohngrenze schon wegen eines Verstoßes gegen § 1 MiLoG beziehungsweise § 20 MiLoG klar handhabbar. Diese Vergütungsvereinbarungen sind jetzt gemäß § 3 Abs. 1 S. 1 MiLoG insoweit unwirksam und ein Rückgriff auf § 138 BGB ist nicht mehr erforderlich. Verdrängt wird § 138 BGB aber durch die Einführung des MiLoG sicher nicht.[92] Zum einen stellt der Mindestlohn nur ein gesetzliches Minimum unabhängig von einer Marktbewertung darstellt und der Mindestlohn beeinflusst die Sittenwidrigkeit von Vergütungsabreden oberhalb der Mindestlohngrenze nicht.[93] Zum anderen bleibt die Norm insbesondere für Fälle außerhalb des personellen Anwendungsbereichs des Gesetzes (§ 22 MiLoG) weiterhin wichtig.[94] Ob der Mindestlohn in solchen Fällen zumindest als Untergrenze herangezogen werden kann, ist eine andere Frage.[95]

II. Allgemeines zum Lohnwucher

Wann im Einzelfall nun ein Lohnwucher vorliegt, ist schwer zu bestimmen:[96] Nach dem Wortlaut von § 138 Abs. 2 BGB ist ein Rechtsgeschäft nichtig, durch das „jemand unter Ausbeutung der Zwangslage, der Unerfahrenheit oder des Mangels an Urteilsvermögen oder der erheblichen Wil-

---

91 *Rieble*, Funktionalität allgemeiner und sektoraler Mindestlöhne, 17 (20).
92 Ausführlich zum Verhältnis von Mindestlohn und Sittenwidrigkeit: *Boeck*, RdA 2018, 210.
93 *Junker*, Grundkurs Arbeitsrecht (2018), Rn. 229.
94 *Däubler*, NJW 2014, 1924 (1927); ErfK/*Franzen* MiLoG (2018), § 1 Rn. 1; Staudinger/ *Sack/Fischinger* (2017), § 138 BGB Rn. 567 f.
95 Ablehnend zum Beispiel Palandt/*Ellenberger* (2018), § 138, Rn. 79; siehe dazu auch sogleich § 3 B. III. 3., S. 42 f.
96 Vgl. auch die Übersichten bei *Böggemann*, NZA 2011, 493, sowie *Lakies*, ArbRAktuell 2011, 554.

lensschwäche eines anderen sich oder einem Dritten für eine Leistung Vermögensvorteile versprechen oder gewähren lässt, die in einem auffälligen Missverhältnis zu der Leistung stehen". Zu diesem auffälligen Missverhältnis zwischen Leistung und Gegenleistung müssen auf der Seite des Arbeitgebers – als durch den Vertrag objektiv Begünstigten – dann weitere subjektive sittenwidrige Umstände treten, damit der Lohnwuchertatbestand des § 138 Abs. 2 BGB erfüllt ist.[97] Rechtsfolge der Sittenwidrigkeit im Sinne des § 138 BGB ist die Nichtigkeit der Entgeltabrede beziehungsweise der Vergütungsklausel im Arbeitsvertrag. Diese Lücke bei der Vergütung wird dann durch § 612 Abs. 2 BGB geschlossen, wonach der Arbeitgeber bei mangelnder Entgeltabrede „die übliche Vergütung" schuldet.[98]

Die Frage des auffälligen Missverhältnisses und der subjektiven Voraussetzungen des § 138 BGB sowie die Frage der üblichen Vergütung im Rahmen der Rechtsfolge, verdienen in Bezug auf jugendliche Arbeitnehmer jedoch einer genaueren Untersuchung, da es hier gegebenenfalls zu einer besonderen Bewertung kommen kann.

III. Auffälliges Missverhältnis

Ob im Arbeitsverhältnis ein auffälliges Missverhältnis zwischen Leistung und Gegenleistung im Sinne des § 138 Abs. 2 BGB vorliegt, muss stets für den Einzelfall bestimmt werden und die gesetzliche Norm legt insoweit keine starre Untergrenze fest. Die Rechtsprechung stellt hier zunächst Leistung und Gegenleistung gegenüber (1.), um anschließend am Einzelfall das Vorliegen eines auffälligen Missverhältnisses zu prüfen (2.).

Für uns interessant ist an dieser Stelle jedoch insbesondere die Frage, ob es bei der Bewertung eines auffälligen Missverhältnisses für jugendliche Arbeitnehmer spezielle Anforderungen gibt (3.).

---

97 BAG, Urteil vom 16.5.2012 – 5 AZR 268/11, Rn. 30 ff = NZA 2012, 974 (977); BAG, Urteil vom 19.08.2015 – 5 AZR 500/14, AP BGB § 138 Nr. 71, Rn. 28 = NJOZ 2016, 226 (229); Staudinger/*Sack/Fischinger* (2017), § 138 BGB Rn. 542.
98 Siehe zum Anwendungsbereich von § 612 BGB: ErfK/*Preis* BGB (2018), § 612 Rn. 2.

1. Leistung und Gegenleistung

Das BAG prüft im Rahmen einer Gesamtbetrachtung der vom Arbeitnehmer geschuldeten Arbeitsleistung und des vom Arbeitgeber zu zahlenden Entgelts, ob der Wert der Arbeitsleistung in einem auffälligen Missverhältnis zur versprochenen Vergütung (Gegenleistung) steht.[99]

Die *Leistung* wird dabei nach dem objektiven Wert der Arbeitsleistung des Arbeitnehmers bestimmt.[100] Diese wiederum orientiert sich am marktüblichen Tariflohn oder am allgemeinen Lohnniveau in der entsprechenden Branche und Region.[101] Falls ein solcher nicht zu ermitteln ist, muss der maßgebliche marktübliche Lohn in der betreffenden Branche und Wirtschaftsregion anderweitig festgestellt werden, zum Beispiel über Auskünfte des Statistischen Bundesamtes oder der Handwerkskammern.[102]

Bei der *Gegenleistung* kommt es nicht auf die individuelle Vertragsgestaltung an, da nicht nur entscheidend ist welche Vergütung im Arbeitsvertrag vereinbart wurde. Vielmehr ist hier eine Gesamtbetrachtung der vom Arbeitnehmer geschuldeten Arbeitsleistung und des vom Arbeitgeber dafür zu zahlenden Entgelts vorzunehmen.[103] Letztlich ist hier die „faktische" Höhe der Vergütung relevant, welche sich laut BAG „aus dem Verhältnis von geschuldeter Arbeitszeit und der versprochenen Vergütung für eine bestimmte Abrechnungsperiode" ergibt.[104]

2. Auffälliges Missverhältnis

Während für den gesetzlichen Mindestlohn das Verhältnis von Leistung und Gegenleistung keine Rolle spielt, der Arbeitnehmer also Anspruch auf mindestens 9,19 € pro Stunde unabhängig vom objektiven Marktwert seiner Leistung hat, muss für einen Lohnwucher nach § 138 BGB ein auffälliges Missverhältnis zwischen Leistung und Gegenleistung vorliegen.

Sind also die nach den oben besprochenen Grundsätzen zu bestimmenden Angaben (objektiver Wert der Arbeitsleistung und „faktische" Höhe

---

99 ErfK/*Preis* BGB (2018), § 612 Rn. 3b.
100 BAG, Urteil vom 22.4.2009 – 5 AZR 436/08, Rn. 14 = NZA 2009, 837 (838).
101 BAG, Urteil vom 16.05.2012 – 5 AZR 268/11, AP BGB § 138 Nr. 66, Rn. 32 = NZA 2012, 974 (977); *Bayreuther*, NJW 2007, 2022 (2022).
102 Staudinger/*Sack/Fischinger* (2017), § 138 BGB Rn. 545 ff., 550.
103 BAG, Urteil vom 17.10.2012 – 5 AZR 792/11, Rn. 20 = NZA 2013, 266 (267 f.).
104 BAG, Urteil vom 17.10.2012 – 5 AZR 792/11, Rn. 20 = NZA 2013, 266 (268); ErfK/*Preis* BGB (2018), § 612 Rn. 3b.

der Vergütung) ermittelt, muss das Missverhältnis zwischen beiden schließlich noch auffällig im Sinne des § 138 BGB sein. Es wird ein auffälliges Missverhältnis zwischen der Leistung und der Gegenleistung benötigt. § 138 BGB stellt dabei nicht auf eine abstrakte Größe ab, sondern auf das konkrete Verhältnis von Leistung und Gegenleistung.[105]

Dieses Missverhältnis ist nach der Rechtsprechung des BAG dann auffällig, „wenn es einem Kundigen, gegebenenfalls nach Aufklärung des Sachverhalts, ohne Weiteres ins Auge springt"[106]. Das auffällige Missverhältnis kann dabei schon allein aus einem zu niedrig vereinbarten Lohn resultieren. Es kann aber auch dadurch entstehen, dass zu einem niedrigen Gehalt noch weitere arbeitnehmerbelastende Umstände (wie nicht vereinbarte Zusatzaufgaben, unbezahlte Überstunden etc.) hinzutreten.[107]

Mittlerweile gibt es hierzu eine insoweit einheitliche Rechtsprechung, als der Richtwert von zwei Dritteln des üblichen Lohns im Regelfall für ein auffälliges Missverhältnis spricht: Der BGH hatte bereits in einer Entscheidung von 1997[108] – allerdings in einem Fall des Lohnwuchers gemäß § 302a I 1 Nr. 3 StGB a.F. – die tatrichterliche Würdigung des LG Passau revisionsrechtlich gebilligt, welches die Annahme eines auffälligen Missverhältnisses bei einem Lohn in Höhe von zwei Dritteln des in einem für allgemeinverbindlich erklärten Tarifvertrag geregelten Entgelts bejaht hatte. Auch das BAG befand dann in einer Grundsatzentscheidung von 2009 die Grenze von zwei Dritteln für zutreffend, unterhalb derer mangels besonderer Umstände des Falls ein Lohnwucher anzunehmen ist.[109]

Zusammenfassend lässt sich festhalten, dass in der Regel ein auffälliges Missverhältnis dann vorliegt, wenn die Arbeitsvergütung nicht einmal zwei Drittel eines in der betreffenden Branche und Wirtschaftsregion üblicherweise gezahlten (Tarif-)Lohns beträgt.

3. Übliche Vergütung für Jugendliche?

Auch bei einem jugendlichen Arbeitnehmer ist, um ein auffälliges Missverhältnis zwischen der Vergütung und dem Wert der Arbeitsleistung fest-

---

105 BAG, Urteil vom 18.11.2015 – 5 AZR 814/14, Rn. 20 f. = NZA 2016, 494.
106 BAG, Urteil vom 17.10.2012 – 5 AZR 792/11, Rn. 19 = NZA 2013, 266 (267); BAG, Urteil vom 22.4.2009 – 5 AZR 436/08, Rn. 16 = NZA 2009, 837 (838).
107 Staudinger/*Sack/Fischinger* (2017), § 138 BGB Rn. 541.
108 BGH, Urteil vom 22.04.1997 – 1 StR 701/96 = NZA 1997, 1167.
109 BAG, Urteil vom 22.4.2009 – 5 AZR 436/08, Rn. 17 = NZA 2009, 837 (838); *Hanau*, 60 Jahre BAG, S. 107 f.

zustellen, die vereinbarte Vergütung mit dem fachlich und örtlich entsprechenden Tariflohn oder marktüblichen Lohn zu vergleichen. Hier stellt sich dann allerdings die Frage, ob sich der Umstand, dass es sich gerade um einen jugendlichen Arbeitnehmer handelt, nicht lohnmindernd auf den üblichen Lohn auswirken muss. Genauer gesagt könnte dies aus den Umständen folgen, die sich aus dem jungen Alter des Arbeitnehmers ergeben; der Jugendliche hat in der Regel keine Berufserfahrung, keine Berufsbildung. Dies könnte dafür sprechen, dass für Jugendliche nicht der entsprechende allgemein übliche „Erwachsenen-Marktlohn" heranzuziehen wäre, sondern dieser um einen bestimmten Betrag zu senken ist, um damit einen „üblichen Jugendlohn" zu erhalten.

Das LAG Rheinland-Pfalz ist diesem Gedanken nicht gefolgt. Das Gericht hat in einem Urteil im Jahr 2009 bei der Berechnung der üblichen Vergütung als Vergleichsmaßstab für einen minderjährigen Arbeitnehmer auch den relevanten Tarifvertrag zur Regelung der Mindestlöhne im Baugewerbe herangezogen, obwohl jugendliche Arbeitnehmer gemäß § 1 Abs. 3 Satz 2 in der damals gültigen Fassung dieses Tarifvertrages sogar von dessen persönlichem Geltungsbereich nicht erfasst wurden.[110] Hier wurde also kein „Abzug" vorgenommen.

Bei Erlass dieses Urteils des LAG Rheinland-Pfalz war das MiLoG noch nicht in Kraft getreten. Denn die Ermittlung eines üblichen Lohnes für Jugendliche ist gerade auch im Hinblick auf die rechtlichen, insbesondere verfassungsmäßigen, Grundlagen des gesetzlichen Mindestlohnes nicht ganz einfach.

Während man sich bei erwachsenen Arbeitnehmern seit Einführung des MiLoG die Frage stellen kann, ob man im Rahmen des § 138 Abs. 2 BGB bei Nichtvorliegen eines anwendbaren Tarifvertrages als üblichen Lohn stets den Mindestlohn ansetzen sollte,[111] trifft dies auf jugendliche Arbeitnehmer nach § 22 Abs. 2 MiLoG nicht zu. Hier kann die Orientierungsgrenze für die Bemessung des üblichen Lohnes nicht der gesetzlich be-

---

[110] LAG Rheinland-Pfalz, Urteil vom 18.6.2009 – 10 Sa 137/09, BeckRS 2009, 72497; § 1 Abs. 3 Satz 2 des relevanten „Tarifvertrages zur Regelung der Mindestlöhne im Baugewerbe im Gebiet der Bundesrepublik Deutschland" lautete in der damals gültigen Fassung: *„Nicht erfasst werden jugendliche Arbeitnehmer ohne abgeschlossene Berufsausbildung* [...]"; in der aktuellen Fassung des Tarifvertrages werden jugendliche Arbeitnehmer dabei nicht mehr aus dem persönlichen Geltungsbereich ausgenommen.

[111] Dies ablehnend, da ein Mindestlohn nicht die übliche Vergütung reflektiert ErfK/*Preis* BGB (2018), § 612 Rn. 37 mit Verweis auf BAG, Urteil vom 18.11.2015 – 5 AZR 814/14, NJW 2016, 2359 (2361).

stimmte Mindestlohn sein, da dieser ja – wie der Gesetzgeber durch § 22 Abs. 2 MiLoG ausgedrückt hat – auf das Arbeitsverhältnis mit dem jugendlichen Arbeitnehmer gerade nicht anwendbar ist. Dies bedeutet jedoch nicht, dass es im Einzelnen bei der Bestimmung der üblichen Vergütung für den Jugendlich nicht doch zu einem Wert kommen kann, der den Mindestlohn sogar übersteigt. Denn die Sittenwidrigkeit ist immer relativ zu bestimmen.[112] Zugleich könnte das MiLoG mittelbar für die Bestimmung eines marktüblichen Lohnes für Jugendliche herangezogen werden: So wird beispielsweise vorgeschlagen, dass sich der gesetzliche Mindestlohn auf die Prüfung des Lohnwuchers bei jugendlichen Arbeitnehmern insofern auswirkt, dass auch hier die von der Rechtsprechung ermittelte zwei Drittel Grenze gilt und man in diesen Verhältnissen eine Vergütung von Drittel des gesetzlichen Mindestlohnes als angemessen betrachtet.[113] Andere schlugen vor für die Dauer der Geltung der Übergangsbestimmungen für Zeitungszusteller vor, auf diese 75%-Grenze nach § 24 Abs. 2 MiLoG a.F. zurückzugreifen.[114] Nach deren Ende, also seit 1.1.2018, wird dagegen auch eine Anwendbarkeit der 80%-Grenze, die aus der Rechtsprechung zum Berufsbildungsrecht bekannt ist, für angebracht gehalten.[115]

IV. Subjektive Voraussetzungen von § 138 BGB

Allein ein objektives Ungleichgewicht zwischen Leistung und Gegenleistung reicht jedoch noch nicht aus, um die Sittenwidrigkeit eines Vertrages oder einer Vereinbarung zu begründen.[116] Neben dem auffälligen objektiven Missverhältnis fordert § 138 Abs. 2 BGB auch die Verwirklichung von subjektiven Voraussetzungen: so muss zusätzlich eine Schwächesituation beim Arbeitnehmer bestehen, die wiederum vom Arbeitgeber ausgebeutet wird.[117] Als Schwächesituation zählen dabei nach dem Wortlaut von § 138 Abs. 2 BGB eine Zwangslage, Unerfahrenheit, der Mangel an Urteilsvermö-

---

112 Düwell/Schubert/*Schubert/Jerchel*, § 22 MiLoG, Rn. 50 sowie Düwell/Schubert/*Schubert*, Einleitung, Rn. 69.
113 *Plagemann*, FD-SozVR 2015, 369717.
114 Düwell/Schubert/*Schubert*, Einleitung, Rn. 70; in § 24 Abs. 2 a.F. hatte der Gesetzgeber für Zeitungszusteller während der ersten Phase des Mindestlohnes einen Wert von 75% des gesetzlichen Mindestlohnes als angemessen erachtet.
115 Düwell/Schubert/*Schubert*, Einleitung, Rn. 70 mit Verweis auf die Rspr. des BAG, Urteil vom 19.2.2008 – 9 AZR 1091/06, NZA 2008, 828.
116 BGH, Urteil vom 12.03.1981 – III ZR 92/79, BGHZ 80, 153 = NJW 1981, 1206.
117 Palandt/*Ellenberger* (2017), § 138 BGB Rn. 69.

gen oder eine erhebliche Willensschwäche. Insgesamt werden die subjektiven Tatbestandsmerkmale verhältnismäßig eng ausgelegt, wegen der weitreichenden Rechtsfolgen des § 138 BGB und um eine uferlose Ausdehnung des Tatbestandes zu vermeiden.[118]

1. Erweiterung der Geschäftsfähigkeit durch § 113 BGB

Zu beachten ist an dieser Stelle noch die Besonderheit des § 113 BGB. Grundsätzlich gilt, dass ein Minderjähriger einen Dienst- oder Arbeitsvertrag nicht selbständig abschließen kann, weil er gemäß § 106 BGB in seiner Geschäftsfähigkeit beschränkt ist. Da er durch den Abschluss eines solchen Vertrags nicht lediglich einen rechtlichen Vorteil erlangt, benötigt der minderjährige Arbeitnehmer gemäß § 107 BGB die Einwilligung seines gesetzlichen Vertreters. § 113 BGB erweitert aber nun die Geschäftsfähigkeit des Minderjährigen insofern, als der gesetzliche Vertreter den Minderjährigen grundsätzlich dazu ermächtigen kann „in Arbeit zu treten", wodurch der Minderjährige für bestimmte damit einhergehende Rechtsgeschäfte unbeschränkt geschäftsfähig wird.[119] Dazu zählt unter anderem auch der Abschluss des Arbeitsvertrages.[120] Durch die Ermächtigung des gesetzlichen Vertreters erlangt der Minderjährige hier eine Teilgeschäftsfähigkeit („Arbeitsmündigkeit"), er ist partiell unbeschränkt geschäftsfähig.[121] Solange diese Ermächtigung besteht, schließt sie ein Handeln des gesetzlichen Vertreters für den Minderjährigen in diesem Bereich aus.[122] Wurde der Jugendliche nach § 113 BGB durch den gesetzlichen Vertreter ermächtigt, hat er den Arbeitsvertrag also mit eigener Geschäftsfähigkeit gemäß § 113 BGB abgeschlossen, so muss beim Prüfen der subjektiven Voraussetzungen des § 138 Abs. 2 BGB daher ausschließlich auf den Jugendlichen und nicht auf seinen gesetzlichen Vertreter abgestellt werden.

---

118 *Rieble/Picker*, ZfA 2014, 153 (189) m.w.N.
119 ErfK/*Preis* BGB (2018), § 113 Rn. 1 f.
120 MüKoBGB/*Spickhoff* (2018), § 113 Rn. 19; ErfK/*Preis* BGB (2018), § 113 Rn. 8. Nicht passend ist § 113 BGB seinem Schutzzweck nach bei Berufsausbildungsverhältnissen, da dort nicht die Leistung von Diensten oder Arbeit im Vordergrund steht. § 113 BGB ist bei solchen Verträgen im Wege der teleologischen Reduktion nicht anzuwenden, vgl. MüKoBGB/*Spickhoff* (2018), § 113 Rn. 14.
121 ErfK/*Preis* BGB (2018), § 113 Rn. 2; MüKoBGB/*Spickhoff* (2018), § 113 Rn. 18.
122 ErfK/*Preis* BGB (2018), § 113 Rn. 2.

2. Schwächesituation

Bei Jugendlichen könnte dabei als Schwächesituation insbesondere Unerfahrenheit vorliegen[123], die allgemein als Mangel an Lebens- oder Geschäftserfahrung definiert wird.[124] Denn ein minderjähriger Arbeitnehmer hat typischerweise weniger Lebens- und Geschäftserfahrung und ist unerfahrener als beispielsweise ein 40-jähriger Arbeitnehmer. Er unterliegt dem Arbeitgeber damit in der Regel auch jenseits des ohnehin schon asymmetrisch strukturierten Arbeitgeber-Arbeitnehmer-Verhältnis.

Das Bundesverfassungsgericht hatte in seiner Bürgschaftsentscheidung von 1993[125] sogar bei einer bereits 21-jährigen Beschwerdeführerin, die auch über keine qualifizierte Berufsausbildung verfügte, das Vorliegen von Unerfahrenheit nach § 138 Abs. 2 BGB bejaht.[126] So argumentiert auch *Däubler*, dass schon allein die geringere Geschäftserfahrung des Jugendlichen für eine Unerfahrenheit desselben im Sinne des § 138 Abs. 2 BGB spricht.[127] Allerdings würde dadurch bei jedem Vertragsschluss mit minderjährigen Arbeitnehmern unterstellt, dass stets eine jugendliche Unerfahrenheit im Sinne von § 138 Abs. 2 BGB beim Arbeitnehmer vorliegt. Nicht schon allein die Tatsache, dass der Arbeitnehmer jung ist, kann somit die Vermutung begründen, es liege eine Unerfahrenheit vor, die der Arbeitgeber ausnutzt.[128] Vielmehr müssen weitere Umstände hinzutreten, um die jugendliche Unerfahrenheit des Arbeitnehmers zur Schwächesituation zu machen. Dies könnte zum Beispiel dann der Fall sein, wenn der Jugendliche kein Deutscher ist und Verständigungsprobleme hat oder er aus einem Land mit anderen Kultur- und Arbeitsbedingungen stammt und mit den hiesigen Arbeitsbedingungen nicht vertraut ist. Das junge Alter des Arbeitnehmers kann somit die Unerfahrenheit indizieren, allerdings müssen weitere Umstände hinzutreten, um den Tatbestand zu verwirklichen.

---

123 *Rieble/Picker*, ZfA 2014, 153 (190).
124 MüKoBGB/*Armbrüster* (2018), § 138 Rn. 150; Palandt/*Ellenberger* (2017), § 138 BGB Rn. 71.
125 BVerfG, Urteil vom 19. 10 1993, 1 BvR 567, 1044/89, BVerfGE 89, 214 = NJW 1994, 36.
126 BVerfG, Urteil vom 19. 10 1993, 1 BvR 567, 1044/89, BVerfGE 89, 214 (235) = NJW 1994, 36 (39).
127 *Däubler*, Tarifvertragsrecht, 3. Auflage 1993, Rn. 1594.
128 So auch *Rieble/Picker*, ZfA 2014, 153 (190) mit Verweis auf BGH, Urteil vom 12.03.1981 – III ZR 92/79, BGHZ 80, 153 = NJW 1981, 1206.

B. Sittenwidrigkeitsgrenze (§ 138 Abs. 2 BGB)

Aber auch das Vorliegen einer Zwangslage im Sinne des § 138 Abs. 2 BGB scheint auf den ersten Blick bei jugendlichen Arbeitnehmern häufig denkbar. Dabei ist entgegen der alten Fassung des § 138 Abs. 2 BGB keine Notlage beim Bewucherten mehr erforderlich.[129] Vielmehr versteht man unter einer Zwangslage eine erhebliche Bedrängnis wirtschaftlicher, politischer, gesundheitlicher oder sonstiger Art, wobei dafür beim Bewucherten – in unserem Fall also dem Minderjährigen – schwere wirtschaftliche Nachteile drohen müssen und eine Gefährdung von Bestehendem gegeben sein muss.[130] Aufgrund dieser Bedrängnis muss ein zwingender Bedarf nach einer Geld- oder Sachleistung bestehen.[131] Man könnte argumentieren, dass der jugendliche Arbeitnehmer noch stärker als andere Arbeitnehmer auf den Lohn der Beschäftigung angewiesen sei, da er typischerweise keinerlei Einkünfte und mangels bisheriger Berufsausübung auch kein Erspartes habe. Allerdings kann dies nicht pauschal gelten, da diese Situation auf viele Arbeitnehmer zutreffen kann und nicht nur speziell auf Jugendliche. Gerade im Niedriglohnsektor sind die Menschen oft auf eine Beschäftigung angewiesen, sei es zu noch so geringen Stundenlöhnen. Diese niedrigen Stundenlöhne entsprechen aber in den jeweiligen Branchen oft auch dem marktüblichen Lohn. Entgegen der Ansicht des LAG Bremen[132] kann daher auch bei niedrigen Lohnabreden beziehungsweise generell im Niedriglohnsektor nicht pauschal von einer Zwangslage für den Arbeitnehmer ausgegangen werden, nur weil angeblich niemand außerhalb einer solchen Situation einen Job zu diesen Bedingungen – sprich zu solch niedriger Vergütung annehmen würde. Zwar besteht richtigerweise laut Bundesverfassungsgericht generell ein strukturelles Ungleichgewicht zwischen Arbeitnehmern und Arbeitgebern.[133] Aber nicht jede Unterlegenheit gegenüber dem Arbeitgeber begründet eine Zwangslage im Sinne des § 138 Abs. 2 BGB für den Arbeitnehmer.[134] Für die Situation jugendlicher Arbeitneh-

---

129 Staudinger/*Sack/Fischinger* (2017), § 138 BGB Rn. 267.
130 Jauernig/*Mansel* BGB § 138 Rn. 21 mit Verweis auf BGH, Urteil vom 22.01.1991 – VI ZR 107/90, NJW 91, 1047, BGH Urteil vom 08.02.1994 – XI ZR 77/93, NJW 94, 1276 sowie BGH, Urteil vom 05.06.1981 – V ZR 80/80, WPM 81, 1051 = BeckRS 1981, 31073667; MüKoBGB/*Armbrüster* (2018), BGB § 138 Rn. 149; Staudinger/*Sack/Fischinger* (2017), § 138 BGB Rn. 268 ff.
131 Palandt/*Ellenberger* (2017), § 138 BGB, Rn. 70.
132 LAG Bremen, Urteil vom 17.06.2008 – 1 Sa 29/08, LAGE § 138 BGB 2002 Nr. 1 = BeckRS 2008, 56018.
133 Vgl. beispielsweise BVerfG, Urteil vom 23.11.2006 – 1 BvR, 1906, NZA 2007, 85 (86).
134 *Rieble/Picker*, ZfA 2014, 153, (191).

mer kann nur das Gleiche gelten. Es müssen daher vielmehr besondere Umstände im Einzelfall hinzutreten, um eine Zwangslage für den minderjährigen Arbeitnehmer zu begründen. Allerdings dürfte das junge Alter wiederum zumindest ein Indiz für eine Zwangslage darstellen.

3. Ausbeutung

Zusätzlich bedarf es eines Ausbeuten der Schwäche des Gegenübers durch den Arbeitgeber, d.h. dieser muss bei Abschluss des Arbeitsvertrages sowohl die Schwächesituation des Arbeitnehmers als auch das auffällige Missverhältnis zwischen Leistung und Gegenleistung kennen und diese Situation bewusst für sich ausnutzen.[135] Eine besondere Ausbeutungsabsicht im Sinne eines gesteigerten Vorsatzes ist zwar nicht erforderlich,[136] ein bloß fahrlässiges Verhalten genügt allerdings nicht.[137] Dem Arbeitgeber muss die Unerfahrenheit oder die Zwangslage des jugendlichen Arbeitnehmers also bekannt sein und er muss sie „in verwerflicher Weise" für sich ausnutzen.[138] Die Beweislast hierfür hat an sich der jugendliche Arbeitnehmer, der sich auf die Nichtigkeit der Vergütungsklausel beruft. Ihm obliegt der Beweis, dass der Arbeitgeber gerade die jugendliche Unerfahrenheit des bei Vertragsschluss minderjährigen Arbeitnehmers ausgenutzt hat. Die konkreten Umstände des Einzelfalls können aber bei einem besonders groben Missverhältnis dazu führen, dass schon allein das Vorliegen der objektiven Merkmale zu einer Vermutung auch für das Vorliegen der subjektiven Merkmale führt. Dann steht der Arbeitgeber in der Beweislast.[139]

---

135 *Rieble/Picker*, ZfA 2014, 153 (189); MüKoBGB/*Armbrüster* (2018), § 138 BGB Rn. 154; Palandt/*Ellenberger* (2017), § 138 BGB Rn. 74.
136 Staudinger/*Sack/Fischinger* (2017), § 138 BGB Rn. 287.
137 BeckOK BGB/*Wendtland* (2018), § 138 BGB Rn. 55. Strittig ist die Frage, ob grobe Fahrlässigkeit ausreicht, vgl. BeckOK BGB/*Wendtland* (2018), § 138 BGB Rn. 55 mit Verweis auf MüKoBGB/*Armbrüster* (2018), § 138 Rn. 154 und BGH, Urteil vom 12.03.1981 – III ZR 92/79 = NJW 1981, 1206 (1207)
138 BGH, Urteil vom 08.07.1982 – III ZR 1/81, NJW 1982, 2767 (2768); BGH, Urteil vom 24.05.1985 – V ZR 47/84, NJW 1985, 3006 (3007).
139 Staudinger/*Sack/Fischinger* (2017), § 138 BGB Rn. 542; BeckOK BGB/*Wendtland* (2018), § 138 BGB Rn. 39, 62.

V. Rechtsfolge: Übliche Vergütung (§ 612 Abs. 2 BGB)

Wurde die Sittenwidrigkeit des vereinbarten Lohnes nach § 138 Abs. 2 BGB einmal festgestellt, ist die Vergütungsvereinbarung nichtig und der Arbeitnehmer hat nach § 612 Abs. 2 BGB einen Anspruch auf „die übliche Vergütung".[140]

Nun stellt sich jedoch im Rahmen des § 612 Abs. 2 BGB erneut die Frage, was denn nun die übliche Vergütung für den Jugendlichen darstellt. Insoweit kann an dieser Stelle nach oben[141] verwiesen werden, denn an sich wird die übliche Vergütung im Sinne von § 612 Abs. 2 BGB wie schon bei § 138 BGB durch den Vergleich mit der einschlägigen tariflichen Vergütung in der betreffenden Branche und Wirtschaftsregion bestimmt.[142] Existiert eine vergleichbare tarifliche Vergütung nicht, kann die übliche Vergütung anhand der statistisch ermittelten Durchschnittslöhne und dem Anforderungsprofil der Stelle des betroffenen Arbeitnehmers bestimmt werden.[143] Die praktische Umsetzung einer solchen Bestimmung ist jedoch schwierig. Fehlt jegliche Möglichkeit der Ermittlung der üblichen Vergütung, so bleibt als letztes Mittel noch eine Leistungsbestimmung über §§ 315 ff. BGB oder eine ergänzende Vertragsauslegung (§ 157 BGB) vorzunehmen.[144]

Darüber hinaus stellt sich noch die Frage, ob bei der Bestimmung der üblichen Vergütung nach § 612 Abs. 2 BGB auch individuelle Faktoren wie Dienstalter und Berufserfahrung oder die persönlichen Verhältnisse des Arbeitnehmers, wie zum Beispiel Lebensalter und Familienstand, zu berücksichtigen sind.[145] Während für Beamte immer noch ein Familienzuschlag

---

140 BAG, Urteil vom 26.4.2006 – 5 AZR 549/05, Rn. 26 = NZA 2006, 1354 (1357); ErfK/*Preis* BGB (2018), § 612 Rn. 2, 4; Staudinger/*Richardi/Fischinger* (2016), § 612 BGB Rn. 42.
141 Siehe oben 3. Übliche Vergütung für Jugendliche?, S. 42 ff.
142 Palandt/*Weidenkaff* (2017), § 612 BGB Rn. 8. Als üblich ist somit die Vergütung zu verstehen, die im gleichen Gewerbe oder Beruf an dem betreffenden Ort für eine entsprechende Arbeit oder Dienstleistung gezahlt wird, vgl. BeckOK BGB/ *Fuchs/Baumgärtner* (2018), § 612 BGB Rn. 12; BeckOK ArbR/*Joussen* (2018), § 612 BGB Rn. 33. Dies gilt auch bei nichttarifgebundenen Arbeitnehmern.
143 ErfK/*Preis* BGB (2018), § 612 Rn. 38.
144 BeckOK ArbR/*Joussen* (2018), § 612 BGB Rn. 33, 36; Erman/*Edenfeld*, § 612 BGB Rn. 22.
145 Dies ohne weitere Quellen jeweils bejahend BeckOK ArbR/*Joussen* (2018), § 612 BGB Rn. 33; ErfK/*Preis* BGB (2018), § 612 Rn. 37; Staudinger/*Richardi/Fischinger* (2016), § 612 BGB Rn. 56.

bei Heirat oder Geburt gezahlt wird[146], ist die Berücksichtigung dieser persönlichen Umstände bei der Vergütung in der freien Wirtschaft eher unüblich.[147] Dort sind eher die beruflichen Faktoren wie einschlägige Berufserfahrung und Knowhow oder auch Flexibilität maßgeblich und wohl nicht ohne Einfluss auf die Höhe des Entgelts. Diesbezüglich wird es in der Regel so sein, dass die Jugendlichen über keine oder zumindest sehr wenig Berufserfahrung verfügen, was sich eher mindernd auf den zu ermittelnden üblichen Lohn ausübt. Positiv – im Sinne von Lohn steigernd – lässt sich zwar die meist größere zeitliche Flexibilität der jugendlichen Arbeitnehmer hervorheben. Allerdings gilt das auch nur im Rahmen des Möglichen nach dem JArbSchG.

VI. Zwischenergebnis

All diese Faktoren spielen bei der Ermittlung eines üblichen Lohnes eine Rolle. Aber ein daran orientierter, „üblicher Jugendlohn" existiert in Deutschland nicht. Fest steht nur, dass angesichts der Wertung des Gesetzgebers in § 22 Abs. 2 MiLoG bei der Bemessung eines angemessenen Lohnes nicht auf den gesetzlichen Mindestlohn abgestellt werden kann. Ob der Mindestlohn mittelbar in die Bemessung anhand der vorgeschlagenen 70 bis 80 % Grenzen einfließt oder ob wie teilweise angeregt wird, die vom BAG zu § 138 BGB entwickelte zwei Drittel Grenze pauschal auch für die Ermittlung eines angemessenen Lohnes für Jugendliche angewendet werden kann, ist offen.

Pauschale Aussagen bezüglich der üblichen Vergütung für Jugendliche dürften an dieser Stelle nicht möglich sein. Vielmehr muss stets auf die Umstände des Einzelfalls abgestellt werden. Relevante Entscheidungspunkte könnten die Branche sowie Region der entsprechenden Stelle sowie einschlägige Arbeitserfahrung (auch zum Beispiel durch Praktika) sein.

Somit bleibt dem jugendlichen Arbeitnehmer mangels Mindestlohnanspruch und mangels üblichem Jugendlohn als Entgeltschutz nur die unsichere Grenze der Sittenwidrigkeit nach § 138 BGB.

---

146 Vgl. z.B. Art. 35, 36 BayBesG oder §§ 39, 40 BBesG.
147 Selbst für Angestellte des öffentlichen Dienstes sehen der TVöD und der TV-L keinen gesonderten Familienzuschlag mehr vor, während dies im davor gültigen in § 29 BAT noch der Fall war.

§ 4 Jugendmindestlöhne in anderen Ländern: ein Rechtsvergleich

Einen gesetzlichen Mindestlohn und auch eine gesonderte Regelung für jüngere Arbeitnehmer gibt es nicht nur in Deutschland, sondern auch in vielen anderen Ländern. Eine Darstellung aller bestehenden Regeln für den Jugendmindestlohn in anderen Staaten würde den Rahmen dieser Arbeit sprengen. Daher sollen in diesem Kapitel anhand von 4 Ländern unterschiedliche Beispiele für Regelungen aufgezeigt werden, wie ein gesetzlicher Jugendmindestlohn alternativ geregelt werden kann.

A. Überblick: Mindestlöhne im internationalen Vergleich

Mindestlöhne sind außerhalb Deutschlands schon lange weit verbreitet.
Innerhalb der Europäischen Union existiert aktuell in 22 der derzeit 28 EU-Staaten ein branchenübergreifender gesetzlicher Mindestlohn oder ein universelles Mindestlohnregime.[148] Der Mindestlohn ist dort ein einheitlich nationaler Mindestlohn, ausgestaltet als allgemeine Lohnuntergrenze. Lediglich in Österreich, Dänemark, Zypern, Italien, Finnland und Schweden gibt es aktuell keinen nationalen gesetzlichen Mindestlohn (Stand 2018). In Zypern gibt es jedoch ein sektorales Regime, d.h. es existiert keine allgemeine Lohnuntergrenze, aber in bestimmten Branchen sind per Gesetz Mindestlöhne definiert.[149]
Österreich, Italien, Dänemark, Finnland und Schweden haben zwar keinen Mindestlohn, dort besteht jedoch eine Tarifbindung von 80 bis 90 %, welche eine Mindestlohnsicherung gewährt.[150] In Dänemark beispielsweise besteht auch keine Nachfrage nach einem gesetzlichen Mindestlohn, da das dänische Arbeitsmarkt-Modell mit seinen charakteristisch sehr autonomen Sozialpartnern und einer großen Flexibilität derzeit keiner politi-

---

148 Quelle: Statistisches Bundesamt Deutschland, https://www.destatis.de/Europa/D E/Thema/BevoelkerungSoziales/Arbeitsmarkt/Mindestloehne.htm [zuletzt abgerufen am 29.11.18]; *Schulten*, Mindestlohnregime in Europa, S. 3 f.
149 *Schulten*, Mindestlohnregime in Europa, S. 4.
150 *Dreesen*, NZA-Beilage 2009, 103 (104); *Lismoen*, in: Schulten/Bispinck/Schäfer, Mindestlöhne in Europa (2006), S. 205 ff.; *Waltermann*, NJW 2010, 801 (802).

§ 4 Jugendmindestlöhne in anderen Ländern: ein Rechtsvergleich

schen Einmischung bedarf.[151] Deutschlands Nachbarland Schweiz hat ebenfalls keinen flächendeckenden gesetzlichen Mindestlohn, die Regulierung von Löhnen erfolgt hauptsächlich im Rahmen von Tarifverhandlungen.[152] Es gab zwar eine durch Gewerkschaften angeregte Mindestlohnkampagne, ein gesetzlicher Mindestlohn ließ sich jedoch nicht durchsetzen: in einer Volksabstimmung 2014 stimmte die Mehrheit der Bevölkerung (77 %) gegen die Einführung eines gesetzlichen Mindestlohn.[153] Allerdings haben einige Kantone nun einen kantonalen Mindestlohn eingeführt.[154]

Auch außerhalb Europas existieren Mindestlöhne. So gibt es in den USA bereits seit ca. 80 Jahren einen gesetzlichen Mindestlohn[155] und auch in Kanada besteht ein Mindestlohnsystem, wonach jedoch jede Provinz ihre eigenen Untergrenzen festlegen kann.[156]

---

151 Siehe hierzu den umfassenden Aufsatz zum dänischen Modell von *Dreesen*, NZA- Beilage 2009, 103 ff.
152 *Oesch/Rieger*, in: Schulten/Bispinck/Schäfer, Mindestlöhne in Europa (2006), S. 225 ff.
153 Quelle: FAZ, 18.05.2014, http://www.faz.net/aktuell/politik/volksentscheid-in-der-schweiz-mindestlohn-abgelehnt-12945284.html [zuletzt abgerufen am 29.11.18].
154 Quelle: https://www.tagesanzeiger.ch/schweiz/standard/Zweite-Chance-fuer-den-Mindestlohn/story/14271363 [zuletzt abgerufen am 29.11.18]; im Kanton Neuenburg beträgt der Mindestlohn jetzt 20 Franken pro Stunde, das entspricht ca. 17,20 €.
155 Siehe hierzu unten § 4 B IV, S. 70.
156 Quelle: Government of Cananada, http://srv116.services.gc.ca/dimt-wid/sm-mw/rpt1.aspx?GoCTemplateCulture=en-CA [zuletzt abgerufen am 29.11.18]

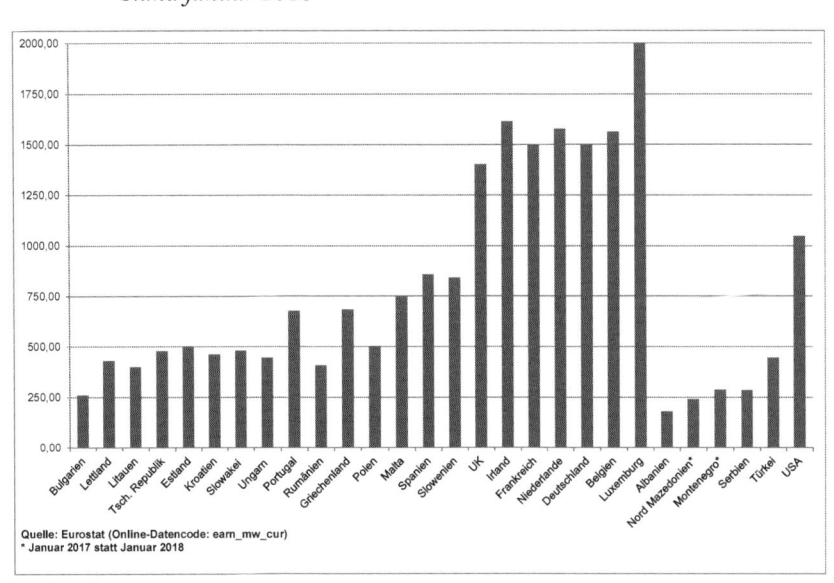

A. Überblick: Mindestlöhne im internationalen Vergleich

Tabelle 1: Gesetzliche Mindestlöhne im europäischen Raum und in den USA, Stand Januar 2018[157]

Quelle: Eurostat (Online-Datencode: earn_mw_cur)
* Januar 2017 statt Januar 2018

Die Tabelle gibt einen Überblick über die Höhe der derzeitigen (Stand: Januar 2018) gesetzlichen Mindestlöhne im europäischen Raum sowie in den Vereinigten Staaten. Die von Eurostat veröffentlichten Statistiken über Mindestlöhne beziehen sich dabei auf die nationalen monatlichen Mindestlöhne. Für solche Länder, in denen die nationalen Mindestlöhne nicht auf Monatsbasis, sondern auf Stunden- oder Wochenbasis festgelegt sind, werden die entsprechenden Sätze anhand von Umrechnungsfaktoren in monatliche Mindestlöhne umgerechnet.[158]

---

157 Quelle: EuroStat: http://appsso.eurostat.ec.europa.eu/nui/show.do?dataset=earn_mw_cur&lang=en [zuletzt abgerufen am 29.11.18].
158 Quelle: EuroStat: http://ec.europa.eu/eurostat/statistics-explained/index.php/Minimum_wage_statistics/de [zuletzt abgerufen am 29.11.18].

B. Jugendmindestlohnregelungen in ausgewählten Ländern

Gibt es in einem Land einen gesetzlichen Mindestlohn, so gilt dieser – meistens – auch für alle volljährigen Beschäftigten, ohne spezielle Sonderregelungen, so zum Beispiel in Spanien, Polen und Litauen.

In einigen Ländern mit gesetzlichem Mindestlohn ist er aber auch nicht uneingeschränkt für alle Beschäftigungsgruppen anwendbar. In insgesamt neun anderen EU-Ländern existieren altersdifferenzierende Mindestlöhne, d.h. die Staaten nehmen die Jugendlichen nicht vollständig vom Mindestlohn aus, sondern für Jugendliche gilt lediglich eine Abweichung vom Standard-Erwachsenen Mindestlohn: in Belgien, Frankreich, Griechenland, Großbritannien, Irland, Luxemburg, Malta, in den Niederlanden und in Tschechien (Stand 2014).[159] Auch in den USA gibt es eine Sonderregelung für jugendliche Arbeitnehmer, während in seinem Nachbarland Kanada die Mindestlohnregelungen für alle Arbeitnehmer unabhängig welchen Alters gilt.[160]

Dabei ist auffallend, dass der Mindestlohn in vielen Ländern gestaffelt je nach Alter und Berufserfahrung der Jugendlichen ausgezahlt wird und es für die jugendlichen Arbeitnehmer keine vollständige Bereichsausnahme, d.h. keine „harte Grenze" wie in Deutschland gibt, wo solche Abschlagsregelungen nicht existieren.[161] Das bedeutet, die Länder schließen die Jugendlichen bis zu einem bestimmten Alter nicht einfach komplett vom Mindestlohn aus.[162] Vielmehr gelten nur niedrigere Sätze für bestimmte Altersgruppen. Gleichzeitig ist in vielen unserer Nachbarländer die Altersgrenze, mit der Jugendliche den vollen Mindestlohnbetrag erhalten, höher als bei uns mit 18 Jahren. Teilweise beschränken sich in den anderen Ländern die Regelungen auf minderjährige Arbeitnehmer (wie bei uns), teil-

---

159 Wissenschaftliche Dienste, WD 6 – 3000 – 060/14, S. 5.
160 In Kanada gibt es aber unterschiedliche Mindestlohnregelung betreffend die Art des Jobs. So gelten Mindestlohnregelung oft nicht für Personen, die Trinkgeld erhalten; es ist aber egal wie alt der Arbeitnehmer ist, der diesen ausführt; vergleiche dazu auch die Information der kanadischen Regierung unter https://www.canada.ca/en/employment-social-development/services/labour-standards/reports/minimum-wages.html#h2.3[zuletzt abgerufen am 29.11.18] sowie das *fact sheet* der Provinz Alberta: http://work.alberta.ca/employment-standards/minimum-wage.html [zuletzt abgerufen am 29.11.18].
161 *Riechert/Nimmerjahn*, 2. Auflage, § 22 Rn. 125.
162 *Schulten*, Stellungnahme (2014), S. 85, der das zumindest auf die Sonderregelungen für Jugendliche im europäischen Ausland bezieht.

B. Jugendmindestlohnregelungen in ausgewählten Ländern

weise werden auch volljährige Arbeitnehmer von den Jugendmindestlohnregelungen erfasst.[163]

Natürlich gibt es in all diesen Ländern auch unterschiedliche Bildungssysteme und so auch unterschiedliche Schulpflicht-Regelungen. Diese wirken sich oft auch auf das Mindestlohnsystem des jeweiligen Landes aus.[164] So sind die Altersgrenzen meist an das Ende der Schulpflicht angepasst. Daher werden im Rahmen der Mindestlohnregelungen auch die jeweiligen Regelungen zur Schulpflicht des Landes kurz vorgestellt. Insgesamt lässt sich zumindest für die Europäische Union jedoch festhalten, dass die Schulpflicht hier in der Regel bis zum 15. oder 16. Lebensjahr dauert.[165]

Im Folgenden werden nun Beispiele für unterschiedliche Mindestlohnregelungen für Jugendliche anhand der Regelungen in Frankreich, den Niederlanden, Großbritannien und den USA näher betrachtet.

I. Frankreich

Frankreich hat eine lange Mindestlohntradition. Bereits 1950 wurde mit dem SMIG (*salaire minimum interprofessionnel garanti*), einem Vorläufer des heutigen französischen Mindestlohns, ein erster gesetzlicher Mindestlohn eingeführt.[166] Bereits 1970 folgte ihm dann der *salaire minimum interprofessionnel de croissance* – kurz SMIC (auf Deutsch etwa: Wachstumsorientierter brachenübergreifender Mindestlohn) – als nationaler gesetzlicher Mindestlohn.[167] Er wird jährlich zum 1. Januar neu festgelegt.[168]

---

163 *Lakies*, § 22 MiLoG Rn. 98.
164 Einen Überblick zu den Grundzügen die Berufsbildungssysteme in Belgien, Frankreich, Großbritannien, Irland, Luxemburg, den Niederlanden, Spanien und Portugal findet sich in Wissenschaftliche Dienste, WD 6 – 3000 060/14, S. 8 ff.
165 Vgl. Übersicht bei *Gries* et al., Bildungssysteme in Europa, S. 10.
166 *Haberzettl*, Varianten der Kodifizierung eines Mindestlohns (2010), S. 81 f.; ausführliche historische Darstellung des gesetzlichen Mindestlohns in Frankreich bei *Schmid/Schulten*, in: Schulten/Bispinck/Schäfer, Mindestlöhne in Europa (2006), S. 102 ff., 107 ff. sowie *Seifert*: Der salaire minimum interprofessionel de croissance (SMIC): rechtliche Gestaltung und Erfahrungen, S. 77-81.
167 Loi n°70-7 du 2.1.1970 portant reforme du salaire minimum garanti et création d'un salaire minimum de croissance, J.O.R.F. 1970, S. 141; *Auzero/Baugard/Dockès*, Droit du travail (2017), Rn. 977; *Waltermann*, NJW 2010, 801 (802).
168 Quelle: administration française, https://www.service-public.fr/particuliers/vosdroits/F2300 [zuletzt abgerufen am 29.11.2018].

Der französische Gesetzgeber bezweckt laut Art. L.3231-2 *Code du Travail* mit dem gesetzlichen Mindestlohn eine Kaufkraftgarantie für die Arbeitnehmer im Niedriglohnbereich sowie eine Beteiligung an der ökonomischen Entwicklung des Landes.[169] Er wird daher nicht nur automatisch an die Inflation, sondern auch an die allgemeine Lohnentwicklung angepasst, Art. L.3231-2 bis L.3231-11 *Code du Travail*.[170] Der SMIC ist dabei von Gesetzes wegen sowohl als Mindeststundenlohn als auch als monatliche Mindestvergütung festgelegt. Die Höhe des Mindestlohnes wird dabei in drei verschiedenen Verfahren festgesetzt, die miteinander verflochten sind.[171] Basis der Mindestlohnberechnung ist die gesetzliche Wochenarbeitszeit von 35 Stunden. Aktuell beträgt der gesetzliche Mindestlohn in Frankreich seit der letzten Erhöhung zum 1. Januar 2018[172] 1.498,47 €, was bei 35 Stunden Wochenarbeitszeit 9,88 € pro Stunde entspricht (Stand August 2018).[173]

Den Mindestlohn erhalten grundsätzlich alle Beschäftigten in Frankreich, Art. L.3231-1 *Code du Travail*.[174] Der SMIC ist ein einheitlicher branchenübergreifender Mindestlohn, d.h. die Vorschriften des SMIC gelten grundsätzlich für alle Arbeitnehmer, und das Gesetz nimmt prinzipiell keine Wirtschaftsbereiche oder Beschäftigtengruppen vom Geltungsbereich aus. Einige wenige Beschäftigungsgruppen sind dennoch ausgenommen, darunter auch Jugendliche:

1. Gesetzliche Mindestlohnregelung für jugendliche Arbeitnehmer

In Frankreich besteht grundsätzlich eine zehnjährige Schulpflicht für alle 6- bis 16-jährigen Kinder und Jugendlichen, der Besuch der Sekundarstufe

---

169 *Heukenkamp*, Gesetzlicher Mindestlohn in Deutschland und Frankreich, S. 90.
170 *Haberzettl*, Varianten der Kodifizierung eines Mindestlohns (2010), S. 82.
171 Näher zur Festsetzung der Höhe des Mindestlohnes: *Seifert*: Der salaire minimum interprofessionel de croissance (SMIC): rechtliche Gestaltung und Erfahrungen, S. 101.
172 Die Erhöhung erfolgte durch das *Décret n° 2017-1719 du 20 décembre 2017 portant relèvement du salaire minimum de croissance*, abzurufen unter https://www.legifrance.gouv.fr/eli/decret/2017/12/20/MTRX1735634D/jo/texte [zuletzt abgerufen am 29.11.2018].
173 Übersicht auch bei der *administration française*, https://www.service-public.fr/particuliers/vosdroits/F2300 [zuletzt abgerufen am 29.11.2018].
174 *Heukenkamp*, Gesetzlicher Mindestlohn in Deutschland und Frankreich, S. 95; *Schmid/Schulten*, in: Schulten/Bispinck/Schäfer, Mindestlöhne in Europa (2006), S. 111.

II ist nicht mehr verpflichtend.[175] Art. L. 4153-1 *Code du Travail* verbietet es in Frankreich auch grundsätzlich (bis auf wenige Ausnahmen, siehe L. 4153-1, 1°, 2°, 3° *Code du Travail*), Arbeitnehmer unter 16 Jahren zu beschäftigen.[176] Somit können die Jugendlichen ab dem 16. Lebensjahr eine (Vollzeit)Beschäftigung aufnehmen.

Der SMIC beinhaltet unter anderem Abschläge vom Mindestlohn für Jugendliche zwischen 16 und 17 Jahren. So haben gemäß Art. D3231-3 Abs. 1 *Code du Travail* Arbeitnehmer, die das 17. Lebensjahr noch nicht vollendet haben, nur Anspruch auf einen um 20 % gekürzten Mindestlohn und für solche, die das 18. Lebensjahr noch nicht vollendet haben, besteht ein um 10 % gekürzter Mindestlohnspruch.[177] Weitere Unterscheidungen werden bezüglich des Alters nicht vorgenommen.

Eine Ausnahme von den Abschlägen für minderjährige Arbeitnehmer gilt gemäß Artikel D3231-3 Abs. 2 *Code du Travail* jedoch für solche Arbeitnehmer, die bereits über Berufserfahrung in ihrer Branche verfügen: Kann der Jugendliche mehr als 6 Monate einschlägige Berufserfahrung nachweisen, d.h. hat er Berufserfahrung in einem Bereich, in dem er jetzt auch arbeitet, so wird keine Kürzung des SMIC vorgenommen.[178] Das bedeutet, der Jugendliche hat dann Anspruch auf vollen Mindestlohn, unabhängig von seinem Alter. Die Ausbildung selbst oder ein Praktikum kann dabei jedoch nicht als Berufserfahrung angerechnet werden.[179] Daneben gibt es weitere Abschläge für Auszubildende mit Berufsausbildungsvertrag (*contrat d'apprentissage*) und jüngere Arbeitnehmer mit einem sogenannten „Einstellungsvertrag zur Professionalisierung" (*contrat de professionnalisation*).[180] Diese beiden Formen sollen aber hier nicht weiter betrachtet werden, da sie nicht mit der Regelung in § 22 Abs. 2 MiLoG vergleichbar sind.

---

175 *Gries, et al.*, Bildungssysteme in Europa, S. 27; Wissenschaftliche Dienste, WD 6 – 3000 060/14, S. 12.
176 *Richevaux*, Fascicule 9-15, Rn. 12.
177 *Auzero/Baugard/Dockès*, Droit du travail (2017), Rn. 978.
178 *Heukenkamp*, Gesetzlicher Mindestlohn in Deutschland und Frankreich, S. 131.
179 *Heukenkamp*, Gesetzlicher Mindestlohn in Deutschland und Frankreich, S. 131; *Vachet*, Fascicule 26-10, Rn. 46.
180 https://www.service-public.fr/particuliers/vosdroits/F15478 [zuletzt abgerufen am 29.11.18]; Übersicht zu diesen Abschlägen auch bei WD 6 – 3000 060/14, S. 13. Beim *contrat de professionnalisation* handelt es sich um einen kombinierten Weiterbildungsvertrag, der den Fokus auf den Erwerb aktueller theoretischer Kenntnisse sowie den Erwerb von praktischem Know-how legt. Er richtet sich an Jugendliche im Alter von 16 bis 25 Jahre, um ihre Erstausbildung abzuschließen, sowie an Arbeitsuchende ab 26 Jahren.

§ 4 Jugendmindestlöhne in anderen Ländern: ein Rechtsvergleich

In der folgenden Tabelle sind die unterschiedlichen französischen Mindestlohnansprüche noch einmal dargestellt.

Tabelle 2: *Abschläge vom SMIC für jugendliche Arbeitnehmer*[181]

Berufliche Qualifikation	Alter	%	Bruttostundenlohn bei einem SMIC von aktuell € 9,88 (2018)
Arbeitnehmer ohne Berufserfahrung	Unter 17 Jahren	80	€ 7,90
	Unter 18 Jahren	90	€ 8,89
Arbeitnehmer mit mindestens sechsmonatiger einschlägiger Berufserfahrung	Unter 17 Jahren	100	€ 9,88
	Unter 18 Jahren	100	€ 9,88

2. Kritik und Probleme

Problematisch an dieser Regelung des Jugendmindestlohnes in Frankreich ist, dass viele die Geltung des Mindestlohns auch für Berufsanfänger trotz Abschlägen als Ursache für die hohe Jugendarbeitslosigkeit verantwortlich machen.[182] Der Jugendmindestlohn sei für die Jugendlichen zu hoch angesetzt und zu unflexibel ausgestaltet.[183] Aufgrund der dadurch hohen Gehaltskosten seien Berufsanfänger, die über nur wenig Erfahrung verfügen, für den Arbeitgeber zu teuer, weshalb sie nicht eingestellt würden.[184] Das ehemalige LPC-Mitglied und Experte für Arbeitsbeziehungen *David Metcalf*, stuft die geltenden Jugendmindestlöhne in Frankreich als zu hoch an. Er plädiert daher dafür, dass Frankreich aufgrund der hohen Jugendarbeitslosigkeit den Mindestlohn für 16-jährige auf einem deutlich niedrigerem

---

181 Tabelle nach *Heukenkamp*, Gesetzlicher Mindestlohn in Deutschland und Frankreich, S. 131 und Zahlen gemäß *administration francaise*, zu finden unter https://www.service-public.fr/particuliers/vosdroits/F2300 [zuletzt abgerufen am 29.11.18].
182 *David Metcalf* im Interview mit der Süddeutschen Zeitung am 19. Mai 2010, S. 3, abzurufen unter http://www.sueddeutsche.de/wirtschaft/mindestlohn-bilanz-in-grossbritannien-acht-euro-und-das-ist-gut-so-1.919681 [zuletzt abgerufen am 29.11.2018].; *Lesch/Mayer/Schmid*, ökonomische Bewertung (2014), S. 11; *Wank*, Mindestlöhne – Begründungen und Instrumente, in: Festschrift Buchner (2009), 898 (904); *ders.*, RdA 2015, 88 (92).
183 *Picker*, RdA 2014, 25 (35) mit Verweis auf *Seifert*: Der salaire minimum interprofessionel de croissance (SMIC): rechtliche Gestaltung und Erfahrungen, S. 98 f.
184 *Wank*, RdA 2015, 88 (92).

Niveau festlegt und ihn dann sukzessive bis auf das Erwachsenenniveau anhebt.[185] Die Jugenderwerbslosenquote, also der prozentuale Anteil der Erwerbslosen in der Altersgruppe von 15 bis 24 Jahren an der gesamten Erwerbsbevölkerung, betrug in Frankreich im Jahr 2016 immerhin 24,7 % (in Deutschland lag sie 2016 bei 7,2 %), bei einer Gesamterwerbslosenquote von ca. 10%.[186] Gesicherte Erkenntnisse über einen Zusammenhang der beiden Faktoren gibt es jedoch nicht.[187] Mindestlohnbefürworter führen die hohe Jugendarbeitslosigkeit dagegen auch auf Schwächen des Bildungssystems zurück.[188]

Es stellt sich jedoch die Frage der rechtssystematischen Konsistenz der Abschläge:[189] Wie gesehen wird der Mindestlohn damit begründet, die Kaufkraft der Arbeitnehmer zu sichern und sie an der wirtschaftlichen Entwicklung des Landes teilhaben zu lassen. Würde man die Mindestlohnkürzungen für Jugendliche nun damit rechtfertigen, dass sie mangels Berufserfahrung eine qualitativ schlechtere Arbeit leisten als ältere Arbeitnehmer, wären die Kürzungen unzulässig. Denn der Mindestlohn stellt im Übrigen nirgens auf den Wert der Arbeitsleistung ab. Würde man die Kürzungen dagegen mit den geringeren materiellen Bedürfnissen der jugendlichen Arbeitnehmer begründen, so stünde dies in einem Widerspruch zur Möglichkeit des Art. D3231-3 Abs. 2 *Code du Travail*, durch einschlägige Berufserfahrung den vollen Mindestlohnanspruch zu erhalten. Denn dieser wiederum stellt nicht auf die materiellen Ansprüche jugendlicher Arbeitnehmer ab.

---

185 *David Metcalf* in einem Interview mit der Süddeutschen Zeitung am 19.5.2010, siehe Fn. 182.
186 Quelle: Statistisches Bundesamt, Statistisches Jahrbuch 2017, Internationaler Anhang, Arbeitsmarkt, veröffentlicht am 20.10.2017, S. 669 f., abzurufen unter: https://www.destatis.de/DE/Publikationen/StatistischesJahrbuch/Internationaler Anhang2017.pdf?__blob=publicationFile [zuletzt abgerufen am 29.11.2018].
187 *Haberzettl*, Varianten der Kodifizierung eines Mindestlohns (2010), S. 82 f. m.w.N; *Wank*, Mindestlöhne – Begründungen und Instrumente, in: Festschrift Buchner (2009), 898 (903 f.) m.w.N.
188 *George*, WSI-Mitteilungen 9/2008, 479 (483 f.); *Haberzettl*, Varianten der Kodifizierung eines Mindestlohns (2010), S. 83.
189 Vgl. zum Ganzen die Kritik bei *Heukenkamp*, Gesetzlicher Mindestlohn in Deutschland und Frankreich, S. 132 f.

3. Vergleich mit Deutschland

Im Gegensatz zur deutschen Regelung ist somit nach der französischen Gesetzeslage eine abgeschlossene Ausbildung für den Mindestlohnanspruch irrelevant. Alleine eine sechsmonatige Berufserfahrung in der relevanten Branche berechtigt den Jugendlichen zu einem Mindestlohnanspruch. In Deutschland hat der minderjährige Arbeitnehmer mit abgeschlossener Ausbildung stets Anspruch auf Mindestlohn, ohne dass es darauf ankäme, ob er auch in seinem Ausbildungsberuf oder in einer ganz anderen Branche arbeitet.[190] Der Wortlaut des § 22 Abs. 2 MiLoG lässt hier keine Einschränkung zu. Und auch der Schutzzweck der Norm steht nicht entgegen, denn das Ziel des § 22 Abs. 2 MiLoG, den Jugendlichen zu einer Ausbildung anzuregen und ihn davon abzuhalten eine ungelernte Beschäftigung anzunehmen, hat sich hier schon verwirklicht.

Des Weiteren sind die französischen Arbeitnehmer bereits mit 16 Jahren mindestlohnberechtigt, wenn auch mit (vergleichsweise geringen) Abschlägen vom Mindestlohn. Die Altersgrenze, die zum Mindestlohn berechtigt, setzt somit unmittelbar an das Ende der Schulpflicht an, während die deutschen Jugendlichen bis zur Volljährigkeit oder zum Abschluss der Berufsausbildung auf einen Mindestlohnanspruch verzichten müssen.

Daneben ist jedoch die Jugenderwerbslosenquote in Deutschland mit 7,2 % deutlich niedriger als in Frankreich mit 24,7 %.

II. Niederlande

In den Niederlanden existiert schon seit fast 50 Jahren ein gesetzlicher Mindestlohn. Am 27. November 1968 wurde das Gesetz zur Regelung von Mindestlohn und Mindesturlaubsgeld vom niederländischen Parlament verabschiedet, das die Regelungen zum gesetzlichen Mindestlohn beinhaltet.[191] Erste staatliche Bestimmungen zu Mindestlöhnen gab es in den Niederlanden derweil schon 1894.[192]

---

190 *Hilgenstock*, Mindestlohngesetz, Rn. 41.
191 *Wet minimumloon en minimumvakantiebijslag (27. 11.1968)*, der gesamte Gesetzestext ist zu finden unter http://wetten.overheid.nl/BWBR0002638/2017-07-01 [zuletzt abgerufen am 29.11.2018]; vgl. auch *Jacobs*, Labour Law in the Netherlands (2015), Rn. 119; *Waltermann*, NJW 2010. 801 (802); vgl. allgemein zum Mindestlohnsystem in den Niederlanden auch den Beitrag von *van Peijpe*, NZA-Beilage 2009, 97 ff.
192 *Schulten*, in: Schulten/Bispinck/Schäfer, Mindestlöhne in Europa (2006), S. 81.

Der niederländische Mindestlohn gilt wie der deutsche für alle Beschäftigtengruppen, unabhängig davon, ob in einer Branche bereits ein Mindestschutz durch Tarifverträge besteht.[193] Er ist direkt an die wirtschaftliche Entwicklung im Land beziehungsweise an das allgemeine Lohnniveau gekoppelt und wird zweimal jährlich – im Januar und im Juli – angepasst. Der Anpassungsprozess ist dabei sehr einfach und entpolitisiert. Das niederländische *Centraal Bureau voor de Statistiek* (statistisches Zentralamt) wertet das Durchschnittsgehalt, genauer die durchschnittlichen Lohnsteigerungen in den Tarifverträgen der niederländischen Arbeitnehmer aus. Im Anschluss daran hebt der zuständige Minister per königlichem Dekret proportional zu den ermittelten Lohnsteigerungen auch den Mindestlohn an.[194] Sollte es eine wirtschaftliche Krise im Land geben, können Parlament und Regierung auch bestimmen, diese automatische Anhebung für ein Jahr zu unterbrechen. Ansonsten gibt es über die Anhebung des Mindestlohnes in den Niederlanden kaum politische Diskussionen.[195]

Dabei ist der Mindestlohn in den Niederlanden nicht als Mindestlohn pro Stunde ausgestaltet, da die Stundenanzahl pro Woche je nach Beschäftigungsart und Wirtschaftsbranche unterschiedlich sein kann (in der Regel zwischen 36 und 40 Stunden)[196] und da Vollzeitbeschäftigte mit geringeren Arbeitszeiten ansonsten benachteiligt würden.[197] Das Gesetz schreibt lediglich ein Mindestmonats- und Mindestwocheneinkommen für Arbeitnehmer in Vollzeitbeschäftigung vor.[198] Das niederländische Mindestlohnmodell ist insofern auch speziell, als dass zahlreiche Sozialleistungen an den gesetzlichen Mindestlohn gekoppelt sind.[199]

1. Gesetzliche Mindestlohnregelung für jugendliche Arbeitnehmer

Die Schulpflicht beginnt in den Niederlanden mit dem Schuljahr, das auf den fünften Geburtstag des Kindes folgt und endet mit der Vollendung des

---

193 *van Peijpe*, NZA- Beilage 2009, 97 (98).
194 *Jacobs*, Labour Law in the Netherlands (2015), Rn. 120.
195 *Jacobs*, Labour Law in the Netherlands (2015), Rn. 120.
196 *van Peijpe*, NZA- Beilage 2009, 97 (99).
197 *Schulten*, in: Schulten/Bispinck/Schäfer, Mindestlöhne in Europa (2006), S. 83.
198 Vgl. Art. 8 Abs. 1 des *Wet minimumloon en minimumvakantiebijslag* (Gesetz für Mindestlohn und Mindesturlaubsanspruch und https://www.government.nl/topics/minimum-wage/amount-of-the-hourly-minimum-wage [zuletzt abgerufen am 29.11.2018].
199 *Schulten*, in: Schulten/Bispinck/Schäfer, Mindestlöhne in Europa (2006), S. 84.

Schuljahres, in dem der Schüler 16 Jahre alt wird.[200] Das niederländische Arbeitszeitgesetz erlaubt es Arbeitgebern, schulpflichtige Jugendliche ab 15 Jahren unter bestimmten Bedingungen zu beschäftigen.[201] Ab dem 15. Lebensjahr haben niederländische Arbeitnehmer auch einen Anspruch auf Mindestlohn.[202]

Das Mindestlohngesetz galt in den Niederlanden in seiner ursprünglichen Fassung von 1968 für alle Arbeitnehmer ab 24 Jahren bis zum Rentenalter, wurde jedoch bereits 1970 auf Arbeitnehmer ab 23 Jahren ausgeweitet.[203] Bis 30. Juni 2017 lag diese Altersgrenze bei 23 Jahren. Seit dem 1. Juli 2017 hat nun bereits jeder niederländische Arbeitnehmer ab 22 Jahren bis zum Rentenalter mit 65 Jahren Anspruch auf den vollen Mindestlohn.[204] Die niederländische Gewerkschaften verlangen darüber hinaus seit langem, den Erwachsenenmindestlohn bereits für alle 18-jährigen auszuzahlen.[205]

Für Jugendliche, die jünger als 22 Jahre sind, gibt es einen gestaffelten Jugendmindestlohn: ab dem 15. Lebensjahr wird Arbeitnehmern hier ein prozentualer Anteil des Erwachsenen-Mindestlohnes gezahlt, der dann anteilig mit jedem Lebensalter steigt, bis mit 22 Jahren der volle Mindestlohn gewährt wird.[206] Die folgende Tabelle zeigt den Mindestlohnanspruch pro Stunde gestaffelt nach Alter und gerechnet auf eine 40-Stunden-Woche. Die Prozentangabe zeigt dabei an, welchen Anteil der Anspruch vom vollen Mindestlohn ausmacht.

---

200 *Gries, et al.*, Bildungssysteme in Europa, S. 54; Wissenschaftliche Dienste, WD 6 – 3000 060/14, S. 18.
201 Vgl. Art. 3:2 Arbeidstijdenwet (*Arbeitszeitgesetz*).
202 *van Peijpe*, NZA- Beilage 2009, 97 (99).
203 *Schulten*, in: Schulten/Bispinck/Schäfer, Mindestlöhne in Europa (2006), S. 83.
204 Die niederländische Regierung will in einem zweiten Schritt die Altersgrenze zum 1. Juli 2019 auf 21 Jahre absenken, vgl. *Factsheet minimumjeugdloon voor werkgevers*, abzurufen auf der Homepage der niederländischen Regierung (rijksoverheid) https://www.rijksoverheid.nl/documenten/publicaties/2017/05/29/factsheet-minimumjeugdloon-voor-werkgevers [zuletzt abgerufen am 29.11.2018].
205 *Schulten*, in: Schulten/Bispinck/Schäfer, Mindestlöhne in Europa (2006), S. 95.
206 Vgl. Artikel 7 Abs. 1 des *Wet minimumloon en minimumvakantiebijslag* (Gesetz für Mindestlohn und Mindesturlaubsanspruch).

Tabelle 3: Jugendmindestlohn in den Niederlanden ab 1.7.2018[207]

Alter	%	Pro Monat	Pro Woche	Pro Stunde
22 Jahre und älter	100	€ 1.594,20	€ 367,90	€ 9,20
21 Jahre	85	€ 1.355,05	€ 312,70	€ 7,82
20 Jahre	70	€ 1.115,95	€ 257,55	€ 6,44
19 Jahre	55	€ 876,80	€ 202,35	€ 5,06
18 Jahre	47,5	€ 757,25	€ 174,75	€ 4,37
17 Jahre	39,5	€ 629,70	€ 145,30	€ 3,64
16 Jahre	34,5	€ 550,00	€ 126,95	€ 3,18
15 Jahre	30	€ 478,25	€ 110,35	€ 2,76

2. Kritik und Probleme

Der Mindestlohn für Jugendliche ist in den Niederlanden ein sehr stark diskutiertes und kritisiertes Thema.[208] So beklagen niederländische Gewerkschaften zum einen, dass ältere Arbeitnehmer aufgrund des extrem niedrigen Jugendmindestlohnes von jungen Arbeitnehmern verdrängt werden.[209] Viele niederländische Unternehmen nutzen es aus, dass sie aufgrund der Mindestlohnregelungen die Möglichkeit haben, viele „günstige" jugendliche Arbeitnehmer einzustellen. In den Niederlanden wird in der Tat den niedrigsten Jugendmindestlohn in ganz Europa gewährt. So hat ein 18-jähriger Arbeitnehmer nur Anspruch auf 47,5 % des Erwachsenen-Mindestlohnes, was einem Stundenlohn von 4,37 € entspricht, während der Arbeitgeber dem 22-jährigen (und allen älteren) mehr als das doppelte zahlen muss: 9,20 €. Die jungen Arbeitnehmer bekommen daher meist befristete Verträge, die auslaufen, wenn sie die Altersschwelle zum Erwachsenen-Mindestlohn überschreiten; alternativ erhalten sie einen unbefristeten Vertrag, und der Arbeitgeber kündigt ihnen vor Erreichen der Altersgren-

---

207 Quelle: https://www.rijksoverheid.nl/onderwerpen/minimumloon/bedragen-minimumloon/bedragen-minimumloon-2018 [zuletzt abgerufen am 29.11.2018]
208 Vgl. *Schulten*, in: Schulten/Bispinck/Schäfer, Mindestlöhne in Europa (2006), S. 95.
209 *Amlinger/Bispinck/Schulten*, WSI-Report 2014, S. 6.

ze.²¹⁰ Dafür werden dann im Anschluss wieder „billigere" Jugendliche eingestellt.²¹¹

Laut *Schulten* sind die Hälfte der Arbeitnehmer in Supermärkten in den Niederlanden jünger als 23 Jahre.²¹² Diese liegen somit unter der Altersschwelle von (damals noch) 23 Jahren, so dass ihnen nicht der volle Mindestlohn gezahlt werden muss. Diese Beschäftigungsverhältnisse sind meist befristet ausgestaltet, und mit Erreichen der Altersgrenze für den Erwachsenen-Mindestlohn verlieren viele junge Arbeitnehmer ihren Arbeitsplatz.²¹³

Gewerkschaften und Arbeitgeberverbände haben im Jahr 2005 zudem die Forderung nach der vollständigen Abschaffung des Jugendmindestlohnes erhoben. Dies ist bislang jedoch auf wenig Bereitschaft bei der niederländischen Regierung gestoßen.²¹⁴ Immerhin zeichnet sich jedoch eine Absenkung der Altersgrenze ab. Lag diese bis Juni 2017 noch bei 23 Jahren, soll sie bis Mitte 2019 auf 21 Jahre gesenkt werden.²¹⁵ Die Forderungen der Gewerkschaften nach einer Absenkung bis auf 18 Jahre bleiben gleichwohl bestehen.

Bemerkenswert ist auch die Tatsache, dass Kinder im Alter von 13 und 14 Jahren zwar schon seit 1996 unter bestimmten Umständen berechtigt sind zu arbeiten.²¹⁶ Ihnen steht jedoch kein Anspruch auf einen Jugendmindestlohn nach dem Gesetz zu. Diese „Mindestlohn-Lücke" war bereits Gegenstand eines Gerichtsverfahrens, in dessen Verlauf die 1. und 2. Instanz zu dem Ergebnis kamen, das Nichtbestehen des Mindestlohnanspruches für die 13- und 14-jährigen sei eine Diskriminierung nach Artikel 26 des Internationalen Pakts über bürgerliche und politische Rech-

---

210 *Jacobs*, Labour Law in the Netherlands (2015), Rn. 122.
211 Vgl. dazu auch den Artikel „Wo es den Mindestlohn schon gibt", Karriere Spiegel, 3. Juli 2014, abzurufen unter http://www.spiegel.de/karriere/mindestlohn-in-den-laendern-europas-im-vergleich-a-978819.html [zuletzt abgerufen am 29.11.2018].
212 Vgl hierzu und zum Folgenden: *Schulten*, Stellungnahme (2014), S. 85; diese Aussage bezieht sich noch auf die Altersgrenze von 23 Jahren, die bis 30.6.2017 für den Erwachsenen-Mindestlohn in den Niederlanden galt, siehe Fn.204; siehe auch *Schulten/Bispinck*, Stellungnahme des WSI (2014), S. 5.
213 *Schulten/Bispinck*, Stellungnahme des WSI (2014), S. 5.
214 *Schulten*, in: Schulten/Bispinck/Schäfer, Mindestlöhne in Europa (2006), S. 95.
215 Siehe dazu oben Fn. 204.
216 Vgl. Art. 3:2 Arbeidstijdenwet (*Arbeitszeitgesetz*).

te dar.²¹⁷ Nach der abschließenden Entscheidung des *Hoge Raad der Nederlanden*, dem höchsten ordentlichen Gericht der Niederlande, stellt der mangelnde Mindestlohnanspruch jedoch keine Altersdiskriminierung dar.²¹⁸ Das Gericht argumentierte, dass das Fehlen von Mindestlöhnen durch die Regierungspolitik gerechtfertigt war. Diese zielt darauf ab, die 13- und 14-Jährigen durch die Mindestlohnausnahme zu schützen, indem sie von der normalen Teilnahme am Arbeitsmarkt abgeschreckt werden sollen um ihrer Ausbildung Vorrang einzuräumen.²¹⁹

Diese Argumentation stimmt mit dem Sinn und Zweck der deutschen Regelung in § 22 Abs. 2 MiLoG überein.

3. Vergleich mit Deutschland

Der Mindestlohnanspruch entsteht in den Niederlanden für Jugendliche erst deutlich später als in Deutschland, erst ab 22 Jahre erhalten Arbeitnehmer den vollen gesetzlichen Mindestlohn.

Aktuell haben die Niederlande zudem eine breitere Altersdifferenzierung beim Jugendmindestlohn. Während es in Deutschland nur eine einzige Altersgrenze gibt, ist der Anspruch des niederländischen Mindestlohns je nach Alter differenzierter über 8 Jahre gestaffelt. Dadurch wird eine „harte Grenze" vermieden. Insgesamt ist der Jugendmindestlohn in den Niederlanden gleichwohl ein stark kontrovers diskutiertes Thema.

Die Jugenderwerbslosenquote, d.h. der prozentualer Anteil der Erwerbslosen in der Altersgruppe von 15 bis 24 Jahren an der gesamten Erwerbsbevölkerung, betrug in den Niederlanden im Jahr 2016 11,3 % und lag somit ca. 4 Prozentpunkte über der entsprechenden Quote in Deutschland zu jener Zeit (7,2 %).²²⁰ Ob ein Zusammenhang mit dem Jugendmindestlohn besteht, ist nicht nachgewiesen.

---

217 *van Peijpe*, NZA- Beilage 2009, 97 (103). Artikel 26 des Internationalen Pakts über bürgerliche und politische Rechte (UN-Zivilpaktes) postuliert die Gleichheit vor dem Gesetz.
218 *Hoge Raad der Nederlanden*,Urteil vom 11. November 2006, ECLI:NL:PHR:2006:AY9216, JAR 2006/306; *Jacobs*, Labour Law in the Netherlands (2015), Rn. 119, 122.
219 *van Peijpe*, NZA- Beilage 2009, 97 (103).
220 Quelle: Statistisches Bundesamt, Statistisches Jahrbuch 2017, Internationaler Anhang, Arbeitsmarkt, veröffentlicht am 20.10.2017, S. 669 f., abzurufen unter: https://www.destatis.de/DE/Publikationen/StatistischesJahrbuch/Internationaler Anhang2017.pdf?__blob=publicationFile [zuletzt abgerufen am 29.11.2018].

III. Großbritannien

Historisch gesehen war Großbritannien der erste europäische Staat, der 1908 gesetzliche Mindestlohnbestimmungen einführte.[221] Vor 1998 gab es in Großbritannien allerdings keinen nationalen gesetzlichen Mindestlohn, es existierten lediglich einzelne Mindestlohnregelungen für bestimmte Gruppen von Arbeitnehmern.[222] Erst nach dem Wahlsieg der Labour Partei 1997 wurde dann der *National Minimum Wage Act* (NMWA) im Juli 1998 eingeführt. Seitdem gibt es in England einen nationalen gesetzlichen Mindestlohn (*national minimum wage* – NMW), der seit 1. April 1999 in Kraft ist.[223]

Anspruch auf den gesetzlichen Mindestlohn hat dabei jeder britische Arbeitnehmer, d.h. auch Leih- und Heimarbeitnehmer.[224] Allerdings existieren unterschiedliche Mindestlohnsätze, dazu gleich mehr.

Der Mindestlohn ist in England wie auch in Deutschland als Minimumstundenlohn ausgestaltet. Die Sätze werden jedes Jahr im April anhand der Empfehlungen der unabhängigen Niedriglohnkommission (*Low Pay Commission* – LPC) angepasst.[225] Die LPC ist dabei vergleichbar mit der deutschen Mindestlohnkommission (§§ 4 bis 12 MiLoG). Beide sind unabhängig gestaltete Gremien und bestehen aus Vertretern von Arbeitnehmern und Arbeitgebern sowie Vertretern aus Wirtschaft und Wissenschaft.[226]

---

221 *Schulten*, in: Schulten/Bispinck/Schäfer, Mindestlöhne in Europa (2006), S. 14.
222 Vgl. zur Entwicklung des Mindestlohns in Großbritannien in: *Burgess*, in: Schulten/Bispinck/Schäfer, Mindestlöhne in Europa (2006), S. 31 ff.; *Hardy/Butler*, Labour Law in Great Britain, Rn. 219 f.; *Painter/Holmes*, Employment Law, S. 102 f; *Rutter/Marshall/Sims*, The introduction of the National Minimum Wage (1998), S. 60 ff.; *Simpsons*, ILJ Vol. 28 (1999), S. 1 - 4.
223 *National Minimum Wage Act 1998*, Chapter 39 (abrufbar auf der Website der britischen Regierung unter http://www.legislation.gov.uk/ukpga/1998/39 [zuletzt abgerufen am 29.11.2018]) mit den Erweiterungen von 1999: *National Minimum Wage Act 1998 (Amendment) Regulations 1999* (SI 1999/583) und *National Minimum Wage Regulations 1999* (SI 1999/584); vgl. auch *Hardy/Butler*, Labour Law in Great Britain, Rn. 220; *Rutter/Marshall/Sims*, The introduction of the National Minimum Wage (1998), S. 66; *Waltermann*, NJW 2010, 801 (802).
224 *Burgess*, in: Schulten/Bispinck/Schäfer, Mindestlöhne in Europa (2006), S. 37 f.
225 *Haberzettl*, Varianten der Kodifizierung eines Mindestlohns (2010), S. 78 f.; siehe hierzu und zum Folgenden auch: https://www.gov.uk/national-minimum-wage/who-gets-the-minimum-wage [zuletzt abgerufen am 29.11.2018];
226 Vgl. zur LPC *Burgess*, in: Schulten/Bispinck/Schäfer, Mindestlöhne in Europa (2006), S. 38 f.

1. Gesetzliche Mindestlohnregelung für jugendliche Arbeitnehmer

Auch in Großbritannien müssen die Mindestlohnregelungen in Kontext mit der Schulpflicht gesetzt werden. Es gibt in Großbritannien allerdings unterschiedliche Gesetze zur Schulpflicht je nach Landesteil. Zur Vereinfachung der Darstellung wird im Folgenden nur auf die gesetzlichen Regelungen in England eingegangen. Dort besteht für alle 5- bis 16-jährigen Kinder und Jugendlichen Schulpflicht.[227] Jugendliche Arbeitnehmer müssen in Großbritannien heute mindestens *„school leaving age"* haben, um Mindestlohn zu erhalten, also spätestens am letzten Freitag im Juni des Schuljahres 16 Jahre alt werden.[228] Danach besteht jedoch auch eine Weiterbildungs- beziehungsweise Teilzeitschulpflicht bis zum 18. Lebensjahr.[229] Ursprünglich war im NMWA kein Mindestlohn für 16- bis 17-jährige Arbeitnehmer vorgesehen. Diesen gibt es erst seit Oktober 2004.[230]

Es existieren indes auch in Großbritannien Sonderregelungen für Jugendliche und eine Altersdifferenzierung beim Jugendmindestlohn. Dabei war die Einführung eines Jugendmindestlohnes eines der umstrittensten Themen des neuen Mindestlohngesetzes, denn hier war laut Studien eine unmittelbare Auswirkung auf die Beschäftigtenzahlen von Jugendlichen möglich.[231] Die Differenzierungen nach Alter sollen auf einen besseren Arbeitsmarktzugang von jüngeren Arbeitnehmern hinwirken und so die schlechte Arbeitsmarktsituation dieser Beschäftigungsgruppe verbessern.[232] Laut der britischen Low Pay Commission würden sich nachteilige Beschäftigungsfolgen ergeben, wenn die Arbeitgeber nicht in der Lage wären, jüngere Arbeitnehmer unter dem Mindestlohnniveau für Erwachsene zu bezahlen. Um keine unmittelbare Altersdiskriminierung darzustellen,

---

227 *Gries, et al.*, Bildungssysteme in Europa, S. 32; Wissenschaftliche Dienste, WD 6 – 3000 060/14, S. 14.
228 Quelle: government UK, https://www.gov.uk/national-minimum-wage-rates [zuletzt abgerufen am 29.11.18]; siehe auch *Collins/Ewing/McColgan*, Labour Law, S. 251.
229 Quelle: government UK, https://www.gov.uk/know-when-you-can-leave-school [zuletzt abgerufen am 29.11.18].
230 Vergleiche die ursprüngliche Fassung des Art. 12 Abs. 1 der *National Minimum Wage Regulations 1999* (SI 1999/584): „Workers who have not attained the age of 18 do not qualify for the national minimum wage"; siehe auch *Burgess*, in: Schulten/Bispinck/Schäfer, Mindestlöhne in Europa (2006), S. 38; *Rutter/Marshall/Sims*, The introduction of the National Minimum Wage (1998), S. 67.
231 *Rutter/Marshall/Sims*, The introduction of the National Minimum Wage (1998), S. 67.
232 Vgl. *Steinhauser*, Altersdiskriminierung in Großbritannien, S. 215 m.w.N.

§ 4 Jugendmindestlöhne in anderen Ländern: ein Rechtsvergleich

dürfen die Abschläge jedoch nur für die Beschäftigungsgruppen gelten, die auch der Gefahr von möglichen nachteiligen Beschäftigungseffekten ausgesetzt sind.[233] Das Ziel des besseren Arbeitsmarktzugangs und der Verhinderung von Jugendarbeitslosigkeit entspricht – wie gesehen – auch der objektiven Zielsetzung der deutschen Regelung.

Die folgenden drei unterschiedliche Mindestlohn-Sätze beim britischen Mindestlohn sind zu unterscheiden:

Den vollen Mindestlohn, also den Erwachsenen-Mindestlohn erhalten im Vereinigten Königreich heute fast alle Arbeitnehmer, die älter als 25 Jahre sind.[234]

Arbeitnehmer, die 24 Jahre alt oder jünger sind sowie Auszubildende, die älter als 19 Jahre alt sind und bereits das erste Jahr der Ausbildung abgeschlossen haben, haben dagegen einen Anspruch auf Zahlung eines Jugendmindestlohnes. Dieser ist wiederum unterteilt in drei Altersgruppen, 16- bis 17-jährige, 18- bis 20-jährige und 21- bis 24-jährige. Den Gruppen steht mit zunehmendem Alter dann auch ein steigender Jugendmindestlohn zu (vgl. Tabelle 4).

Für Auszubildende zwischen 16 und 19 Jahren und solche im ersten Lehrjahr gibt es in Großbritannien die besondere Kategorie „*Apprentices*" (deutsch: Auszubildender/Lehrling) mit gesonderten Stundensätzen, welche im Oktober 2010 eingeführt wurde.[235] Der Mindestlohn für diese Auszubildenden liegt unter dem *National Minimum Wage*, ähnlich wie in Deutschland, wo die Ausbildungsvergütungen auch unterhalb des Mindestlohnniveaus liegen.

Die folgende Tabelle gibt einen Überblick über die unterschiedlichen Mindestlohnansprüche gestaffelt nach Alter und Ausbildungsstand:

---

233 *Low Pay Commission*, National Minimum Wage Report 2005, S. 148 f.
234 *Hardy/Butler*, Labour Law in Great Britain, Rn. 220.
235 *Rutter/Marshall/Sims*, The introduction of the National Minimum Wage (1998), S. 67.

Tabelle 4: Aktueller Mindestlohn in Großbritannien[236]

Alter	25 und älter	21 bis 24	18 bis 20	16 bis 17	Auszubildende zwischen 16 und 19 Jahren oder im 1. Lehrjahr
Höhe seit April 2018	£7.83	£7.38	£5.90	£4.20	£3.70
%	100	94	75	54	47

Dabei ist der Mindestlohn für Jugendliche in Großbritannien im Vergleich relativ niedrig. Ein 17-jähriger erhält zum Beispiel £ 4.20, was ca. 4,70 € entspricht.[237] Daher erscheint der Anreiz einer Erwerbstätigkeit zum Jugendmindestlohn nachzugehen im Vergleich zum Erwerb von Qualifikationen durch Studium oder Ausbildung, die später zu höheren Verdienstmöglichkeiten führen, eher gering.

2. Vergleich mit Deutschland

Die objektive Zielsetzung beide Regelungen stimmt insofern überein, als das ein negativer Beschäftigungseffekt für die Jugendlichen vermieden werden soll.

Die Altersstaffelung bezüglich des Mindestlohnes ist in Großbritannien derzeit jedoch viel differenzierter ausgestaltet als in Deutschland, wo es nur eine Altersgrenze bei 18 Jahren gibt. Zugleich besteht bereits ein Mindestlohnanspruch ab Erreichen des 16. Lebensjahres.

Wie auch in den Niederlanden liegt die Altersgrenze zum Anspruch auf den vollen Mindestlohn jedoch viel höher als in Deutschland. Erst mit 25 Jahren haben jugendliche Arbeitnehmer in Großbritannien einen Anspruch auf den vollen gesetzlichen Mindestlohn.

---

[236] Quelle: https://www.gov.uk/national-minimum-wage-rates [zuletzt abgerufen am 29.11.2018].
[237] Umrechnungskurs Stand August 2018.

§ 4 Jugendmindestlöhne in anderen Ländern: ein Rechtsvergleich

IV. USA

Im Gegensatz zu Deutschland, haben die USA eine lange Mindestlohntradition.[238] Hier existiert schon seit dem *Fair Labor Standard Act*[239] (FLSA) von 1938 ein gesetzlicher Mindestlohn.[240] Mit diesem *federal statute* wurden 1938 nicht nur ein nationaler Mindestlohn (*federal minimum wage*), sondern auch weitere arbeitsrechtliche Regelungen wie die 40-Stunden Woche, eine Überstundenbezahlung und das Verbot von beziehungsweise gesetzliche Regelungen betreffend Kinderarbeit eingeführt.[241]

Generell ist in den USA die Festlegung des Mindestlohnes Sache des Bundes. Das vom Bund erlassene Mindestlohngesetz gilt somit einheitlich für alle Staaten. Jeder Staat kann jedoch nach oben von der nationalen Regelung abweichen. Der nationale Mindestlohn liegt aktuell seit Juli 2009 unverändert bei 7,25 USD pro Stunde.[242] Insgesamt wird der Mindestlohn in den USA volkswirtschaftlich mit 7,25 USD als zu niedrig bewertet, beträgt doch der durchschnittliche Stundenlohn eines US-amerikanischen Arbeitnehmers ca. 24,17 USD (Stand 2015).[243] Derzeit bestehen jedoch in 29 US-Bundesstaaten sowie im District of Columbia Regelungen, die

---

238 Vgl. zur historischen Entwicklung des gesetzlichen Mindestlohns in den USA *Burmeister*, in: Schulten/Bispinck/Schäfer, Mindestlöhne in Europa (2006), S. 183 ff.
239 29 U.S. Code, Chapter 8, §§ 201-209; die regelmäßigen Anpassungen des Mindestlohnes erfolgen jeweils durch einen *Fair Minimum Wage Act*.
240 Schon davor existierten aber in einzelnen Bundesstaaten der USA eigene Mindestlohnregelungen, beginnend in Massachusetts wo 1912 ein minimum wage statute erlassen wurde, vgl. dazu und zur Geschichte des FLSA: *Nordlund*, A Brief History of the Fair Labour Standards Act, Labour Law Journal 1988, 715 (716 ff.); die Regelung der einzelnen Bundesstaaten waren jedoch praktisch unbedeutend, da sie für verfassungswidrig erklärt wurden, *Haberzettl*, Varianten der Kodifizierung eines Mindestlohns (2010), S. 74.
241 *Hay*, US-Amerikanisches Recht, Rn. 658; Kearns/*Kaufmann*, The Fair Labour Standards Act, S. 1-1 ff.; *Nordlund*, A Brief History of the Fair Labour Standards Act, Labour Law Journal 1988, 715 (721 ff.).
242 Quelle: United States Department of Labor, https://www.dol.gov/whd/minimumwage.htm [zuletzt abgerufen am 29.11.2018].
243 *Wank*, RdA 2014, 88 (89 f.); *ders.*, Mindestlöhne – Begründungen und Instrumente, in: Festschrift Buchner (2009), 898 (903).

einen höheren als den nationalen Mindestlohn vorschreiben.²⁴⁴ So beträgt beispielsweise der Mindestlohn in Washington D.C. aktuell 11,50 USD.²⁴⁵

1. Gesetzliche Mindestlohnregelung für jugendliche Arbeitnehmer

In den USA ist die Frage der Schulpflicht Sache der einzelnen Bundesstaaten. In den meisten Staaten besteht die Schulpflicht dabei für alle 6- bis 18-Jährigen. Daneben gibt es aber auch Staaten, die nur für 7- bis 16-Jährige eine Schulpflicht anordnen, wie zum Beispiel Alaska oder Idaho.²⁴⁶ In den USA sind die Jugendmindestlohnregeln jedoch nicht direkt mit der Schulpflicht verknüpft. Allerdings legt section 570.2 FSLA ein allgemeines Beschäftigungsmindestalter von 16 Jahren fest, das mit einigen Ausnahmen grundsätzlich für alle Beschäftigungsverhältnisse anwendbar ist.²⁴⁷

Der Mindestlohn gilt grundsätzlich für fast alle Arbeitnehmer (section 206(a) FSLA). Seit 1938 hat der FLSA aber viele Zusätze und Erweiterungen, erhalten. Eine davon ist die Erweiterung von 1996.²⁴⁸ Die mit dieser Erweiterung eingeführte section 206(g) des FLSA erlaubt Arbeitgebern in Absatz 1, Jugendlichen unter 20 Jahren ein *youth minimum wage* in Höhe von derzeit 4,25 USD zu zahlen.²⁴⁹

Anders als alle bisher betrachteten Regelungen zum Jugendmindestlohn, gilt dieser Jugendmindestlohn jedoch nicht dauerhaft in dieser Al-

---

244 Quelle: United States Department of Labor, https://www.dol.gov/whd/minwage/america.htm [zuletzt abgerufen am 29.11.2018].
245 2019 soll er zudem weiter auf 12 USD angehoben werden; Quelle: Washington State Departement of Labor & Industries, https://www.lni.wa.gov/WorkplaceRights/Wages/Minimum [zuletzt abgerufen am 29.11.2018].
246 Überblick über die Schulpflichtregelungen in allen Staaten zu finden unter https://www.infoplease.com/us/elementary-and-high-school-education/state-compulsory-school-attendance-laws [zuletzt abgerufen am 29.11.2018].
247 Kearns/*Kearns*, The Fair Labour Standards Act, S. 12-25.
248 Gemäß seiner section 1(a) wird die Erweiterung als "Small Business Job Protection Act of 1996" bezeichnet, Pub. L. 104–188, § 2105(c), US Government Publishing Office, abzurufen unter: https://www.gpo.gov/fdsys/pkg/PLAW-104publ188/pdf/PLAW-104publ188.pdf [zuletzt abgerufen am 29.11.2018].
249 Der Gesetzestext von section 206(g), lautet im Original: „*Newly hired employees who are less than 20 years old (1) In lieu of the rate prescribed by subsection (a) (1) of this section, any employer may pay any employee of such employer, during the first 90 consecutive calendar days after such employee is initially employed by such employer, a wage which is not less than $4.25 an hour.*", vgl. *Cooper*, Help Young Workers With a Youth Minimum Wage, Commentary, Economics 21 vom 8. August 2016.

tersstufe, sondern nur für die ersten 90 Kalendertage des Beschäftigungsverhältnisses. Das bedeutet, dass der jugendliche Arbeitnehmer nach 90 Tagen im Job einen Anspruch auf den regulären Mindestlohn hat, unabhängig von seinem Alter. Alternativ hat jeder Arbeitnehmer auch mit der Vollendung seines 20. Lebensjahres Anspruch auf den gesetzlichen Mindestlohn, unabhängig davon ob die 90 Kalendertage bereits verstrichen sind oder nicht.[250] Dabei gilt die 90-Tage Regelung für jeden Arbeitgeber separat, nicht nur für den ersten Arbeitgeber des Jugendlichen. Wenn ein 18-jähriger Arbeitnehmer also zum Beispiel nach einem Jahr seinen Arbeitsplatz wechselt, ist der neue Arbeitgeber ebenfalls berechtigt, ihm in den ersten 90 Kalendertagen nur den Jugendmindestlohn von 4,25 USD zu zahlen.

Begründet wird diese Regelung zum Jugendmindestlohn in den USA wohl damit, dass es sich für Jugendliche ohne Berufserfahrung (also wohl pauschal für alle unter 21-Jährigen) als sehr schwierig gestalten kann, einen Job zu finden. Diese Art Probezeit soll es dem Arbeitgeber attraktiver machen, einen jugendlichen Arbeitnehmer einzustellen. Somit sollen die Marktzutrittschancen für die Jugendlichen erhöht werden („window of opportunity").

2. Kritik und Probleme

Besonders die mangelnde Praxisrelevanz der Mindestlohnregelung für Jugendliche wird kritisiert.

Hintergrund ist die Tatsache, dass – wie schon erwähnt – alle US-Bundesstaaten eigene Regelungen zum Mindestlohn erlassen dürfen. Viele Staaten haben auch davon Gebrauch gemacht. In der Praxis zeigt sich jedoch das Problem, dass nur 19 Staaten auch einen Jugendmindestlohn in Höhe des bundesstaatlichen (4,25 USD) eingeführt haben. 35 Staaten, einschließlich des Districts of Columbia, haben keinen oder einen höheren als den bundesstaatlichen Jugendmindestlohn erlassen, so dass diese Regelung aufgrund der Verdrängung praktisch kaum einen Nutzen hat.[251]

---

250 Vgl. U.S. Department of Labor, Wage and Hour Division, Fact Sheet #32: Youth Minimum Wage – Fair Labor Standards Act, S. 1, abzurufen unter: http://www.dol.gov/whd/regs/compliance/whdfs32.htm [zuletzt abgerufen am 29.11.2018].
251 *Cooper*, Help Young Workers With a Youth Minimum Wage, Commentary, Economics 21 vom 8. August 2016.

Denn hat der Bundestaat eine eigene Mindestlohnregelung erlassen, so geht diese – sofern sie höher liegt – der bundestaatlichen Regelung vor. Und existiert zugleich keine besondere Regelung zum Jugendmindestlohn im Staat, so gilt der einzelstaatliche Erwachsenen-Mindestlohn auch für die jugendlichen Arbeitnehmer, d.h. es gibt für diese keine Sonderregelungen.[252]

3. Vergleich mit Deutschland

Zunächst fällt auf, dass der Mindestlohnanspruch in den USA erst 2 Jahre später als in Deutschland ansetzt, d.h. die jugendlichen Arbeitnehmer in den USA haben erst mit Erreichen des 20. Lebensjahres Anspruch auf den gesetzlichen Erwachsenen-Mindestlohn. Zudem ist der Anspruch auch nicht an eine abgeschlossene Ausbildung oder an einschlägige Berufserfahrung geknüpft, was wohl mit dem unterschiedlichen Regelungszweck einhergeht. Daneben gibt es in den USA jedoch eine besondere 90-Tage-Regelung, die die Zahlung des geringeren Jugendmindestlohnes nur auf die ersten 90 Kalendertage beschränkt. Sind diese 90 Tage verstrichen, hat auch der 17- bis 19-jährige Arbeitnehmer Anspruch auf den vollen gesetzlichen Mindestlohn. Somit ist die Zeit, in der ein Jugendlicher einen reduzierten Mindestlohn erhält, deutlich beschränkter als in Deutschland.

V. Zwischenergebnis

Zusammenfassend lässt sich folgender Überblick über die vorgestellten Mindestlohnregelungen für Jugendliche und junge Beschäftigte in den genannten Ländern im Vergleich zu Deutschland erstellen. Angegeben sind jeweils die Prozentzahlen im Vergleich zum vollen Mindestlohnanspruch.

	Erwachsenen-Mindestlohn	Mindestlohn für Jugendliche und junge Beschäftigte
Deutschland	ab 18 Jahren	keine gesonderte Mindestlohnregelung für Jugendliche

---

[252] *Cooper*, Help Young Workers With a Youth Minimum Wage, Commentary, Economics 21 vom 8. August 2016.

Frankreich	ab 18 Jahren	ohne Berufserfahrung: – Unter 17 Jahren: 80 % – Unter 18 Jahren: 90 %	mit mindestens sechsmonatiger, **einschlägiger** Berufserfahrung: 100 %
Niederlande	ab 22 Jahren	21 Jahre: 85 % 20 Jahre: 70 % 19 Jahre: 55 % 18 Jahre: 47,5 %	17 Jahre: 39,5 % 16 Jahre: 34,5 % 15 Jahre: 30 %
Großbritannien	ab 21 Jahren	21 bis 24 Jahre: 94 % 18 bis 20 Jahre: 75 % Unter 18 Jahre: 54 % Auszubildende: 47 %	
USA	ab 20 Jahren	unter 20 Jahren in den ersten 90 Tagen des Beschäftigungsverhältnisses: 4,25 USD pro Stunde; entspricht ca. 58,5 % des nationalen Mindestlohnes	

Ein 17-jähriger Arbeitnehmer erhält damit in all diesen Ländern einen Mindestlohn, der mindestens 39,5 % (Niederlande) bis maximal 80 % (Frankreich) des Erwachsenen-Mindestlohnes entspricht, während es in Deutschland – wie oben gesehen – für die minderjährigen Arbeitnehmer ohne Ausbildung nur die Untergrenze der Sittenwidrigkeit nach § 138 Abs. 2 BGB gibt.

Ob letztlich ein positiver Effekt von diesen speziellen Regelungen auf die Ausbildungs- und Beschäftigungssituation der Jugendlichen abgeleitet werden kann, ist in der wissenschaftlichen Diskussion höchst umstritten und bleibt offen.[253] Neuere Studien gehen dabei eher davon aus, dass es auch bei Jugendlichen kaum einen Zusammenhang zwischen Mindestlöhnen und Beschäftigung gibt. So sei die derzeit extremhohe Jugendarbeitslosigkeit in vielen europäischen Ländern in erster Line das Ergebnis einer tiefen anhaltenden Wirtschaftskrise.[254] Eine andere Studie betont dagegen, dass gerade junge Beschäftigte aufgrund ihrer tendenziell eher geringeren Produktivität besonders stark vom Mindestlohn betroffen sind.[255] So seien Arbeitgeber bei hohem Mindestlohn abgeneigt, junge Beschäftigte neu

---

253 Vgl. *Amlinger/Bispinck/Schulten*, WSI-Report 2014, S. 4 ff. m.w.N.
254 *Schulten/Bispinck*, Stellungnahme des WSI (2014), S. 4.
255 *Plickert*, Mindestlohn mit Kipppunkt, F.A.Z. vom 12. November 2018, S. 16 mit Verweis auf *Christl et al.*, Revisiting the Employment Effects of Minimum Wages in Europe, German Economic Review 19 (4), S. 426 ff.

einzustellen und ein niedrigerer Jugendmindestlohn würde dem entgegenwirken. Daher sei gerade in Ländern mit (zu) hohem Mindestlohn die Jugendarbeitslosigkeit hoch, wie zum Beispiel in Frankreich.

Eine klare Aussage lässt sich somit nicht treffen. Fakt ist, dass zum jetzigen Zeitpunkt empirisch keine Korrelation von Jugendarbeitslosigkeit und der Einbeziehung Jugendlicher in den Mindestlohn belegbar ist.[256]

---

256 *Preis/Ulber*, Gutachten (2014), S. 129; siehe dazu auch ausführlich unten „[aa] Einfluss des Mindestlohns auf das Ausbildungsverhalten von Jugendlichen" unter § 5 B.II.4.c.bb., S. 112 ff.

§ 5 Vereinbarkeit von § 22 Abs. 2 MiLoG mit höherrangigem Recht

In diesem Kapitel soll nun eine ausführliche Untersuchung der Vereinbarkeit von § 22 Abs. 2 MiLoG mit höherrangigem Unions- und Verfassungsrecht im Einzelnen erfolgen. Von den wenigen Stimmen, die sich zur Ausnahme der Jugendlichen finden, wird die Regelung in § 22 Abs. 2 MiLoG größtenteils für unionsrechts- und verfassungswidrig gehalten.[257]

Die Regelung in § 22 Abs. 2 MiLoG knüpft neben dem Merkmal der abgeschlossenen Ausbildung auch an das Alter als Differenzierungskriterium für einen Mindestlohnanspruch an und kann daher möglicherweise eine unmittelbare Altersdiskriminierung darstellen. Daher kommen als Kontrollmaßstab sowohl Art. 3 Abs. 1 GG auf Verfassungsebene als auch das unionsrechtliche Verbot der Altersdiskriminierung (Art. 20, 21 GRCh sowie die RL 2000/78/EG[258]) in Betracht. Zugleich ist durch die Regelung möglicherweise die Berufsfreiheit der Jugendlichen beeinträchtigt, so dass daneben auch die Vereinbarkeit der Ausnahmenregelung mit Art. 12 GG und auf Unionsebene Art. 15 GRCh näher zu betrachten ist.

A. *Prüfungsmaßstab: Nationales Recht, vorrangiges Unionsrecht oder Parallelität der Maßstäbe*

Bevor jedoch die Vereinbarkeit des § 22 Abs. 2 MiLoG mit höherrangigem Recht untersucht werden kann, muss zunächst festgestellt werden, welchem Maßstab die Norm überhaupt genügen muss: Ist die Regelung an der europäischen Grundrechtecharta und anderen unionsrechtlichen Vorschriften oder (auch) an den nationalen Grundrechten des Grundgesetzes zu messen?

---

257 BeckOK ArbR/*Greiner* (2018), § 22 MiLoG Rn. 48 und *Lakies*, § 22 MiLoG Rn. 16 jeweils m.w.N, daneben z.B. *Brors*, NZA 2014, 938 (942); *Preis/Ulber*, Gutachten (2014), S. 112; *Preis*, Anhörung, S. 82. Die Verfassungs- und Europarechtskonformität dagegen bejahend: *Barczak*, RdA 2014, 290 (298); *Richert/Nimmerjahn*, § 22 MiLoG Rn. 97 ff.

258 Richtlinie 2000/78/EG des Rates vom 27. November 2000 zur Festlegung eines allgemeinen Rahmens für die Verwirklichung der Gleichbehandlung in Beschäftigung und Beruf, ABl. EG Nr. L 303, S. 16.

Dazu gilt es, die einschlägigen Kollisionsregeln zu beachten, die das Verhältnis der in Betracht kommenden Maßstabsnormen zueinander regeln, insbesondere den Vorrang des Unionsrechts.

Der Grundsatz des Vorrangs des Unionsrechts im Sinne eines Anwendungsvorrangs[259] ist heute in der Wissenschaft sowie in der europäischen und nationalen Rechtsprechung weitgehend anerkannt.[260] Sofern der Anwendungsbereich des Unionsrechts eröffnet ist, hat dieses demnach grundsätzlich Vorrang vor kollidierendem nationalem Recht, einschließlich der darin enthaltenen Maßstabsnormen (zum Beispiel der Grundrechte des Grundgesetzes). Es kommt daher vorliegend darauf an, ob der Anwendungsbereich des Unionsrechts mit Blick auf § 22 Abs. 2 MiLoG eröffnet ist.

I. Eröffnung des Anwendungsbereichs des Unionsrechts

1. Umsetzung von Unionsrecht

Einigkeit besteht insofern zunächst darüber, dass eine einfachgesetzliche Norm des nationalen Rechts dann vorrangig an Unionsrecht gemessen werden muss, wenn sie unionsrechtliche Vorgaben *gezielt umsetzt*. Dies gilt insbesondere etwa für legislative Akte, die in Umsetzung einer Richtlinie

---

259 Es besteht Anwendungs- und kein Geltungsvorrang, was bedeutet, das kollidierende nationale Recht ist nicht nichtig, sondern behält weiterhin seine Gültigkeit; vgl. für viele BAG, Urteil vom 16.6.2005 – 6 AZR 108/01 – BAGE 115, 113 = NZA 2006, 283 (285); Calliess/Ruffert/*Ruffert* AEUV Art. 1 Rn. 18.

260 Vgl. BVerfG, Beschluss vom 22.10.1986 – 2 BvR 197/83 [*Solange II*]; EuGH, Urteil vom 15. 7. 1964 – C 6/64, ECLI:EU:C:1964:66 [*Costa/ENEL*] = Slg. 1964, 1251 (1269); Calliess/Ruffert/*Ruffert* AEUV Art. 1 Rn. 16; ausführlich *Streinz*, Europarecht (2016), Rn. 204 ff. Streitig ist insofern nur noch die Begründung dieses Anwendungsvorranges, vgl. Calliess/Ruffert/Ruffert AEUV Art. 1 Rn. 17 mit vielen weiteren Nachweisen. Der EuGH nimmt den Vorrang des Gemeinschaftsrechts *kraft Eigenständigkeit* an, aufgrund der absoluten Übertragung einzelner Hoheitsrechte auf die Union (EUGH, Urteil vom 15.07.1964 – Rs. 6/64 [*Costa/ENEL*], Slg. 1964, 1251 (1269.) = NJW 1964, 2371 (2372)). Das BVerfG begründet den Vorrang hingegen mit den *Ermächtigungen in Art. 23 und 24 GG*, weist aber darauf hin, dass ein solcher Vorrang nur solange und soweit besteht, wie das Europarecht mit den Ermächtigungsvorschriften übereinstimmt (Ständige Rspr. des BVerfG, für viele: BVerfG, Urteil vom 30.06.2009 – 2 BvE 2/09 [*Lissabon-Vertrag*], BVerfGE 123, 267 = NJW 2009, 2267). Zu den Schranken bei Ultra-vires- und Verfassungsidentitätsvorbehaltes siehe Darstellung bei *Streinz*, Europarecht (2016), Rn. 227 ff.

erlassen werden, einschließlich aller nationalen Maßnahmen, „die die Erreichung des mit der Richtlinie verfolgten Zieles gewährleisten sollen".[261] Daher fallen alle nationalen Regelungen, die gezielt einen von einer Richtlinie erfassten Bereich betreffen, in den Anwendungsbereich des Unionsrechts, sobald die Umsetzungsfrist der Richtlinie abgelaufen ist. Das deutsche Verfassungsrecht tritt in einer solchen (gezielten) Umsetzungskonstellation zurück, um die einheitliche Wirksamkeit des umgesetzten Unionsrechts nicht zu torpedieren.[262] § 22 Abs. 2 MiLoG stellt jedoch keine solche Norm dar, denn die Regelung geht gerade nicht auf europarechtliche Vorgaben zurück.

2. Spezifische Vorgaben des Unionsrechts für nationales Recht

Von den übrigen Konstellationen, die den Anwendungsbereich des Unionsrechts eröffnen können, kommt vorliegend allein die Formulierung spezifischer Vorgaben durch das Unionsrecht in Betracht.[263] Es stellt sich dabei die Frage, ob der Anwendungsvorrang des Unionsrechts auch für solche Normen gilt, die der Gesetzgeber – wie hier – nicht im Hinblick auf eine Umsetzungspflicht erlassen hat, sondern die aus anderen, autonomen Gründen erlassen wurden und nun dennoch mit unionsrechtlichen Vorgaben kollidieren. Zu einer solchen Regelung gehört auch das Mindestlohngesetz und insbesondere die Bereichsausnahme in § 22 Abs. 2 MiLoG.

Der EuGH hat in der Rs. *Mangold* allerdings betont und später ebenfalls in den Rs. *Kücükdeveci* und *ORF* daran festgehalten, dass sich der Anwendungsbereich des Unionsrechts gerade in Bezug auf die RL 2000/78/EG auch auf solche Normen des nationalen Rechts erstrecken muss, die nicht bewusst der Umsetzung von oder Anpassung an Unionsrecht dienen, die aber dennoch eine spezifische Durchführungspflicht der Richtlinie betref-

---

261 EuGH, Urteil vom 22.11.2005 – I-9981 [*Mangold*], Rn. 51 = NZA 2005, 1345 (1347). Der Anwendungsbereich des Unionsrechts ist also nicht nur mit Blick auf die eigentliche Umsetzung eröffnet, sondern auch in Bezug auf die Maßnahmen, mit denen die bereits erlassenen nationalen Rechtsvorschriften ergänzt oder geändert werden.
262 *Heuer*, Bindung der Mitgliedstaaten, S. 201; *Latzel*, EuZW 2015, 658 (660); *Rothballer*, Berufliche Anforderungen im AGG S. 37 (2016) m.w.N.
263 Vgl. zu dieser Kategorie Streinz/*Streinz/Michel*, AEUV/EUV, Art. 51 GRCh Rn. 5, Rn. 13. Die dort (Rn. 15 ff.) genannten sonstigen Fallgruppen (insbesondere Beschränkungen oder Schranken-Schranken von Grundfreiheiten) sind hier offensichtlich nicht einschlägig.

fen.²⁶⁴ Somit ist es unerheblich, ob der Gesetzgeber mit der nationalen Norm eine Richtlinie umsetzen will oder nicht.²⁶⁵ Entscheidend ist allein, dass sich die materiellen Anwendungsbereiche von Richtlinie und Norm überschneiden, d.h. es ist die Eröffnung des persönlichen, sachlichen und zeitlichen Anwendungsbereichs des einschlägigen Sekundärrechtsaktes in Bezug auf die mitgliedstaatliche Norm maßgebend.²⁶⁶

Als einschlägige Richtlinie muss in unserem Fall die Gleichbehandlungs-Richtlinie 2000/78/EG betrachtet werden. Zweck der RL 2000/78/EG ist nach ihrem Art. 1 die „Schaffung eines allgemeinen Rahmens zur Bekämpfung der Diskriminierung wegen der Religion oder der Weltanschauung, einer Behinderung, des Alters oder der sexuellen Ausrichtung in Beschäftigung und Beruf im Hinblick auf die Verwirklichung des Grundsatzes der Gleichbehandlung in den Mitgliedstaaten". Sie zielt auf die Verhinderung von Benachteiligungen in Arbeitsverhältnissen.²⁶⁷ Fällt die Mindestlohnausnahme für unter 18-jährige ohne Ausbildung in den Anwendungsbereich dieser Richtlinie, geht es dabei also insbesondere um die Bereiche Beschäftigung und Beruf, so muss die Norm an unionsrechtlichen Maßstäben geprüft werden. Es bleibt daneben dann – sofern der Anwendungsvorrang des Unionsrechts tatsächlich eingreift (dazu unten II.) – an sich kein Raum mehr für nationale Grundrechte als Prüfungsmaßstab.²⁶⁸ Im Folgenden soll daher der Anwendungsbereich der Richtlinie 2000/78/EG untersucht werden.

3. Anwendungsbereich der Richtlinie 2000/78/EG

Aufgrund der in der Richtlinie enthaltenen Antidiskriminierungsgrundsätze ist ihr Anwendungsbereich sehr weit gefasst. Es gibt kaum Ausnahmen,

---

264 EuGH, Urteil vom 22.11.2005 – I-9981 [*Mangold*], Rn. 68 = NZA 2005, 1345 (1348); EuGH, Urteil vom 19.1.2010 – C-555/07, ECLI:EU:C:2010:21 [*Kücükdeveci*], Rn. 25 ff. = NZA 2010, 85 (86); EuGH, Urteil vom 20.05.2003 – verbundene Rs. C-465/00, C-138/01, C-139/01, ECLI:EU:C:2003:294 [*ORF*] = Slg. I 2003, 4989 Rn. 39 ff.; *Heuer*, Bindung der Mitgliedstaaten, S. 213 ff.

265 Daneben ist auch das Alter der nationalen Regelung unerheblich, d.h. ob die nationale Regelung vor oder nach Inkrafttreten der Richtlinie verabschiedet wurde, beeinflusst die Eröffnung des Anwendungsbereichs des Unionsrechts nicht, vgl. *Latzel*, EuZW 2015, 658 (660); *Mohr*, in: Franzen, Europäisches Arbeitsrecht (2018), Art. 21 GRC Rn. 50; *Preis/Temming*, NZA 2010, 185 (187).

266 *Preis/Temming*, NZA 2010, 185 (187).

267 *Hantel*, Europäisches Arbeitsrecht (2016), Kap. 8, S. 131.

268 Vgl. auch *Latzel*, EuZW 2015, 658 (663).

wie etwa für kleine Unternehmen, und auch mittelbare Diskriminierungen sind erfasst. Gerade im Hinblick auf die Altersdiskriminierung sind alle Arbeitnehmer egal welchen Alters geschützt.[269]

a. Persönlicher Anwendungsbereich

Der persönliche Geltungsbereich der Richtlinie wird in deren Artikel 3 Abs. 1 bestimmt.[270] Die Richtlinie verpflichtet demnach im Rahmen der auf die Gemeinschaft übertragenen Zuständigkeiten „alle Personen in öffentlichen und privaten Bereichen, einschließlich öffentlicher Stellen". Dieser Wortlaut umfasst dabei beide Seiten, d.h. sowohl die durch die Richtlinie geschützten als auch die verpflichteten Personen.[271]

aa. Geschützter Personenkreis

Zum geschützten Personenkreis der Richtlinie zählen zunächst alle Personen im öffentlichen und privaten Bereich. Hier ist der Wortlaut von Art. 3 Abs. 1 RL 2000/78/EG sehr weit. Bei weiterer Gesetzeslektüre ergibt sich jedoch aus der Aufzählung in Art. 3 Abs. 1 lit. a) bis d) RL 2000/78/EG einschränkend, dass die geschützten Personen jeweils nur in solchen Rechtsverhältnissen von der Richtlinie erfasst werden, die einen Bezug zu Beschäftigung und Beruf haben.[272] Gleiches resultiert zudem auch aus dem Wortlaut in Art. 1 RL 2000/78/EG („in Beschäftigung und Beruf"). Geschützt sind nach Art. 3 Abs. 1 lit. a) RL 2000/78/EG jedoch sowohl unselbständige als auch selbstständig erwerbstätige Personen. Demnach fällt an sich jeder Arbeitnehmer und auch jede beruflich selbständige Personen in den Anwendungsbereich.[273] Jugendliche Arbeitnehmer unter 18 Jahren,

---

269 *Wiedemann/Thüsing*, NZA 2002, 1234 (1236).
270 Der Wortlaut „auf die Gemeinschaft übertragenen Zuständigkeiten" in Art. 3 Abs. 1 bezieht sich dabei auf die oben genannte Ermächtigungsgrundlage des Art. 19 Abs. 1 AEUV, *Mohr*, in: Franzen, Europäisches Arbeitsrecht (2018), Art. 3 RL 2000/78/EG, Rn. 1.
271 *Mohr*, in: Franzen, Europäisches Arbeitsrecht (2018), Art. 3 RL 2000/78/EG Rn. 4.
272 *Mohr*, in: Franzen, Europäisches Arbeitsrecht (2018), Art. 3 RL 2000/78/EG Rn. 5.
273 Es ist jedoch darauf hinzuweisen, dass der unionsrechtliche Arbeitnehmerbegriff nicht dem deutschen Begriff entspricht; vgl. hierzu die kurze Darstellung

die ohne abgeschlossene Ausbildung durch § 22 Abs. 2 MiLoG von einem Mindestlohnanspruch ausgeschlossen sind, werden also als geschützte Personen vom Anwendungsbereich der Richtlinie umfasst.

bb. Verpflichteter Personenkreis/Normadressaten

Zusätzlich gilt es jedoch zu klären, wer zum verpflichteten Personenkreis der RL 2000/78/EG gehört. Relativ unumstritten ist die Annahme, dass die Richtlinie unmittelbare Wirkung zwischen öffentlichen Stellen und Privatpersonen entfaltet (vertikales Verhältnis), also auch zwischen einem öffentlichen Arbeitgeber und seinem Arbeitnehmer.[274] Ein Arbeitnehmer ist somit ohne jeden Zweifel berechtigt, sich gegenüber seinem öffentlich-rechtlichen Arbeitgeber unmittelbar auf den Gleichbehandlungsgrundsatz der Richtlinie zu berufen.

Aber kann die Richtlinie auch in das an sich private Verhältnis zwischen privatem Arbeitgeber und Arbeitnehmer (horizontales Verhältnis) eingreifen? Der Wortlaut des Art. 288 Abs. 3 AEUV stellt klar, dass die Richtlinie unmittelbar nur für die Mitgliedstaaten als verpflichtete Stellen gilt. Zugleich kann eine Richtlinie im Grundsatz keine Auswirkung im horizontalen Verhältnis zwischen Privaten entfalten, da erst noch die Umsetzung in nationales Recht erfolgen muss, auf das sich die Privatperson dann berufen kann (keine horizontale Drittwirkung).[275]

Sowohl aus Titel und den Erwägungsgründen als auch aus dem Inhalt und der Zielsetzung der RL 2000/78/EG ergibt sich jedoch, dass sie einen allgemeinen Rahmen schaffen und Betroffenen einen wirksamen Schutz vor Diskriminierungen bieten soll. Im sachlichen Anwendungsbereich muss daher gewährleistet werden, dass *jeder* gleich behandelt wird.[276] An sich können durch die RL 2000/78/EG private Arbeitgeber aber nicht dahingehend verpflichtet werden, die Diskriminierung ihrer Arbeitnehmer

---

von *Arnold*, NJW 2015, 2481 (2484) als Anmerkung zum Urteil in der Rs. *Balkaya* (EuGH, Urteil vom 9.7.2015 – C-229/14, ECLI:EU:C:2015:455 = NJW 2015, 2481); zudem ErfK/*Wißmann* AEUV (2018), Art. 45, Rn. 7 und *Mohr*, in: Franzen, Europäisches Arbeitsrecht (2018), Art. 3 RL 2000/78/EG, Rn. 6.

274 Schlussanträge der GAin *Kokott vom* 6.5.2010 – Rs. C-499/08 [*Ingeniørforeningen*], Rn. 23 = BeckRS 2010, 90561, m.w.N.; *Mohr*, in: Franzen, Europäisches Arbeitsrecht (2018), Art. 3 RL 2000/78/EG, Rn. 10d.
275 *Streinz*, Europarecht (2016), Rn. 490 ff.
276 EuGH, Urteil vom 13.11.2014 – C-416/13, ECLI:EU:C:2014:2371 [*Vital Peréz*], Rn. 28 = NVwZ 2015, 427 (428).

§ 5 Vereinbarkeit von § 22 Abs. 2 MiLoG mit höherrangigem Recht

wegen des Alters zu unterlassen. Die Beziehung zwischen privatem Arbeitgeber und seinem Arbeitnehmer stellt ein horizontales Verhältnis zwischen Privaten handelt, in dem die Richtlinie nicht unmittelbar anwendbar ist. Auch der EuGH musste in den Rs. *Mangold*[277], *Kücükdeveci*[278] und *Dansk Industri*[279] die Frage beantworten, ob die RL 2000/78/EG unmittelbare Wirkung zwischen Privaten entfalten kann. Im Ergebnis ist festzuhalten, dass der EuGH an dem Grundsatz, dass Richtlinien keine horizontale Drittwirkung entfalten, festhält und die RL 2000/78/EG somit nicht stets auch im Verhältnis zwischen Privaten anwendbar sein soll.[280] Dennoch hat er die Richtlinie in den konkreten Fällen auch im Verhältnis zwischen Privaten angewendet. Das Gericht bediente sich hierzu jedoch einer Methode, die auch als „Konstrukt"[281] beziehungsweise „Kunstgriff"[282] bezeichnet wird, um die unmittelbar Anwendbarkeit der RL 2000/78/EG für die Lösung von Diskriminierungsproblemen zwischen Privaten zu bejahen. So begründet der EuGH für diese Fälle, dass das in der Richtlinie konkretisierte Verbot der Altersdiskriminierung durch seine primärrechtliche Verankerung (in Art. 21 GRCh) auch unmittelbare Wirkung in Rechtsverhältnissen von Privaten hat. Damit entfaltet die Richtlinie zwar keine direkte horizontale Wirkung. Aber dieser Mangel wird durch die mit der Konkretisierung „implizit postulierten Identität von Richtlinie und Grundrecht"[283] kompensiert, da ein Verstoß gegen die Gleichbehandlungsrahmenrichtlinie zugleich auch eine Grundrechtsverletzung begründet, wodurch die Richtlinie Vorwirkungen entfaltet und somit auch zwischen zwei Privatperson Anwendung findet.[284]

---

277 EuGH, Urteil vom 22.11.2005 – I-9981, ECLI:EU:C:2005:709 [*Mangold*] = NZA 2005, 1345.
278 EuGH, Urteil vom 19.1.2010 – C-555/07, ECLI:EU:C:2010:21 [*Kücükdeveci*] = NZA 2010, 85.
279 EuGH, Urteil vom 19. 4. 2016 – C-441/1, ECLI:EU:C:2016:278 [*Dansk Industri*], Rn. 21 ff. = NZA 2016, 537 (538).
280 *Bouquet*, Die Auswirkungen der europäischen Regelungen zur Altersdiskriminierung auf das französische Arbeitsrecht, S. 25
281 *Mohr*, in: Franzen, Europäisches Arbeitsrecht (2018), Art. 1 RL 2000/78/EG, Rn. 51.
282 Schlussanträge der GAin *Kokott* vom 6.5.2010 – Rs. C-499/08 [*Ingeniørforeningen*], Rn. 22 = BeckRS 2010, 90561.
283 Sagan in Preis/Sagan, Europäisches Arbeitsrecht (2015), § 1 Rn. 163
284 *Sagan* in Preis/Sagan, Europäisches Arbeitsrecht (2015), § 1 Rn. 163; *Streinz*, (2016), Europarecht, Rn. 496 f.

An dieser Stelle lässt sich somit festhalten, dass die Richtlinie sowohl private als auch öffentliche-rechtliche Arbeitgeber verpflichtet.[285]

b. Sachlicher Anwendungsbereich

Der sachliche Geltungsbereich der Richtlinie ergibt sich aus deren Art. 1 und Art. 3 Abs. 1: So grenzt Art. 1 RL 2000/78/EG den Anwendungsbereich der Richtlinie zunächst auf Arbeitsverhältnisse ein.[286] Art. 3 Abs. 1 bestimmt diesbezüglich weiter, dass die Richtlinie für die oben definierten Personen verpflichtend für alle Stadien des Arbeitsverhältnisses ist und gibt in lit. a) bis d) eine genaue Aufzählung der Anwendungsbereiche.[287] So gilt die Richtlinie unter anderem für unterschiedliche Behandlungen in Bezug auf „die Bedingungen […] für den Zugang zu unselbstständiger und selbstständiger Erwerbstätigkeit" (lit. a)) sowie in Bezug auf „die Beschäftigungs- und Arbeitsbedingungen, einschließlich der Entlassungsbedingungen und des Arbeitsentgelts" (lit. c).[288] Der Begriff des Entgelts wird dabei nach der Rechtsprechung des EuGH zu Art. 157 Abs. 1 und 2 AEUV bestimmt.[289]

Eine nationale Regelung wie § 22 Abs. 2 MiLoG, die einen altersmäßig definierten Personenkreis von Arbeitnehmern von einem Mindestlohnzahlungsanspruch ausschließt, berührt die Bedingung der Entlohnung im Beschäftigungsverhältnis. Sie stellt eine Bestimmung über Entlohnungsbedingungen für einen bestimmten Arbeitnehmerkreis auf. Mit dieser Regelung werden also Vorschriften über „Beschäftigungs- und Arbeitsbedingungen, einschließlich […] des Arbeitsentgelts" nach Art. 3 Abs. 1 lit. c) geschafften und die Bestimmung fällt somit in den Anwendungsbereich der Richtlinie 2000/78/EG.[290]

---

285 *Mohr*, in: Franzen, Europäisches Arbeitsrecht (2018), Art. 3 RL 2000/78/EG Rn. 10d.
286 *Hantel*, Europäisches Arbeitsrecht (2016), Kap. 8, S. 131.
287 *Mohr*, in: Franzen, Europäisches Arbeitsrecht (2018), Art. 3 RL 2000/78/EG Rn. 11.
288 Vgl. auch EuGH, Urteil vom 12.1.2010 – C-241/08, ECLI:EU:C:2010:4 [*Petersen*], Rn. 32 = NJW 2010, 587 (588).
289 Siehe hierzu beispielsweise EUGH, Urteil vom 10.5.2011 – C-147/08, ECLI:EU:C:2011:286 [*Römer*] Rn. 29 ff. = NZA 2011, 557 (558); *Mohr*, in: Franzen, Europäisches Arbeitsrecht (2018), Art. 3 RL 2000/78/EG Rn. 22.
290 Anders als bei den Grundfreiheiten reicht für die Anwendbarkeit der Richtlinie auch ein reiner Inlandssachverhalt aus, da kein grenzüberschreitender Sachverhalt Voraussetzung für das Berufen auf den Gleichbehandlungsgrundsatz ist.

c. Zeitlicher Anwendungsbereich

Der Anwendungsbereich der Richtlinie ist auch in zeitlicher Hinsicht eröffnet. Die Umsetzungsfrist der Richtlinie für das Merkmal „Alter" endete am 2. Dezember 2006[291], das MiLoG trat am 1.1.2015 in Kraft, also weit nach Ablauf der Umsetzungsfrist.

d. Zwischenergebnis

Somit bleibt festzuhalten, dass der Anwendungsbereich der Gleichbehandlungs-Richtlinie 2000/78/EG eröffnet ist, wodurch zugleich nach dem bisher Gesagten auch der Anwendungsbereich des Unionsrechts eröffnet ist.

II. Parallele Anwendbarkeit der nationalen Grundrechte mangels Kollision

An sich sind die Prüfungsmaßstäbe nach den allgemeinen Kollisionsregeln damit klar geregelt. Die deutschen Gerichte dürften § 22 Abs. 2 MiLoG nach dem Grundsatz vom Anwendungsvorrang des Unionsrechts also grundsätzlich nicht am Maßstab der deutschen Grundrechte prüfen. Vielmehr müssten sie stets das Unionsrecht anwenden, ohne Rücksicht auf das innerstaatliche Recht und dabei unsere nationale Rechtsordnung insoweit außer Acht lassen.

1. Handhabung von Diskriminierungsfällen im Anwendungsbereich der RL 2000/78/EG durch das Bundesverfassungsgericht

Abweichend scheint Diskriminierungsfälle im Anwendungsbereich der RL 2000/78/EG in jüngster Zeit jedoch das Bundesverfassungsgericht behandeln, welches teilweise – auch wenn der Anwendungsbereich des Unionsrechts eröffnet ist – (nur) das deutsche Grundgesetz als Prüfungsmaß-

---

291 Vgl. Art. 18 RL 2000/78/EG: Die Umsetzungsfrist ist hinsichtlich des Merkmals Alter an sich gemäß Art. 18 Abs. 1 RL 2000/78/EG bereits am 2.12.2003 abgelaufen; Deutschland hatte jedoch eine dreijährige Zusatzfrist nach Art. 18 Abs. 2 der RL in Anspruch genommen, so dass die Frist hier für Deutschland erst am 2.12.2006 endete.

stab heranzieht. So hat es im Jahr 2015 beispielsweise die Frage eines Kopftuchverbotes für Lehrkräfte an öffentlichen Schulen trotz Eröffnung des Anwendungsbereiches nicht an der Richtlinie 2000/78/EG, sondern stattdessen an Art. 4 GG gemessen.[292] Zwar hat das Gericht auch eine kurze Prüfung von EMRK-Grundrechten vorgenommen, ist aber gleichzeitig mit keinem Wort auf die zu prüfende Gleichbehandlungsrichtlinie eingegangen. Auch die Frage, ob für Erzieherinnen an öffentlichen Kindertagesstätten ein Kopftuchverbot rechtmäßig ist, überprüfte das Bundesverfassungsgericht 2016 nur an nationalen Grundrechten.[293] Und schließlich war auch 2017 im Beschluss bezüglich eines Kopftuchverbots für Rechtsreferendarinnen in Hessen wieder nur Art. 4 GG Prüfungsmaßstab; das Bundesverfassungsgericht ging nicht auf Unionsrecht ein.[294] In allen drei genannten Fällen ging es um die Frage der beruflichen Vereinbarkeit bestimmter einfachgesetzlicher Vorgaben mit der Religionsfreiheit. Obwohl die Gleichbehandlungsrichtlinie 2000/78/EG nachweislich ihres Art. 1 eben gerade die „Schaffung eines allgemeinen Rahmens zur Bekämpfung der Diskriminierung wegen der Religion […] in Beschäftigung und Beruf" zum Ziel hat, berücksichtigte das Bundesverfassungsgericht die Richtlinie in keiner Weise. Ob ein Kopftuchverbot eine Diskriminierung im Sinne von Art. 2 Abs. 1 RL 2000/78/EG darstellt, weil es sich nicht um eine „wesentliche und entscheidende berufliche Anforderung" (Art. 4 Abs. 1) handelt, hätte an sich in den genannten Fällen wohl nur der EuGH abschließend entscheiden dürfen.[295] Deutlich wird dies auch insbesondere dadurch, dass zwischenzeitlich Urteile des EuGH zur Frage der diskriminierungsrechtlichen Zulässigkeit eines Kopftuchverbotes ergangen sind, in denen der Gerichtshof dies am Maßstab der RL 2000/78/EG geprüft hat.[296] Erfreulicherweise hat dagegen das BAG jüngst die Frage eines beruflichen Kopftuchverbotes dem EuGH zur Vorabentscheidung vorgelegt.[297]

---

292 BVerfG, Beschluss vom 27.1.2015 – 1 BvR 471/10, 1 BvR 1181/10, BVerfGE 138, 296 = NJW 2015, 1359.
293 BVerfG, Beschluss vom 18.10.2016 – 1 BvR 354/11, NVwZ 2017, 549 = NJW 2017, 381.
294 BVerfG, Beschluss vom 27.6.2017 – 2 BvR 1333/17, NVwZ 2017, 1128 = NJW 2017, 2333.
295 So auch *Latzel*, EuZW 2015, 658 (663).
296 EuGH (Große Kammer), Urteil vom 14.3.2017 – C-157/15, ECLI:EU:C:2017:203 [*Achbita*] = EuZW 2017, 480 sowie EuGH (Große Kammer), Urteil vom 14.3.2017 C-188/15, ECLI:EU:C:2017:204 [*Bougnaoui*] = EuZW 2017, 483.
297 BAG, Beschluss vom 30.1.2019 Az. 10 AZR 299/18, Pressemitteilung BAG Nr. 4/19.

2. Fehlen einer Kollision zwischen Unionsrecht und nationalen Grundrechten

Vorliegend lässt sich eine parallele Anwendbarkeit der nationalen Grundrechte neben der RL 2000/78/EG rechtlich durchaus begründen. Zum einen ist festzuhalten, dass der Gesetzgeber bei der Einführung des § 22 Abs. 2 MiLoG kein Unionsrecht umgesetzt hat, so dass keine Gefahr für die (hinter dem Vorrang des Unionsrechts stehende) einheitliche Wirksamkeit[298] unionsrechtlicher Bestimmungen besteht. Zum anderen beinhaltet die Richtlinie neben positiven auch negative Umsetzungsaufträge bezüglich der Verhinderung von Diskriminierung und hat auch negatorische Wirkung, wirkt also ähnlich wie die Grundrechte. So beinhaltet Art. 2 Abs. 1 RL 2000/78/EG ein materielles Diskriminierungsverbot, das nach unserem Verständnis äquivalent zum Gleichheitssatz in Art. 3 GG zu betrachten ist. Des Weiteren enthält beispielsweise Art. 16 lit. a) RL 2000/78/EG eine an die Mitgliedstaaten gerichtete Verpflichtung, Vorschriften des nationalen Rechts, die dem Gleichbehandlungsgrundsatz zuwiderlaufen, aufzuheben. Somit dürfte richtigerweise schon gar nicht von einer Kollision zwischen der Richtlinie (und den durch sie konkretisierten Grundrechten[299]) und den nationalen Grundrechten, auf die sich die betreffenden Jugendlichen ebenfalls berufen können, ausgegangen werden. Unionsrecht und Grundrecht harmonisieren insofern als sie die gleiche Schutzrichtung verfolgen.[300] Von einer Kollision kann nur dann gesprochen werden, wenn Unionsrecht und nationales Recht unterschiedliche und widersprüchliche Rechtsfolgen anordnen.[301] Das ist hier nicht der Fall. So würde man auch das Vorliegen einer Kollision nicht bejahen, wenn die in Rede stehende autonome Vorschrift des nationalen Rechts eine Diskriminierung beinhalten könnte, die den Anwendungsbereich der Grundfreiheiten eröffnet. In einem solchen Fall würde man nicht auf die Idee kommen, dass nationale Grundrechte daneben keine Anwendung mehr finden.

---

298 Vgl. zum Grundsatz „einheitlicher Wirksamkeit" als dogmatische Grundlage des Vorrangsprinzips grundlegend *Schroeder*, Das Gemeinschaftssystem (2002), S. 427 ff.; *Krönke*, Verfahrensautonomie der Mitgliedstaaten (2013), S. 185 ff.
299 Siehe näher dazu unten § 5 B. I., S. 88 ff.
300 Ähnlich *Rothballer*, Berufliche Anforderungen im AGG (2016), S. 48 f.
301 *Krönke*, Verfahrensautonomie der Mitgliedstaaten (2013), S. 176.

III. Zwischenergebnis

§ 22 Abs. 2 MiLoG muss grundsätzlich am Maßstab des Unionsrechts gemessen werden, da der Anwendungsbereich der RL 2000/78/EG eröffnet ist. Im Folgenden sollen daher primär die Richtlinie sowie die hinter ihr stehenden Unionsgrundrechte als Prüfungsmaßstab für eine Beurteilung von § 22 Abs. 2 MiLoG herangezogen werden (B.). Zusätzlich wird sich die Arbeit jedoch anschließend auch mit der Vereinbarkeit der Regelung mit den deutschen Grundrechten beschäftigen (C.), zumal diese – auch im Licht der jüngeren Rechtsprechung des Bundesverfassungsgerichts – mangels Kollision zwischen Unionsrecht und nationalen Grundrechten hier parallel anwendbar sein dürften.

B. Vereinbarkeit von § 22 Abs. 2 MiLoG mit unionsrechtlichen Vorschriften

Wie oben gesehen, existieren auch in einigen anderen europäischen Ländern besondere gesetzliche Regelungen zum Mindestlohn für jugendliche Arbeitnehmer. Bisher war jedoch keine dieser Regelungen Gegenstand eines Verfahrens vor dem EuGH. Eine Jugendmindestlohnregelung wurde daher bisher vom EuGH nicht überprüft. Allein aus der Tatsache, dass es viele solcher Regelungen in den europäischen Nachbarländern gibt und es bisher noch keine Überprüfung gab, kann gewiss keine Aussage über deren unionsrechtliche Zulässigkeit getroffen werden.[302]

Weder das primäre noch das sekundäre Unionsrecht enthalten Regelungen zu einem nationalen gesetzlichen Mindestlohn. Ein Mindestlohn ist unionsrechtlich weder obligatorisch vorgeschrieben noch ist er verboten.[303] Vielmehr stellt Art. 153 Abs. 5 AEUV klar, dass die Union keine Rechtsetzungskompetenz im Bereich des Arbeitsentgeltes hat.[304] Die Einführung eines nationalen Mindestlohnes ist somit allein Sache der Mitgliedstaaten und aus dem Unionsrecht ergeben sich diesbezüglich keine Vorgaben.[305]

Anders sieht es dagegen aus, soweit es um die Ausgestaltung eines nach nationalem Recht vorgesehenen Anspruchs auf den gesetzlichen Mindestlohn geht. Hier muss Deutschland als Mitgliedstaat der Europäischen Uni-

---

302 So auch *Lakies*, § 22 MiLoG Rn. 98.
303 Düwell/Schubert/*Schubert*, Einleitung, Rn. 52.
304 *Langer* in von der Groeben/Schwarze/Hatje, AEUV Art. 153 Rn. 45.
305 Vgl. hierzu Düwell/Schubert/*Schubert*, Einleitung, Rn. 52 f.

§ 5 Vereinbarkeit von § 22 Abs. 2 MiLoG mit höherrangigem Recht

on das geltendes Unionsrecht beachten. Insbesondere dürfen keine Beschäftigungsgruppen diskriminiert werden, soweit dies gegen die Vorgaben der RL 2000/78/EG sowie die hinter ihr stehenden primärrechtlichen Diskriminierungsverbote verstoßen würde.

I. Verhältnis von Richtlinie und primärrechtlichen Diskriminierungsverboten

Da mit Blick auf die Vereinbarkeit von § 22 Abs. 2 MiLoG mit Unionsrecht sowohl ein Verstoß gegen die Gleichbehandlungs-Richtlinie 2000/78/EG sowie gegen Art. 10 AEUV und gegen die auf Primärrechtsebene stehende Charta der Grundrechte der Europäischen Union (dort insbesondere gegen Art. 21, 20 und 15) im Raum steht, ist im Folgenden zunächst das Verhältnis dieser Normen untereinander zu bestimmen.

Art. 10 AEUV überträgt die allgemeinen Zielvorgabe des Art. 3 Abs. 3 UAbs. 2 EUV und verpflichtet die Unionsorgane dazu, Diskriminierungen wegen unterschiedlichen Merkmalen zu bekämpfen.[306] Die Norm richtet sich dabei aber nur an Unionsorgane, während die Grundrechtecharta auch ein an die Mitgliedstaaten gerichtetes Grundrecht auf Schutz vor Diskriminierung enthält.[307] Somit ist Art. 10 AEUV vorliegend nicht einschlägig.

Grundsätzlich gilt im Kollisionsfall ein Vorrang des Primärrechts, welches auch als „Verfassung" der Europäischen Union bezeichnet werden kann.[308] Da die Grundrechte Teil des Primärrechts sind,[309] gehen sie wegen dieses Vorrangs dem sekundären – also abgeleiteten Unionsrecht – grundsätzlich vor.[310] Im Einzelfall kann es jedoch zu einer Konkretisierung der Grundrechte zum Beispiel durch Richtlinien kommen.[311] In diesen Fällen besteht ein „Anwendungsvorrang" des Sekundärrechts.[312]

Somit ist hier auf das Verhältnis der Richtlinie 2000/78/EG zur Grundrechtecharta einzugehen, insbesondere auf das Verhältnis der Verbote der

---

306 *Mohr*, in: Franzen, Europäisches Arbeitsrecht (2018), Art. 10 AEUV Rn. 1.
307 *Mohr*, in: Franzen, Europäisches Arbeitsrecht (2018), Art. 10 AEUV Rn. 7, 9 sowie Art. 21 GRC Rn. 18.
308 *Streinz*, Europarecht (2016), Rn. 448.
309 Siehe dazu näher unten, § 5 B.III., S. 141
310 *Jarass*, GrCh, Einleitung Rn. 54; *ders.* EuR 2013, 29 (33).
311 *Jarass*, GrCh, Einleitung Rn. 54.
312 *Jarass*, EuR 2013, 29 (35), der einen daneben in der Literatur diskutierten Vorrang des Sekundärrechts als *lex specialis* dagegen ablehnt.

B. Vereinbarkeit von § 22 Abs. 2 MiLoG mit unionsrechtlichen Vorschriften

Altersdiskriminierung in der Richtlinie und in Art. 21 GRCh. Auch das LAG Düsseldorf zweifelte über die Abgrenzung der Richtlinie zum allgemeinen unionsrechtlichen Grundsatz des Verbots der Altersdiskriminierung (zum Verhältnis dieses Grundsatzes zu Art. 21 GrCh sogleich) und legte die Frage dem EuGH in der Rs. *Kücükdeveci* vor. Der EuGH hat diesbezüglich festgehalten, dass die Richtlinie 2000/78/EG selbst nicht den Grundsatz der Gleichbehandlung in Beschäftigung und Beruf niederlegt. Sie soll vielmehr – ausweislich ihres Titels und ihres Art. 1 – lediglich einen allgemeinen Rahmen zur Bekämpfung verschiedener Formen der Diskriminierung schaffen.[313] Bezüglich des geschützten Merkmals „Alter" hatte der Gerichtshof zuvor in der Rs. *Mangold* bereits anerkannt, dass ein generelles Verbot der Diskriminierung wegen des Alters besteht, im Sinne eines allgemeinen Grundsatz des Unionsrechts.[314] Die Tatsache, dass das Verbot der Diskriminierung wegen des Alters einen allgemeinen Grundsatz des Unionsrechts bildet, ist seit dem *Mangold*-Urteil 2005 auch generell anerkannt.[315] Hintergrund der Entscheidung des EuGH in der Rs. *Mangold* war, dass die Umsetzungsfrist der Richtlinie 2000/78/EG zum damaligen Zeitpunkt noch nicht abgelaufen war und somit das in der Richtlinie geregelte Verbot der Altersdiskriminierung keine unmittelbare Geltung hatte.[316] Das bedeutet, es kam darauf an, ob eine Diskriminierung wegen des Alters auch unabhängig von der Richtlinie unzulässig ist.

Zur Herleitung des Grundsatzes betonte der EuGH, dass das allgemeine Verbot der Altersdiskriminierung „seinen Ursprung in verschiedenen völkerrechtlichen Verträgen und den gemeinsamen Verfassungstraditionen der Mitgliedstaaten [...], wie sich aus den Erwägungsgründen 1 und 4 der

---

313 EuGH, Urteil vom 19.1.2010 – C-555/07, ECLI:EU:C:2010:21 [*Kücükdeveci*], Rn. 20 = NZA 2010, 85 (86) mit Verweis auf EuGH, Urteil vom 22.11.2005, I-9981, ECLI:EU:C:2005:709 [*Mangold*], Rn. 74 = NZA 2005, 1345 (1348) = NJW 2005, 3695 (3698).

314 EuGH, Urteil vom 22.11.2005, I-9981, ECLI:EU:C:2005:709 [*Mangold*], Rn. 75 = NZA 2005, 1345 (1348) = NJW 2005, 3695 (3698); *Mohr*, in: Franzen, Europäisches Arbeitsrecht (2018), Art. 21 GRC Rn. 44.

315 Vgl. nur EuGH (Große Kammer), Urteil vom 13. 9. 2011 – C-447/09, ECLI:EU:C:2011:573 [*Prigge*], Rn. 38 = NZA 2011, 1039 (1041); EuGH, Urteil vom 26.9.2013 – C-476/11, ECLI:EU:C:2013:590 [*Kristensen*], Rn. 19 = EuZW 2013, 951 (952.)

316 EuGH, Urteil vom 22.11.2005, I-9981, ECLI:EU:C:2005:709 [*Mangold*], Rn. 75 = NZA 2005, 1345 (1348) = NJW 2005, 3695 (3698); *Mohr*, in: Franzen, Europäisches Arbeitsrecht (2018), Art. 1 RL 2000/78/EG, Rn. 48; kritisch unter anderem *Giesen*, SAE 02/2006, 45 (49).

Richtlinie [2000/78/EG] ergibt".[317] Es ist mittlerweile auch ausdrücklich in Art. 21 GRCh niedergelegt. Dabei ist das (positiv-rechtliche) Verbot der Altersdiskriminierung sehr jung – es tauchte erstmals 1989 in der Gemeinschaftscharta der Sozialen Grundrechte auf, dort jedoch nur konkludent, unter anderem als Anspruch auf angemessene Lebensstandards für ältere Menschen. Ausdrücklich normiert wurde ein Verbot der Benachteiligung wegen des Alters erst 1997 in Art. 13 des Vertrags von Amsterdam und nun auch in Art. 21 GRCh.[318]

Bei Erlass des Urteils *Mangold* im Jahr 2005, in dem der EuGH das Diskriminierungsverbot wegen des Alters erstmals als allgemeinen Grundsatz des Unionsrechts anerkannt hat, war die Charta der Grundrechte der Europäischen Union zwar bereits verkündet. Sie hat jedoch erst mit Inkrafttreten des Vertrages von Lissabon im Jahr 2009[319] primärrechtlichen Status erhalten.[320] Heute ist das Diskriminierungsverbot wegen des Alters daher primärrechtlich in Art. 21 GRCh verankert.[321] Die Feststellung des EuGH aus dem *Mangold*-Urteil 2005, dass das Verbot der Altersdiskriminierung ein allgemeiner Grundsatz des Unionsrecht ist, beansprucht weiterhin Gültigkeit. Das Verbot wurde jedoch durch Inkrafttreten des Vertrages von Lissabon im Jahr 2009 in der Grundrechte Charta positiv-rechtlich normiert.[322]

Es besteht Einigkeit darüber, dass dieses Verbot der Altersdiskriminierung, wie es im Primärrecht in Art. 21 GRCh niedergelegt ist, heute durch die RL 2000/78/EG in ihrem Geltungsbereich auf der Ebene des Sekundär-

---

317 EuGH (Große Kammer), Urteil vom 19. 4. 2016 – C-441/1, ECLI:EU:C:2016:278 [*Dansk Industri*], Rn. 22 = NZA 2016, 537 (538) mit Verweis auf EuGH, Urteil vom 22.11.2005, I-9981, ECLI:EU:C:2005:709 [*Mangold*], Rn. 74 = EuZW 2006, 17 (20); EuGH, Urteil vom 19.1.2010 – C-555/07, ECLI:EU:C:2010:21 [*Kücükdeveci*], Rn. 20 f. = NZA 2010, 85 (86);
318 Vergleiche dazu *Wiedemann/Thüsing*, NZA 2002, 1234 (1234) m.w.N. über die dagegen schon ältere Diskussion im Schrifttum zum Verbot der Altersdiskriminierung.
319 Vertrag von Lissabon zur Änderung des Vertrages über die Europäische Union und des Vertrages zur Gründung der Europäischen Gemeinschaft, ABl. 2007 C 306/1; vgl. zum Vertrag von Lissabon auch den Überblick bei *Streinz*, Europarecht (2016), Rn. 61 ff.
320 Meyer/*Borowsky*, GRCh, Vorbemerkungen VII, Rn. 9.
321 EuGH (Große Kammer), Urteil vom 19. 4. 2016 – C-441/1, ECLI:EU:C:2016:278 [*Dansk Industri*], Rn. 22 f. = NZA 2016, 537 (538); Schlussanträge des GA *Villalón* vom 19.5.2011 – Rs. C-447/09 [*Prigge*], Rn. 26 =BeckRS 2011, 80871.
322 Schlussanträge des GA *Villalón* vom 19.5.2011 – Rs. C-447/09 [*Prigge*], Rn. 26 = BeckRS 2011, 80871.

rechts konkretisiert wird.³²³ So hat der EuGH in den Rs. *Bordonaro* und *Dansk Industri* erneut festgehalten, dass die RL 2000/78/EG hinsichtlich der Bereiche Beschäftigung und Beruf das in Art. 21 GRCh verankerte Gebot der Altersdiskriminierung ausgestaltet und konkretisiert.³²⁴ In der Rechtssache *Kücükdeveci* betonte der Gerichtshof diesbezüglich, dass nationale Regelungen, die in den Anwendungsbereich der RL 2000/78/EG fallen, nicht gegen den allgemeinen Grundsatz des Verbots der Altersdiskriminierung verstoßen dürfen.³²⁵ Sobald daher der Anwendungsbereich der Richtlinie eröffnet ist, es also insbesondere um die Bereiche Beschäftigung und Beruf geht, muss die Frage, ob das Unionsrecht einer nationalen Regelung entgegensteht, primär auf der Grundlage des jede Diskriminierung wegen des Alters verbietenden allgemeinen Grundsatzes des Unionsrechts, wie er in RL 2000/78/EG konkretisiert ist, geprüft werden.³²⁶ Im Hinblick auf darüber hinausgehende Unionsrechtsverstöße ist im Anschluss daran auch eine Untersuchung der Norm auf ihre Vereinbarkeit mit der Europäischen Grundrechtecharta angebracht.

II. Gleichbehandlungs-Richtlinie 2000/78/EG

In den Anfangszeiten der Europäischen Gemeinschaft war nur die Diskriminierung wegen der Staatsangehörigkeit (Art. 12 EG, jetzt Art. 18 AEUV) und wegen des Geschlechts (Art. 141 Abs. 1 EG, jetzt Art. 157 AEUV) untersagt. Heute sind eine Vielzahl von Diskriminierungen gesetzlich verboten und der Diskriminierungsschutz ist weit umfassender.³²⁷

---

323 EuGH, Urteil vom 19.1.2010 – C-555/07, ECLI:EU:C:2010:21 [*Kücükdeveci*], Rn. 21 = NZA 2010, 85 (86); Schlussanträge des GA *Villalón vom* 19.5.2011 – Rs. C-447/09 [*Prigge*], Rn. 27 = BeckRS 2011, 80871; *Jarass*, GRCh, Art. 21 Rn. 7; *Schubert C.*, ZfA 2013, 1 (27).
324 EuGH, Urteil vom 19.7.2017 – C-143/16 [*Bordonaro*] = NZA 2017, 1247, Rn. 18; EuGH (Große Kammer), Urteil vom 19.4.2016 – C-441/1, ECLI:EU:C:2016:278 [*Dansk Industri*], Rn. 23 = NZA 2016, 537 (538).
325 EuGH, Urteil vom 19.1.2010 – C-555/07, ECLI:EU:C:2010:21 [*Kücükdeveci*], Rn. 27 = NZA 2010, 85 (86); *Heuer*, Bindung der Mitgliedstaaten, S. 203.
326 EuGH, Urteil vom 19.1.2010 – C-555/07, ECLI:EU:C:2010:21 [*Kücükdeveci*], Rn. 27 = NZA 2010, 85 (86).
327 *Wiedemann/Thüsing*, NZA 2002, 1234 (1235); *Thüsing*, Europäisches Arbeitsrecht (2017), § 3 Rn. 15.

Zur Stärkung des Diskriminierungsschutzes wurde im Jahr 2000 auch die Gleichbehandlungs-Richtlinie 2000/78/EG erlassen.[328] Die RL 2000/78/EG beruht auf der Ermächtigungsgrundlage des Art. 19 Abs. 1 AEUV (ehemals Art. 13 EG), der es dem „Rat im Rahmen der durch die Verträge auf die Union übertragenen Zuständigkeiten [...] nach Zustimmung des Europäischen Parlaments" erlaubt, „geeignete Vorkehrungen treffen, um Diskriminierungen aus Gründen des Geschlechts, der Rasse, der ethnischen Herkunft, der Religion oder der Weltanschauung, einer Behinderung, des Alters oder der sexuellen Ausrichtung zu bekämpfen".[329] In Deutschland wurde die Richtlinie durch das AGG (verspätet) zum 18.8.2006 in nationales Recht umgesetzt.[330]

Der in der Richtlinie enthaltene Grundsatz der Nichtdiskriminierung konkretisiert dabei den allgemeinen Gleichheitsgrundsatz des Unionsrechts.[331] Die RL 2000/78/EG wird daher auch als „Gleichbehandlungsrahmen-Richtlinie"[332] oder als „Rahmenrichtlinie Beschäftigung"[333] bezeichnet. Das Diskriminierungsmerkmal „Alter" hat dabei seit Inkrafttreten der Richtlinie in der Rechtsprechung des EuGH eine besonders wichtige Rolle gespielt.[334] Insgesamt bietet die Altersdiskriminierung auch in der Literatur und Wissenschaft Anlass für vielerlei Streitfragen.[335] Dies mag vor allem daran liegen, dass das Alter auf die arbeitsrechtliche und betriebliche Praxis erhebliche Auswirkungen hat, da das Lebensalter des Arbeitnehmers naturgemäß oftmals Anknüpfungspunkt für Beschäftigungsbedingungen (zum Beispiel Sozialauswahl, Urlaubsdauer) ist.[336] Auch der EuGH

---

328 Richtlinie 2000/78/EG des Rates vom 27. November 2000 zur Festlegung eines allgemeinen Rahmens für die Verwirklichung der Gleichbehandlung in Beschäftigung und Beruf, ABl. EG Nr. L 303, S. 16.
329 *Mager*, Altersdiskriminierung, in: Festschrift Säcker (2011), 1075 (1076); *Thüsing*, Europäisches Arbeitsrecht (2017), § 3 Rn. 9; *Lobinger*, in Isensee: Vertragsfreiheit und Diskriminierung (2007), 99 (114).
330 *Junker*, Grundkurs Arbeitsrecht (2018), Rn. 42, 155; *Thüsing*, Europäisches Arbeitsrecht (2017), § 3 Rn. 10.
331 *Grünberger* in Preis/Sagan, Europäisches Arbeitsrecht (2015), § 3 Rn. 6 m.w.N.
332 *Jarass*, GRCh, Art. 21 Rn 7.
333 *Lobinger*, in Isensee: Vertragsfreiheit und Diskriminierung (2007), 99 (124).
334 *Mohr* RdA 2017, 35 (37) m.w.N.
335 *Lobinger*, in Isensee: Vertragsfreiheit und Diskriminierung (2007), 99 (134) m.w.N.
336 *Hantel*, Europäisches Arbeitsrecht (2016), Kap. 8, S. 131 m.w.N.

musste sich in den letzten Jahren häufig mit der Frage der Vereinbarkeit von Altersgrenzen mit dem Unionsrecht auseinandersetzen.[337]

Um die Frage nach einer möglichen Verletzung der Richtlinie durch die Regelung der Mindestlohnausnahme für Jugendliche in § 22 Abs. 2 MiLoG zu klären, sollen in einem ersten Schritt der Schutzzweck (1.) und der Anwendungsbereich (2.) der RL 2000/78/EG kurz betrachtet werden. Sodann kann überlegt werden, ob § 22 Abs. 2 MiLoG eine Ungleichbehandlung im Sinne der Richtlinie darstellt (3.) und – wenn ja – ob diese gegebenenfalls gerechtfertigt ist (4.).

1. Schutzzweck der Diskriminierungsverbote in der RL 2000/78/EG

Zweck der RL 2000/78/EG ist die Schaffung eines allgemeinen Rahmens zur Bekämpfung der Diskriminierung aus den in Art. 1 genannten Gründen im Rahmen von Beschäftigung und Beruf. Sie erstrebt somit insbesondere die Verhinderung von Benachteiligungen in Arbeitsverhältnissen.[338] Die Richtlinie bezweckt dabei keine allgemeine Gleichbehandlung.[339] Vielmehr handelt es sich bei den Diskriminierungsverboten in Art. 1 und Art. 2 Abs. 2 RL 2000/78/EG auch nicht um Gleichheitsrechte, sondern vielmehr um Abwehrrechte zum Schutz der individuellen Persönlichkeit, zur Herstellung gleicher Freiheitschancen und womöglich auch zum Schutz der Menschenrechte. Die arbeits- und privatrechtlichen Diskriminierungsverbote der Richtlinie haben eine freiheitsschützende Ausrichtung.[340]

---

337 So z.B., Rs. *Palacios de la Villa* (2007), Rs. *Kücükdeveci* (2010), Rs. *Petersen* (2010), Rs. *Rosenbladt* (2010), Rs. *Hörnfeldt* (2012), Rs. *Kristensen* (2013), Rs. *John* (2018); siehe auch *Bayreuther*, NJW 2012, 2758 (2758); *ders.* NZA- Beilage 2015, 84.
338 *Hantel*, Europäisches Arbeitsrecht (2016), Kap. 8, S. 131.
339 *Mohr*, in: Franzen, Europäisches Arbeitsrecht (2018), Art. 1 RL 2000/78/EG Rn. 3.
340 *Mager*, Altersdiskriminierung, in: Festschrift Säcker (2011), 1075 (1075) mit Verweis auf *Lobinger*, in Isensee: Vertragsfreiheit und Diskriminierung (2007), 99 (141 ff.); *Mohr*, RdA 2017, 35 (36 f.).

2. Anwendbarkeit der Richtlinie 2000/78/EG

Der Anwendungsbereich der Richtlinie ist – wie oben bereits erörtert – in persönlicher, sachlicher und zeitlicher Hinsicht eröffnet.[341]

3. Ungleichbehandlung

Im Ergebnis stellt die Regelung in § 22 Abs. 2 MiLoG nach der hier vertretenen Ansicht eine Ungleichbehandlung im Sinne des Art. 2 der Richtlinie dar, so dass ein Verstoß gegen die unionsrechtliche Gleichbehandlungsrichtlinie vorliegt.

In einem ersten Schritt wird nun im Folgenden dargestellt, wieso durch die Bereichsausnahme in § 22 Abs. 2 MiLoG eine Ungleichbehandlung im Sinne der Richtlinie begründet wird, bevor im anschließende Kapitel aufgezeigt wird, weshalb diese Ungleichbehandlung auch nicht gerechtfertigt ist.

a. Grundsatz

Art. 2 Abs. 1 RL 2000/78/EG bestimmt:

> *„Im Sinne dieser Richtlinie bedeutet „Gleichbehandlungsgrundsatz", dass es keine unmittelbare oder mittelbare Diskriminierung wegen eines der in Art. 1 genannten Gründe geben darf."*

Eine Diskriminierung kann somit unmittelbar oder mittelbar erfolgen.

Art. 2 Abs. 2 lit. a RL 2000/78/EG stellt klar, dass eine *unmittelbare* Diskriminierung nach Abs. 1 vorliegt, wenn eine Person wegen eines der in Art. 1 genannten Gründe eine weniger günstige Behandlung erfährt, als eine andere Person erfährt oder erfahren würde. Eine *mittelbare* Diskriminierung liegt dagegen gemäß Art. 2 Abs. 2 lit. b vor, wenn dem Anschein nach neutrale Vorschriften, Kriterien oder Verfahren Personen mit einer bestimmten Religion oder Weltanschauung, einer bestimmten Behinderung, eines bestimmten Alters oder mit einer bestimmten sexuellen Ausrichtung gegenüber anderen Personen in besonderer Weise benachteiligen können.

---

[341] Siehe oben § 5 A.I.3., S. 79 ff.

Alter im Sinne des Art. 1 RL 2000/78/EG meint dabei das Lebensalter der Person.[342] Umfasst sind somit alle Diskriminierungen aufgrund des Lebensalters, unabhängig ob es sich um Höchst- oder Mindestalter handelt.[343] Der Schutz ist somit nicht auf ältere Menschen beschränkt, auch wenn die Benachteiligung von alten Menschen vielleicht ein dringenderes soziales Problem darstellt. Vielmehr fallen auch junge Menschen in den Schutzbereich.[344] Dafür spricht insbesondere auch, dass die Richtlinie selbst in Art. 6 Abs. 1 Unterabs. 2 a) RL 2000/78/EG von „Jugendlichen" in Bezug auf Ungleichbehandlungen spricht.

b. Ungleichbehandlung wegen eines geschützten Merkmals

Um eine Diskriminierung im Sinne des Art. 2 RL 2000/78/EG darzustellen, ist zunächst erforderlich, dass § 22 Abs. 2 MiLoG eine Ungleichbehandlung zweier vergleichbarer Sachverhalte zur Folge hat. Die Situationen müssen dabei zwar auf der einen Seite nicht identisch, sondern nur vergleichbar sein. Auf der anderen Seite darf die Prüfung dieser Vergleichbarkeit nicht allgemein und abstrakt sein, sondern muss spezifisch für die betreffende Leistung erfolgen.[345] Dazu müssen alle Berechtigten unter einem Oberbegriff zusammengefasst werden können. Hier lassen sich unter dem Oberbegriff „Arbeitnehmer" sowohl die minderjährigen Arbeiternehmer ohne Ausbildung, die unter § 22 Abs. 2 MiLoG fallen, als auch die Arbeitnehmer mit Ausbildung und die älteren Arbeitnehmer zusammenfassen. Diese Arbeitnehmergruppen werden unterschiedlich behandelt: während den älteren Arbeitnehmern über 18 Jahre ein Mindestlohnanspruch nach § 1 Abs. 1 MiLoG zusteht, bleibt er den minderjährigen Arbeitnehmern gemäß § 22 Abs. 2 MiLoG verwehrt, sofern sie keine abgeschlossene Ausbildung haben.

Eine unmittelbare Diskriminierung setzt zudem die Anknüpfung einer belastend wirkenden Regelung oder Maßnahme unmittelbar an das ge-

---

342 *Mohr*, in: Franzen, Europäisches Arbeitsrecht (2018), Art. 1 RL 2000/78/EG, Rn. 46, der auf eine Entscheidung des BAG verweist, welche jedoch zu § 3 Abs. 1 AGG ergangen ist.
343 *Fuchs/Marhold*, Europäisches Arbeitsrecht, S. 289.
344 *Riesenhuber*, Europäisches Arbeitsrecht (2009), § 11 Rn. 29 m.w.N.; *Hantel*, Europäisches Arbeitsrecht (2016), Kap. 8, S. 132.
345 EuGH, Urteil vom 19.7.2017 – C-143/16, ECLI:EU:C:2017:566 [*Bordonaro*], Rn. 25 = NZA 2017, 1247 (1249); EuGH, Urteil vom 12.12.2013 – C-267/12, ECLI:EU:C:2013:823 [*Hay*], Rn. 33 m.w.N. = NZA 2014, 153 (155).

schützte Merkmal voraus. Denn Art. 2 Abs. 2 lit. a RL 2000/78/EG untersagt nicht jede weniger günstigere Behandlung, sondern nur solche, die gerade wegen eines in Art. 1 genannten Merkmals erfolgt.[346] Dies umfasst jede Vereinbarung, der eine Altersgrenze zugrunde liegt, sofern irgendjemand durch diese Vereinbarung einem Nachteil ausgesetzt ist oder einen Vorteil nicht erhält.[347] Dazu wird ein Vergleich mit einer anderen, realen oder hypothetischen Person aufgestellt, die aktuell, zuvor oder hypothetisch wegen des Alters günstiger behandelt wird.

Bei genauerer Betrachtung stellt man hier fest, dass § 22 Abs. 2 MiLoG an sich sogar zwei Ungleichbehandlungen beinhaltet: Einerseits werden unter dem Oberbegriff „Arbeitnehmer ohne Ausbildung" die Arbeitnehmer unter 18 Jahren und Arbeitnehmer über 18 Jahren ungleich behandelt. Andererseits werden unter dem Oberbegriff „Arbeitnehmer unter 18 Jahren" die Arbeitnehmer mit Ausbildung und die Arbeitnehmer ohne Ausbildung ungleich behandelt. Die letztere Unterscheidung knüpft dabei nicht an das Alter, sondern an die Qualifikation der abgeschlossenen Ausbildung an und ist somit im Rahmen der RL 2000/78/EG nicht relevant. Daneben stellt die zuerst genannte Differenzierung der Arbeitnehmer ohne Ausbildung eine klare Ungleichbehandlung gerade wegen des Alters dar. Denn § 22 Abs. 2 MiLoG sieht für Arbeitnehmer ohne Ausbildung, die das 18. Lebensjahr noch nicht vollendet haben, eine weniger günstigere Behandlung vor als für ältere Arbeitnehmer, die schon über 18 Jahre alt sind. Ohne eine Ausbildung haben minderjährige Arbeitnehmer keinen Mindestlohnanspruch. Der Mindestlohn stellt also eine Begünstigung für Arbeitnehmer da, die dem einen Personenkreis (über 18-jährige Arbeitnehmer und Jugendlichen mit abgeschlossener Ausbildung) gewährt wird, während er einem anderen Personenkreis (den Jugendlichen unter 18 Jahren ohne Ausbildung) vorenthalten wird. Für die volljährigen Arbeitnehmer ist das Merkmal der abgeschlossenen Ausbildung keine Voraussetzung mehr für den Mindestlohnanspruch. Die nationale Norm behandelt somit Personen, die die gleiche Arbeit verrichten, unterschiedlich, je nachdem, welches Alter sie bei der Beschäftigung haben. So hat ein 17-jähriger Arbeitnehmer, der sich zum Beispiel neben seiner Ausbildung als Kellner etwas hinzuverdient, hierfür keinen Mindestlohnanspruch. Ein nur etwas – im extremen Fall einen Tag – älterer, 18-jähriger Arbeitnehmer, der ebenfalls als Kellner (möglicherweise sogar in demselben gastronomischen Be-

---

[346] *Mohr*, in: Franzen, Europäisches Arbeitsrecht (2018), Art. 2 RL 2000/78/EG, Rn. 26.
[347] *Schlachter*, Verbot der Altersdiskriminierung, S. 24.

trieb) arbeitet, hat hingegen Anspruch auf einen Mindestlohn in Höhe von 9,19 €pro Stunde. Beide Situationen sind zwar nicht identisch, jedoch objektiv vergleichbar.

§ 22 Abs. 2 MiLoG führt also dazu, dass Personen deshalb eine weniger günstigere Behandlung erfahren als andere Personen, die den gleichen Beruf ausüben, weil sie jünger als 18 Jahre alt sind.[348] Damit führt § 22 Abs. 2 MiLoG zu einer eine unmittelbaren Ungleichbehandlung wegen des Alters im Sinne von Art. 2 Abs. 2 lit. a in Verbindung mit Art. 1 RL 2000/78/EG. Insbesondere *Mohr* vertritt in der Literatur die Ansicht, dass eine Ungleichbehandlung wegen des Alters aufgrund der Offenheit des Tatbestandes in Art. 2 der RL 2000/78/EG nicht automatisch die Rechtswidrigkeit indiziert. Diese müsse vielmehr positiv – im Rahmen einer Interessenabwägung ähnlich der Prüfung der Rechtswidrigkeit nach der deutschen Lehre vom Handlungsunrecht – festgestellt werden.[349] Entscheidend für die Rechtswidrigkeit ist, dass sich eine Altersdifferenzierung zwischen Arbeitnehmern für eine Person negativ auswirken muss.[350] Das Unionsrecht behandelt diesen Punkt jedoch nicht auf tatbestandlicher Ebene, sondern im Rahmen des Rechtfertigungsgrundes des Art. 6 der RL 2000/78/EG und wird daher im Folgenden auch dort weiter diskutiert.[351]

An dieser Stelle lässt sich somit festhalten, dass die nationale Regelung des § 22 Abs. 2 MiLoG eine Ungleichbehandlung im Sinne von Art. 2 RL 2000/78/EG darstellt, die auf dem Kriterium des Alters beruht.

4. Rechtfertigung

Die Rechtfertigungsprüfung einer nach Art. 2 RL 2000/78/EG festgestellten Diskriminierung gestaltet sich komplex, da die Richtlinie eine Fülle von Rechtfertigungstatbeständen für eine Ungleichbehandlung wegen des Alters bereithält und eine Vielzahl öffentlicher und privater Belange zur

---

[348] Vgl. EuGH, Urteil vom 12.1.2010 – C-241/08, ECLI:EU:C:2010:4 [*Petersen*], Rn. 35 = NJW 2010, 587 (588).
[349] *Mohr*, in: Franzen, Europäisches Arbeitsrecht (2018), Art. 1 RL 2000/78/EG, Rn. 54; *derselbe*, RdA 2017, 35 (37) m.w.N.
[350] *Mohr*, RdA 2017, 35 (37).
[351] Vgl. z.B. EuGH, Urteil vom 19.1.2010 – C-555/07, ECLI:EU:C:2010:21 [*Kücükdeveci*], Rn. 31 = NZA 2010, 85 (87).

§ 5 Vereinbarkeit von § 22 Abs. 2 MiLoG mit höherrangigem Recht

Rechtfertigung bereithält.³⁵² Es gibt zum einen allgemeine Rechtfertigungsgründe in Art. 4 RL 2000/78/EG, die für jedes Diskriminierungsmerkmal Anwendung finden. Daneben existieren auch besondere Rechtfertigungsgründe für die Ungleichbehandlung wegen des Alters in Art. 6 RL 2000/78/EG.³⁵³ Der EuGH begreift zusätzlich auch die Vorschrift des Art. 2 Abs. 5 RL 2000/78/EG als besonderen Rechtfertigungsgrund, wenn auch insbesondere der Wortlaut des Art. 2 Abs. 5 RL 2000/78/EG eher dafür spricht, die Regelung als Bereichsausnahme aufzufassen.³⁵⁴ Der Rechtsprechung des EuGH folgend, soll hier Art. 2 Abs. 5 RL 2000/78/EG auch im Rahmen der Rechtfertigung angesprochen werden. Aufgrund des Vorliegens einer unmittelbaren Ungleichbehandlung, kommt für § 22 Abs. 2 MiLoG eine Lösung über Art. 2 Abs. 2 lit. b RL 2000/78/EG nicht in Betracht. Diese schon den Tatbestand der Benachteiligung ausschließende Norm gilt nur für mittelbare Diskriminierungen, da in diesen der Zusammenhang zwischen der Benachteiligung und dem geschützten Merkmal weniger eng ist als bei einer unmittelbaren Ungleichbehandlung.³⁵⁵

Zunächst muss das Ziel, das durch die Regelung in § 22 Abs. 2 MiLoG erreicht werden soll, definiert werden, um sodann festzustellen, anhand welcher Richtlinienbestimmungen die Maßnahme dann im Folgenden zu prüfen ist.³⁵⁶

Aufgrund der vorliegenden unmittelbaren Diskriminierung wegen Alters kann eine Rechtfertigung von § 22 Abs. 2 MiLoG nur gemäß Art. 2 Abs. 5, Art. 4 Abs. 1 oder Art. 6 RL 2000/78/EG erfolgen.³⁵⁷

---

352 *Mager*, Altersdiskriminierung, in: Festschrift Säcker (2011), 1075 (1082); kritisch hierzu *Lobinger*, in Isensee: Vertragsfreiheit und Diskriminierung (2007), 99 (133).
353 EuGH (Große Kammer), Urteil vom 12.1.2010 – C-241/08, ECLI:EU:C:2010:4 [*Petersen*], Rn. 49ff. = NJW 2010, 587 (589ff.); *Mohr*, EuZA 2010, 371 (380f.)
354 Mohr, EuZA 2010, 371 (374).
355 Zum Ganzen: *Mohr*, in: Franzen, Europäisches Arbeitsrecht (2018), Art. 6 RL 2000/78/EG, Rn. 3.
356 Vgl. EuGH, Urteil vom 12.1.2010 – C-241/08, ECLI:EU:C:2010:4 [*Petersen*], Rn. 37= NJW 2010, 587 (588).
357 *Fuchs/Marhold*, Europäisches Arbeitsrecht, S. 290.

B. Vereinbarkeit von § 22 Abs. 2 MiLoG mit unionsrechtlichen Vorschriften

a. Rechtfertigung als Maßnahme im Sinne von Art. 2 Abs. 5 RL 2000/78/EG

In Betracht kommt die Rechtfertigung nach Art. 2 Abs. 5 RL 2000/78/EG. Dieser bestimmt, dass die Richtlinie nicht die im nationalen Recht vorgesehenen Maßnahmen berührt, „die in einer demokratischen Gesellschaft für die Gewährleistung der öffentlichen Sicherheit, die Verteidigung der Ordnung und die Verhütung von Straftaten, zum Schutz der Gesundheit und zum Schutz der Rechte und Freiheiten anderer notwendig sind".

Wie oben jedoch bereits festgestellt, dient die Regelung in § 22 Abs. 2 MiLoG der nachhaltigen Integration junger Menschen in den Arbeitsmarkt und verfolgt kein Ziel der öffentlichen Sicherheit oder Gesundheit und dient auch nicht der Verteidigung der Ordnung oder der Verhütung von Straftaten. Die Integration junger Menschen in den Arbeitsmarkt ist derweil auch nicht explizit in Art. 2 Abs. 5 RL 2000/78/EG genannt oder von einem anderen der dort genannten Ziele umfasst.

Somit ist die Ungleichbehandlung durch § 22 Abs. 2 MiLoG nicht als Maßnahme des Art. 2 Abs. 5 RL 2000/78/EG gerechtfertigt.

b. Rechtfertigung wegen beruflichen Anforderungen nach Art. 4 Abs. 1 RL 2000/78/EG

Möglich scheint jedoch eine Rechtfertigung der Ungleichbehandlung nach Art. 4 RL 2000/78/EG aufgrund spezifischer beruflicher Anforderungen.

Dieser erlaubt es den Mitgliedstaaten, bei der Rechtfertigung einer Ungleichbehandlung Gründe, die sich auf den einzelnen Arbeitnehmer beziehen, zu berücksichtigen.[358] Der Rechtfertigungstatbestand des Art. 4 Abs. 1 RL 2000/78/EG ermöglicht es, dass eine Ungleichbehandlung wegen einem der in Art. 1 genannten Gründe nicht als Diskriminierung gewertet wird, „wenn das betreffende Merkmal aufgrund der Art einer bestimmten beruflichen Tätigkeit oder der Bedingung ihrer Ausübung eine wesentliche und entscheidende berufliche Anforderung darstellt". Allerdings muss diese Anforderung nach dem Wortlaut der Norm zusätzlich dem Erreichen

---

358 *Riesenhuber*, Europäisches Arbeitsrecht (2009), § 11 Rn. 33.

eines rechtmäßigen Zwecks dienen und muss angemessen sein (Art. 4 Abs. 1 a.E.).[359]

Eine Rechtfertigung der Ungleichbehandlung durch § 22 Abs. 2 MiLoG wäre somit nach Art. 4 Abs. 1 möglich, wenn das Alter für die Art der beruflichen Tätigkeit oder für die Bedingung ihrer Ausübung eine zentrale Rolle spielt. Dies ist insbesondere bei Altersbeschränkungen in solchen Berufsfeldern denkbar, wo die körperliche und geistige Belastbarkeit eine wesentliche Voraussetzung für die Berufsausübung ist, wie zum Beispiel Feuerwehrleute, Fluglotsen und Polizisten.[360]

Die Regel in § 22 Abs. 2 MiLoG knüpft jedoch gerade nicht aufgrund der Art einer bestimmten beruflichen Tätigkeit oder der Bedingung ihrer Ausübung an das Alter der Jugendlichen an. Sowohl in der Gesetzesbegründung als auch in der Norm selber finden sich auch hierzu keine Anhaltspunkte. Zudem ist eine Ausnahme der Jugendlichen vom Mindestlohnanspruch nicht aufgrund wesentlicher beruflicher Anforderungen geboten. Die Bereichsausnahme gilt unabhängig von der ausgeübten Tätigkeit. Zwar könnte man den niedrigeren Lohn für Jugendliche womöglich auch damit begründen, dass die Produktivität und Arbeitsleistung von minderjährigen Arbeitnehmern aufgrund ihrer mangelnden Berufserfahrung geringer wäre als von Erwachsen, also älteren Beschäftigten. Diese Begründung ist jedoch so pauschal nicht tragbar. Und der Gesetzgeber wollte mit der Regelung in § 22 Abs. 2 MiLoG sicher nicht die Schaffung, einer Vielzahl günstiger Arbeitskräfte erreichen.[361] In den meisten Bereichen, in denen Jugendliche unter 18 Jahren tätig sind, ist vielmehr eine Vorbildung gerade nicht erforderlich und das jugendliche Alter kann durchaus Vorteile mit sich bringen.[362] Dies gilt insbesondere für charakteristische Jobs in den Niedriglohnbereichen Einzelhandel und Gastgewerbe oder andere einfache Dienstleistungen wie Reinigung, Regalauffüller, Kurierfahrer oder Tätigkeiten in der Systemgastronomie. Dort liegt in der Regel kein oder nur ein sehr geringer Produktivitätsunterschied zwischen jüngeren und älteren Beschäftigten vor.[363] Zudem sind jugendliche Arbeitnehmer oft auch noch körperlich belastbarer und zeitlich flexibler als ihre älteren Kollegen, so dass das junge Alter keinen generellen Einfluss auf die Arbeitsleistung und

---

359 Zur Vorgehensweise des EuGH bei Prüfung einer Rechtfertigung nach Art. 4 Abs. 1 RL 2000/78/EG vgl. *Mager*, Altersdiskriminierung, in: Festschrift Säcker (2011), 1075 (1086).
360 *Hantel*, Europäisches Arbeitsrecht (2016), Kap. 8, S. 132.
361 BeckOK ArbR/*Greiner* (2018), § 22 MiLoG, Rn. 45.
362 Wissenschaftliche Dienste, WD 6 – 3000 – 060/14, S. 30.
363 *Amlinger/Bispinck/Schulten*, WSI-Report 2014, S. 6 und S. 18.

Produktivität des Arbeitnehmers hat. Demnach kann die Anknüpfung an das Alter und die unterschiedliche Behandlung in der Ausnahme des § 22 Abs. 2 MiLoG nicht an berufliche Anforderungen im Sinne von Art. 4 Abs. 1 RL 2000/78/EG geknüpft werden. Vielmehr geht es einzig darum, dass dieses Alter als weichenstellendes Alter junger Menschen nach Abschluss der Sekundarstufe I und Entscheidungs-zeitpunkt für den späteren beruflichen Werdegang steht. Damit scheidet eine Rechtfertigung der Regelung nach Art. 4 Abs. 1 RL 2000/78/EG aus.

c. Gerechtfertigte Ungleichbehandlung nach Art. 6 Abs. 1 RL 2000/78/EG

Es bleibt folglich nur eine Rechtfertigung über Art. 6 Abs. 1 RL 2000/78/EG.

Art. 6 Abs. 1 RL 2000/78/EG erlaubt eine unmittelbare Benachteiligung wegen des Alters, wenn die Ungleichbehandlung einem legitimen sozialpolitischen Ziel dient und sie verhältnismäßig ist.

Die bisherige Rechtsprechung des EuGH bezüglich Altersdiskriminierungen betraf hauptsächlich Regelungen bezüglich der Diskriminierung von älteren Menschen. So hatte der EuGH zum Beispiel in der Rs. *Petersen* darüber zu entscheiden, ob eine Höchstaltersgrenze von 68 Jahren für die Ausübung des Berufs eines Vertragszahnarztes mit der RL 2000/78/EG vereinbar ist.[364] In der Rs. *Palacios de la Villa* beschäftigte sich der EuGH mit einer Klausel in einem spanischen Tarifvertrag. Diese sah vor, dass der Arbeitsvertrag automatisch beendet wird, sobald der Arbeitnehmer die im nationalen Recht festgelegte Altersgrenze von 65 Jahren für die Zwangsversetzung eines Arbeitnehmers in den Ruhestand erreicht hat.[365] Die Grundsätze der Entscheidungen betreffend die Diskriminierung von älteren Arbeitnehmern sind aber auf die vorliegende Frage, ob § 22 Abs. 2 MiLoG eine gerechtfertigte Ungleichbehandlung von jüngeren Arbeitnehmern darstellt, übertragbar.

Daneben existieren aber auch einige EuGH-Entscheidungen, die sich mit der Altersdiskriminierung von jüngeren Menschen beschäftigen. So ging es zum Beispiel in der Rs. *Kücükdeveci* um eine mögliche Diskriminierung von jüngeren Beschäftigen. Hier hatte der EuGH zu beurteilen, ob es

---

364 EuGH, Urteil vom 12.1.2010 – C-241/08, ECLI:EU:C:2010:4 [*Petersen*] = NJW 2010, 587.
365 EuGH, Urteil vom 16.10.2007 – C-411/05, Slg. 2007, I 10 8566 [*Palacios de la Villa*] = NZA 2007, 1219.

mit dem Verbot der Altersdiskriminierung vereinbar ist, dass die vom Arbeitgeber einzuhaltenden Kündigungsfristen mit zunehmender Dauer der Beschäftigung stufenweise verlängert werden, jedoch hierbei vor Vollendung des 25. Lebensjahres liegende Beschäftigungszeiten des Arbeitnehmers unberücksichtigt bleiben.[366] Eine weitere Entscheidung bezüglich einer möglichen Altersdiskriminierung von jüngeren Arbeitnehmern hatte der EuGH 2017 in der Rs. *Bordonara* zu entscheiden. Hier ging es um eine Regelung, nach der ein Arbeitgeber mit einem Arbeitnehmer, der jünger als 25 Jahre alt ist, einen Arbeitsvertrag schließen kann und dem Arbeitnehmer dann kündigen kann, sobald dieser das 25. Lebensjahr vollendet hat. Die in diesen Entscheidungen vom EuGH festgestellten Grundsätzen sind auch auf die nun folgende Rechtfertigungsprüfung von § 22 Abs. 2 MiLoG anwendbar.

Die Richtlinie 2000/78/EG zählt in Art. 6 Abs. 1 Unterabs. 1 die besonderen Rechtfertigungsgründe für eine Ungleichbehandlung wegen Alters auf. Insofern bestimmt die Richtlinie hier, dass Ungleichbehandlungen wegen Alters dann keine Diskriminierung darstellen, sofern sie erstens objektiv und angemessen, zweitens im Rahmen des nationalen Rechts durch ein legitimes Ziel gerechtfertigt und drittens die Mittel zur Erreichung dieses Ziels angemessen und erforderlich sind. Diese zunächst schwerfällige Formulierung umschreibt nichts Anderes als die im allgemeinen Unionsrecht bereits anerkannten Anforderungen an die Rechtfertigung einer Ungleichbehandlung: Es bedarf also zunächst eines legitimen Ziels und die Maßnahmen müssen verhältnismäßig sein.[367] Auf diese einzelnen Anforderungen an § 22 Abs. 2 MiLoG wird im Folgenden näher eingegangen.

aa. Legitimes Ziel

Um keine Diskriminierung darzustellen, muss die Ungleichbehandlung wegen des Alters in § 22 Abs. 2 MiLoG einem legitimen Ziel im Sinne der Richtlinie 2000/78/EG dienen. Diese Ziele sind in Art. 6 Abs. 1 RL 2000/78/EG aufgezählt: Unterabsatz 1 enthält den Grundtatbestand der Rechtfertigung, während Unterabsatz 2 mehrere Regebeispiele für Ungleichbehandlungen nennt, welche die zuvor im Unterabsatz 1 genannten Merkmale aufweisen.

---

366 EuGH, Urteil vom 19.1.2010 – C-555/07, ECLI:EU:C:2010:21 [*Kücükdeveci*] = NZA 2010, 85.
367 *Mager*, Altersdiskriminierung, in: Festschrift Säcker (2011), 1075 (1083).

B. Vereinbarkeit von § 22 Abs. 2 MiLoG mit unionsrechtlichen Vorschriften

Die Tatsache, dass das Gesetz in § 22 Abs. 2 MiLoG selbst keinen ausdrücklichen Hinweis darüber enthält, welches Ziel die Regelung verfolgt, ist insofern unbeachtlich. Der EuGH stellt insoweit klar, dass jedes Ziel zu berücksichtigen ist, das sich aus dem Kontext der in Rede stehenden Norm ergibt. Laut dem Gerichtshof lässt sich aus Art. 6 Abs. 1 RL 2000/78/EG nämlich nicht ableiten, dass nur solche Ziele zu einer Rechtfertigung herangezogen werden können, welche die nationale Regelung als angestrebte Ziele ausdrücklich nennt. Denn das würde zu einem automatischen Ausschluss vieler Regelungen von einer Rechtfertigung nach Art. 6 Abs. 1 RL 2000/78/EG führen. Vielmehr ist in einem solchen Fall – wenn das verfolgte Ziel nicht ausdrücklich in der Norm genannt wird – erforderlich, dass es andere Anhaltspunkte gibt, die eine Bestimmung des hinter der Regelung stehenden Zieles ermöglichen.[368] Solche können sich aus dem Kontext der Regelung zum Beispiel in der Zusammenschau mit anderen Paragraphen des gleichen Gesetzes oder aus den Gesetzgebungsmaterialien der Norm ergeben. Der Wortlaut in den Gesetzgebungsmaterialien zu § 22 Abs. 2 MiLoG ist zwar sehr knapp, zugleich jedoch bezüglich der Ziele der Vermeidung von Entgeltverlockungen zu Lasten von Ausbildungen und der Integration der jugendlichen Arbeitnehmer in den Arbeitsmarkt auch sehr eindeutig formuliert.[369] Daher kann das Ziel der Regelung eindeutig bestimmt werden und dessen Legitimität ist der Überprüfung zugänglich.

[1] Der Grundtatbestand (Art. 6 Abs. 1 Unterabs. 1 RL 2000/78/EG)

Als legitime Zielen sind gemäß Art. 6 Abs. 1 Unterabs. 1 RL 2000/78/EG „insbesondere rechtmäßige Ziele aus den Bereichen Beschäftigungspolitik, Arbeitsmarkt und berufliche Bildung" zu verstehen.
Durch die Verwendung des Wortes „insbesondere" wird an sich im juristischen Sprachgebrauch verdeutlicht, dass dies keine abschließende Aufzählung ist, sondern die genannten Ziele nur Hinweischarakter haben und auch weitere legitime Ziele in Frage kommen.[370] In Anbetracht der bisher ergangenen Urteile zum Verbot der Altersdiskriminierung lässt sich jedoch

---

368 Vgl. zum ganzen EuGH, Urteil vom 16.10.2007 – C-411/05 [*Palacios de la Villa*] = NZA 2007, 1219, Rn. 56 f; Schlussanträge der GAin Kokott vom 6.5.2010 – Rs. C-499/08 [*Ingeniørforeningen*], Rn. 49 = BeckRS 2010, 90561; BAG Urteil vom 26.4.2018 – 3 AZR 19/17, Rn. 32, NZA 2018, 1006 (1009).
369 BT-Drucksache 18/1558 vom 28.05.2014, S. 42 f.
370 EuGH, Urteil vom 5.3.2009 – C-388/07, ECLI:EU:C:2009:128 [*Age Concern England*] = EuZW 2009, 340 = NZA 2009, 305, Rn 43; Schlussanträge des GA

beobachten, dass der EuGH dieses kleine Wörtchen „insbesondere" zu überlesen scheint und nur Ziele aus den Bereichen Beschäftigungspolitik, Arbeitsmarkt sowie berufliche Bildung anerkennt.[371] Andere Ziele wurden in bisherigen Urteilen nicht angesprochen. In der Entscheidung in der Rs. *Prigge* vertritt der EuGH sogar explizit die Auffassung, nur legitime Ziele im Sinne von Art. 6 Abs. 1 RL 2000/78/EG nur solche sozialpolitischer Art sein können und verweist dabei auf seine bisherigen Urteile in den Rechtssachen *Age Concern England* und *Hütter*.[372] Mit dieser Entscheidung folgt der EuGH insoweit auch dem Schlussantrag des Generalanwalts *Cruz Villalón* in der Rs. *Prigge*.[373] Es können aber letztlich auch Maßnahmen politischer, wirtschaftlicher, sozialer, demographischer oder haushaltspolitischer Natur diesen sozialpolitischen Zielen dienen, sofern sich die betreffenden nationalen Stellen in Anbetracht der konkreten Arbeitsmarktlage dazu veranlasst sehen.[374] Gerade in Zeiten wirtschaftlicher und finanzieller Krisen kann es zudem auch geboten sein, den Schutz vor Altersdiskriminierung zugunsten individueller Interessen an einer effizienten Unternehmensförderung zu reduzieren.[375]

Ungeachtet dieser Einschränkungen hinsichtlich sozialpolitischer Ziele weist der EuGH aber auch immer auf das weite Ermessen und den weiten Beurteilungsspielraum der Mitgliedstaaten hin, der diesen bei der Entscheidung darüber, welches konkrete Ziel sie im Bereich der Arbeits- und

---

Villalón vom 19.5.2011 – Rs. C-447/09 [*Prigge*], Rn. 72 =BeckRS 2011, 80871; *Mager*, Altersdiskriminierung, in: Festschrift Säcker (2011), 1075 (1083).
371 *Preis/Temming*, NZA 2010, 185 (195), die insbesondere auf die Entscheidungen *Petersen* (EuGH, Urteil vom 12.1.2010 – C-241/08, ECLI:EU:C:2010:4 = NJW 2010, 587) und *Wolf* (EuGH (Große Kammer), Urteil vom 12.1.2010 – C-229/08, ECLI:EU:C:2010:3 = NVwZ 2010, 244) verweisen.
372 EuGH (Große Kammer), Urteil vom 13.9.2011 – C-447/09, ECLI:EU:C:2011:573 [*Prigge*] Rn. 81 = NZA 2011, 1039 (1044) mit Verweis auf EuGH, Urteil vom 5.3.2009 – C-388/07, ECLI:EU:C:2009:128 [*Age Concern England*] Rn. 46 = EuZW 2009, 340 = NZA 2009, 305 (308) und auf EuGH, Urteil vom 18.6.2009 – C-88/08, ECLI:EU:C:2009:381 [*Hütter*] = NZA 2009, 891 (893); siehe auch BVerfG, Beschluss vom 24.10.2011 – 1 BvR 1103/11 = NZA 2012, 202 (203 f.); *Mohr*, in: Franzen, Europäisches Arbeitsrecht (2018), Art. 6 RL 2000/78/EG, Rn. 7.
373 Schlussanträge des GA *Villalón vom* 19.5.2011 – Rs. C-447/09 [*Prigge*], Rn. 73 =BeckRS 2011, 80871.
374 *Temming*, NZA 2007, 1193 (1196).
375 *Mohr*, RdA 2017, 35 (35).

B. Vereinbarkeit von § 22 Abs. 2 MiLoG mit unionsrechtlichen Vorschriften

Sozialpolitik verfolgen, zusteht.[376] Er betont an dieser Stelle auch, dass die Frage, ob eine Ungleichbehandlung beinhaltende Norm einem rechtmäßigen Ziel im Sinne des Art. 6 RL 2000/78/EG entspricht, letztlich stets den Gerichten der Mitgliedstaaten obliegt. Gleiches gilt für die später relevante Frage, ob der nationale Gesetzgeber angesichts seines ihm eingeräumten Wertungsspielraums im Bereich der Sozialpolitik, davon ausgehen durfte, dass die gewählten Mittel zur Erreichung dieses Ziels angemessen und erforderlich waren. Angesichts der schwach normierten Kompetenzen der Union in den Bereichen der Sozialpolitik überrascht die Ansicht der EuGH bezüglich des weiten Ermessensspielraum auch nicht.[377]

Wie bereits gesehen, beinhaltet die Regelung in § 22 Abs. 2 MiLoG eine Mindestlohnausnahme bezüglich der Entlohnung von jugendlichen Arbeitnehmern und dient der Förderung ihrer langfristigen Einstellungen und ihres Arbeitsmarktzutritts sowie der Verhinderung von Jugendarbeitslosigkeit. Der Förderung der schulischen und beruflichen Ausbildung sowie der Schutz vor Jugendarbeitslosigkeit durch langfristige Arbeitsmarktintegration von jugendlichen Arbeitnehmern ist zweifellos auch ein sozialpolitisches Ziel, so dass die oben genannte Diskussion zur Bedeutung des Wortes „insbesondere" in Art. 6 Abs. 1 Unterabs. 1 RL 2000/78/EG und die Haltung des EuGH dazu hier nicht weiter ausgeführt werden muss.

Auch nach der Rechtsprechung des EuGH stellt die Förderung von Einstellungen unbestreitbar ein legitimes Ziel der Sozial- und Beschäftigungspolitik der Mitgliedstaaten dar.[378] In der Rs. *Palacios de la Villa* setzt der EuGH diese Rechtsprechung fort und legt fest, dass diese Wertung auch für solche Instrumente der nationalen Arbeitsmarktpolitik gelten muss, die für bestimmte Arbeitnehmergruppen die Chance auf Eingliederung in

---

376 So zum Beispiel EuGH, Urteil vom 19.7.2017 – C-143/16, ECLI:EU:C:2017:566 [*Bordonaro*], Rn. 31 = NZA 2017, 1247 (1249); EuGH, Urteil vom 11.1.2007 – C-280/05, ECLI:EU:C:2007:16 [*Innovative Technology Center GmbH*], Rn. 39 = EuZW 2007, 220 (222); siehe dazu auch *Temming*, NZA 2007, 1193 (1195 ff.).
377 Vgl. *Mohr*, RdA 2017, 35 (35), der auch darauf hinweist, dass es den Mitgliedstaaten auch möglich ist, unternehmensbezogene Interessen als im sozialen Allgemeininteresse liegend anzusehen.
378 EuGH, Urteil vom 19.7.2017 – C-143/16, ECLI:EU:C:2017:566 [*Bordonaro*], Rn. 37 = NZA 2017, 1247 (1249); EuGH, Urteil vom 5.7.2012 – Rs. C-141/11, ECLI:EU:C:2012:421 [*Hörnfeldt*], Rn. 29 = NZA 2012, 785 (786); EuGH, Urteil vom 21.7.2011 – C-159/10 und C-160/10, ECLI:EU:C:2011:508 [*Fuchs und Köhler*], Rn. 49 = NVwZ 2011, 1249 (1250); EuGH, Urteil vom 11.1.2007 – C-280/05, ECLI:EU:C:2007:16 [*Innovative Technology Center GmbH*] Rn. 39 = EuZW 2007, 220 (222).

§ 5 Vereinbarkeit von § 22 Abs. 2 MiLoG mit höherrangigem Recht

das Erwerbsleben verbessern soll.[379] Das Ziel der Bereichsausnahme für Kinder und Jugendliche in § 22 Abs. 2 MiLoG ist es ja gerade, durch die Förderung der Ausbildung und der Vermeidung von Fehlanreizen, eine nachhaltige Integration junger Menschen in den Arbeitsmarkt zu ermöglichen.[380] Dieses vom Gesetzgeber verfolgte Ziel ist somit schon als legitimes Ziel der Beschäftigungs- und Arbeitsmarktpolitik nach Art. 6 Abs. 1 Unterabs. 1 RL 2000/78/EG anerkannt.

[2] Regelbeispiele (Art. 6 Abs. 1 Unterabs. 2 RL 2000/78/EG)

Während Art. 6 Abs. 1 Unterabs. 2 RL 2000/78/EG als Generalklausel den Grundtatbestand der Rechtfertigung enthält, nennt Art. 6 Abs. 1 Unterabs. 2 RL 2000/78/EG zusätzlich mehrere Regelbeispiele für Ungleichbehandlungen, die die in Unterabs. 1 genannten Merkmale aufweisen. Laut EuGH sind diese Regelbeispiele „grundsätzlich" als objektiv und angemessen und durch ein legitimes Ziel gerechtfertigt anzusehen.[381] Das bedeutet, ein legitimes Ziel wird hier als gegeben angesehen, die gewählten Mittel zur Erreichung dieses Zieles sind bezüglich ihrer Verhältnismäßigkeit jedoch für den Einzelfall zu prüfen.[382] Die Regelbeispiele sind daher ebenfalls dann mit Unionsrecht vereinbar beziehungsweise stellen keine Diskriminierungen dar, sofern sie verhältnismäßig im Sinne von Unterabs. 1 sind.[383] Die Aufzählung der Regelbeispiele in Unterabs. 2 ist dabei nicht abschließend.[384]

§ 22 Abs. 2 MiLoG verfolgt auch ein nach den Regelbeispielen legitimiertes Ziel. In Art. 6 Abs. 1 Unterabs. 2 lit. a) RL 2000/78/EG nennt die Richtlinie die „Bedingungen für […] Entlohnung, um die berufliche Eingliederung von Jugendlichen […] zu fördern oder ihren Schutz sicherzustellen" als eine mit der Richtlinie zu vereinbarende Ungleichbehandlung. Das Ziel der Bereichsausnahme für Kinder und Jugendliche in § 22 Abs. 2

---

379 EuGH, Urteil vom 16.10.2007 – C-411/05, Slg. 2007, I 10 8566 [*Palacios de la Villa*], Rn. 65 = NZA 2007, 1219 (1222).
380 Siehe oben unter § 2 B.II., S. 32.
381 EuGH, Urteil vom 5.3.2009 – C-388/07, ECLI:EU:C:2009:128 [*Age Concern England*], Rn. 61 = EuZW 2009, 340 = NZA 2009, 305 (310).
382 *Riesenhuber*, Europäisches Arbeitsrecht (2009), § 11 Rn. 36 f.
383 *Mohr*, in: Franzen, Europäisches Arbeitsrecht (2018), Art. 6 RL 2000/78/EG, Rn. 6.
384 *Riesenhuber*, Europäisches Arbeitsrecht (2009), § 11 Rn. 36; *Mohr*, in: Franzen, Europäisches Arbeitsrecht (2018), Art. 6 RL 2000/78/EG, Rn. 6.

B. Vereinbarkeit von § 22 Abs. 2 MiLoG mit unionsrechtlichen Vorschriften

MiLoG ist es, eine weitere Schul- oder Berufsausbildung zu fördern um eine nachhaltige Integration junger Menschen in den Arbeitsmarkt zu erreichen. § 22 Abs. 2 MiLoG nimmt Jugendlichen ohne Ausbildung ihren Mindestlohnanspruch nach § 1 Abs. 1 MiLoG um diesbezügliche Fehlanreize zu vermeiden. Der Ausschluss stellt damit Bedingungen für die Entlohnung von Jugendlichen auf, um deren berufliche Eingliederung zu fördern. Damit fällt § 22 Abs. 2 MiLoG zweifelsfrei unter das Regelbeispiel in Art. 6 Abs. 1 Unterabs. 2 lit. a) RL 2000/78/EG.

[3] Zwischenergebnis

Somit dient die Regelung in § 22 Abs. 2 MiLoG einem nach Art. 6 Abs. 1 RL 2000/78/EG legitimen Ziel.

cc. Verhältnismäßigkeit

Der dem Gesetzgeber im Rahmen der legitimen Ziele eingeräumte Spielraum wird nach der Rechtsprechung des EuGH allerdings durch das Erfordernis der Verhältnismäßigkeit begrenzt: Die Ungleichbehandlung muss geeignet sein, das angestrebte Ziel zu erreichen und darf nicht über das hinausgehen, was hierzu erforderlich und angemessen ist.[385] Letztlich stellt sich also die Frage, ob diese Ungleichbehandlung zum Zwecke der langfristigen Integration der Jugendlichen auch einer Verhältnismäßigkeitsprüfung im Sinne der RL 2000/78/EG standhält. Zu diskutieren ist im Folgenden also, ob es zur Erreichung des verfolgten Zieles verhältnismäßig war, allen minderjährigen Arbeitnehmern ohne abgeschlossene Ausbildung nach § 22 Abs. 2 MiLoG einen Anspruch auf den gesetzlichen Mindestlohn abzusprechen.

[1] Anforderungen

Die Anforderungen an die Verhältnismäßigkeitsprüfung sind jedoch vom Richtliniengeber in Art. 6 Abs. 1 RL 2000/78/EG etwas umständlich formuliert.

---

[385] Vgl. EuGH, Urteil vom 13.11.2014, C-416/13, ECLI:EU:C:2014:2371 [*Vital Pérez*], Rn. 45, 66 = NVwZ 2015, 427 (429 f.).

Der Wortlaut des Art. 6 Abs. 1 Unterabs. 1 Hs. 1 RL 2000/78/EG verlangt zunächst, dass die Ungleichbehandlung *„objektiv und angemessen"* (in der englischen Version *objectively and reasonably justified*) ist. Die Richtlinie selbst enthält keine Legaldefinitionen für die Begriffe objektiv und angemessen. Auch der deutsche Gesetzgeber hat sich bei der Umsetzung der Richtlinie ins AGG diesbezüglich nicht die Mühe einer näheren Begriffsbestimmung gemacht, sondern die Formulierung „objektiv und angemessen" von Art. 6 Abs. 1 RL 2000/78/EG in § 10 Satz 1 AGG schlicht übernommen.

Diesen beiden Voraussetzungen – objektiv und angemessen – kommt jedoch bei der Prüfung auch keine eigenständige Bedeutung zu: inhaltlich drücken beide nichts anderes aus, als der letzte Halbsatz des Artikel 6 Abs. 1 RL 2000/78/EG. Dieser verlangt, dass die Mittel zur Erreichung des Zwecks angemessen und erforderlich sind.[386] Die Voraussetzung „angemessen" wird nicht nur in Hs. 1 sondern auch in Hs. 2 nochmals erwähnt, wenn es um die Wahl der Mittel zur Erreichung des Zieles geht und erhält erst dort eine eigene Bedeutung. Der EuGH hat bereits klargestellt, dass dem Adverb *angemessen* in der Wortfolge *objektiv und angemessen* in Hs. 1 keine eigenständige Bedeutung für die Rechtfertigungsprüfung zukommt.[387] Die Voraussetzung *objektiv* wird vom EuGH so ausgelegt, dass dadurch lediglich die Legitimität der bezweckten Maßnahme gemeint ist. Das bedeutet, das zur Rechtfertigung angeführte Ziel muss rechtmäßig sein, was sich jedoch bereits aus dem Erfordernis eines sozialpolitischen Ziels ergibt und oben schon geprüft wurde.[388] Die Formulierung „objektiv und angemessen" wird in der Literatur daher auch als „einleitende Formel"[389] oder „einleitende Redewendung"[390] für die Prüfung der Verhältnis-

---

[386] Schlussanträge der GAin *Kokott vom* 6.5.2010 – Rs. C-499/08 [*Ingeniørforeningen*], Rn. 42 f. = BeckRS 2010, 90561
[387] Schlussanträge der GAin *Kokott vom* 6.5.2010 – Rs. C-499/08 [*Ingeniørforeningen*], Rn. 43 = BeckRS 2010, 90561 mit Verweis auf EuGH, Urteil vom 16.10.2007 – C-411/05 [*Palacios de la Villa*], Rn. 56 f.= NZA 2007, 1219 sowie EuGH, Urteil vom 5.3.2009 – C-388/07 [*Age Concern England*], Rn. 65 und 67 = EuZW 2009, 340 = NZA 2009, 305.
[388] EuGH, Urteil vom 5.3.2009 – C-388/07, ECLI:EU:C:2009:128 [Age Concern England], Ls. 3, Rn. 64 ff. = EuZW 2009, 340 (344) = NZA 2009, 305 (310); *Mohr*, in: Franzen, Europäisches Arbeitsrecht (2018), Art. 6 RL 2000/78/EG, Rn. 13.
[389] *Mohr*, in: Franzen, Europäisches Arbeitsrecht (2018), Art. 6 RL 2000/78/EG, Rn. 13.
[390] Schlussanträge der GAin *Kokott vom* 6.5.2010 – Rs. C-499/08 [*Ingeniørforeningen*], Rn. 42 = BeckRS 2010, 90561

B. Vereinbarkeit von § 22 Abs. 2 MiLoG mit unionsrechtlichen Vorschriften

mäßigkeit bezeichnet. Beiden Wörtern kommt damit an dieser Stelle kein eigenständiges normatives Gewicht zu.

Als „entscheidende" Voraussetzung verlangt Art. 6 Abs. 1 Unterabs. 1 Hs. 2 RL 2000/78/EG dann, dass die Mittel zur Erreichung des legitimen Zieles „angemessen und erforderlich" sind. Auch hier enthält die Richtlinie selbst keine Definition. Vielmehr umschreibt diese Formulierung bloß die im Unionsrecht übliche Verhältnismäßigkeitsprüfung (vgl. Art. 5 Abs. 4 EUV), wobei der EuGH diese oftmals in einem Schritt durchführt.[391] Um es zusammenzufassen: Die Maßnahme muss verhältnismäßig, d.h. insbesondere geeignet und erforderlich sein.[392]

Gleichzeitig betont der EuGH, dass das sekundärrechtliche Verbot von unmittelbaren Diskriminierungen gemäß Art. 2 Abs. 2 lit. a RL 2000/78/EG nicht nur im Lichte des Art. 21 Abs. 1 GRC, sondern auch in demjenigen des Art. 15 Abs. 1 GRC zu interpretieren sei. Das muss im Rahmen der Rechtfertigung beachtet werden.[393]

[2] Geeignetheit

Um einer Verhältnismäßigkeitsprüfung Stand zu halten und angemessen im Sinne des Art. 6 Abs. 1 Unterabs. 1 Hs. 2 RL 2000/78/EG zu sein, muss die in Rede stehende Maßnahme zunächst einmal geeignet sein, den verfolgten legitimen Zweck der Regelung zu erreichen.

Das bedeutet für unseren Fall, dass die Ausklammerung der minderjährigen Arbeitnehmer aus dem Mindestlohnanspruch nach § 22 Abs. 2 MiLoG überhaupt dazu geeignet sein muss, die von der Legislative verfolgte nachhaltige Integration junger Menschen in den Arbeitsmarkt zu gewährleisten.

---

[391] Vgl. zum Beispiel EuGH, Urteil vom 22.11.2005 – I-9981, ECLI:EU:C:2005:709 [*Mangold*], Rn. 62-65 = NZA 2005, 1345 (1347).

[392] *Giesen*, SAE 02/2006, 45 (48); *Mohr*, in: Franzen, Europäisches Arbeitsrecht (2018), Art. 6 RL 2000/78/EG, Rn. 14-16.

[393] EuGH, Urteil vom 5.7.2012 – Rs. C-141/11, ECLI:EU:C:2012:421 [*Hörnfeldt*], Rn. 37 = NZA 2012, 785 (787); *Mohr*, RdA 2017, 35 (37).

[a] Grundsatz

Bei der Geeignetheit einer Regel stellt der EuGH keine strengen Anforderungen. Die Maßnahmen dürfen nicht offensichtlich ungeeignet sein, um das verfolgte Ziel zu erreichen.[394] oder um es in den Worten des EuGH auszudrücken: sie dürfen nicht „unvernünftig" erscheinen.[395] So hält der Gerichtshof fest, dass die Geeignetheit der fraglichen Maßnahme nachgewiesen ist, „wenn sie im Hinblick auf das verfolgte Ziel nicht unvernünftig erscheint und auf Beweismittel gestützt ist, deren Beweiskraft das nationale Gericht zu beurteilen hat".[396]

Auch bei der Frage der Geeignetheit einer Maßnahme ist die Einschätzungsprärogative des Gesetzgebers zu beachten. Der EuGH hat in der Rs. *Palacios* als auch in der Rs. *Age Concern* unter Berufung auf seine *Mangold*-Entscheidung betont, dass die Mitgliedstaaten im Bereich der Arbeits- und Sozialpolitik über einen weiten Einschätzungs- und Ermessensspielraum verfügen. Dies gilt nicht nur – wie oben auf S. 103 f. erwähnt – bei der Verfolgung des konkreten Zieles, sondern auch bei der Festlegung der konkreten Maßnahmen hierzu. Es muss laut EuGH jedoch beachtet werden, dass dieser weite Ermessensspielraum nicht zu einer Aushöhlung des Grundsatzes des Verbots der Altersdiskriminierung führen darf. So reichen allgemeine und floskelhafte Behauptungen, dass bestimmte Maßnahmen den von der Regelung verfolgten Zielen dienen, nicht aus, um die Geeignetheit dieser Maßnahme darzulegen.[397]

Der EuGH machte in der Rs. *Palacios* zudem deutlich, dieses Aushöhlungsverbot gelte in Hinblick auf den 25. Erwägungsgrund der Richtlinie insbesondere für die Entscheidung, die Lebensarbeitszeit der Arbeitnehmer zu verlängern oder eben deren früheren Eintritt in den Ruhestand vorzusehen.[398] Der EuGH bezog sich in diesem Urteil auf eine Regelung,

---

394 *Mohr*, in: Franzen, Europäisches Arbeitsrecht (2018), Art. 6 RL 2000/78/EG, Rn. 15.
395 EuGH, Urteil vom 12.10.2010 – C-499/08; ECLI:EU:C:2010:600 [*Ingeniørforeningen*], Rn. 34 = NZA 2010, 1341 (1343); EuGH, Urteil vom 16.10.2007 – C-411/05, ECLI:EU:C:2007:604 [*Palacios de la Villa*], Rn. 72 = NZA 2007, 1219 (1223).
396 EuGH, Urteil vom 21.7.2011 – C-159/10 und C-160/10, ECLI:EU:C:2011:508 [*Fuchs und Köhler*], Rn. 83. = NVwZ 2011, 1249 (1253).
397 EuGH, Urteil vom 16.10.2007 – C-411/05 [*Palacios de la Villa*] = NZA 2007, 1219, Rn. 68; EuGH, Urteil vom 5.3.2009 – C-388/07, ECLI:EU:C:2009:128 [*Age Concern England*], Rn. 51= EuZW 2009, 340 = NZA 2009, 305 (308).
398 EuGH, Urteil vom 16.10.2007 – C-411/05 [*Palacios de la Villa*] = NZA 2007, 1219, Rn. 68 ff.; vgl. auch *Temming*, NZA 2007, 1193 (1195).

die das Ende der Arbeitszeit für Arbeitnehmer betraf. Diese Aussage des EuGH muss im logischen Umkehrschluss aber auch für Regelungen gelten, die den Beginn des Arbeitnehmerlebens regeln. Beide Fälle drehen sich schließlich um die „Lebensarbeitszeit". In unserem Fall geht es allerdings nicht darum, die Dauer der Lebensarbeitszeit zu verlängern oder verkürzen. § 22 Abs. 2 MiLoG betrifft vielmehr lediglich die Entlohnung des jugendlichen Arbeitnehmers zu Beginn seines Arbeitslebens. Die Rechtsprechung des EuGHs in der Rs. *Palacios* ist damit nicht auf unseren Fall übertragbar.

Es kommt aufgrund des erläuterten Ermessensspielraumes des Gesetzgebers auch durchaus vor, dass die Rechtfertigung einer Ungleichbehandlung auf einer nicht vollständig gesicherten Tatsachengrundlage oder einer Prognose beruht. Das darf jedoch nicht so weit führen, dass die Entscheidung des Gesetzgebers beliebig erfolgen kann. Die Entscheidung muss vielmehr auf einer rationalen Grundlage erfolgen und ermittelbare Tatsachen mitberücksichtigen. Handfeste oder gesicherte Beweise wie statistische Nachweise etc. verlangt der EuGH nicht, sondern überlässt die Beurteilung der Sinnhaftigkeit und Vernünftigkeit der Maßnahme dem nationalen Gesetzgeber.[399] So hält der EuGH in der Rs. *Fuchs und Köhler* diesbezüglich fest, „dass die Mitgliedstaaten über einen weiten Ermessensspielraum bei der Wahl einer Maßnahme verfügen, die sie für erforderlich halten. Diese Wahl kann daher auf wirtschaftlichen, sozialen, demografischen und/oder Haushaltserwägungen beruhen, die vorhandene und nachprüfbare Daten, aber auch Prognosen umfassen, die sich naturgemäß auch als falsch erweisen können und daher eine gewisse Unsicherheit bergen. Die Maßnahme kann außerdem auf politischen Erwägungen beruhen, die oftmals einen Ausgleich zwischen verschiedenen denkbaren Lösungen implizieren und es ebenfalls nicht erlauben, das gewünschte Ergebnis als sicher zu betrachten."[400] Solche potentiellen, verbleibenden Unsicherheiten bei der Würdigung von Tatsachen dürfen daher durch die Entscheidungen des Gesetzgebers ausgefüllt werden, dem insofern eine Einschätzungsprärogative zusteht.[401] Es ist dann Sache des nationalen Gerichts, die Beweiskraft der vorgelegten Beweismittel nach nationalem Recht zu beurteilen.[402]

---

399 *Brors*, NZA 2014, 938 (941).
400 EuGH, Urteil vom 21.7.2011 – C-159/10 und C-160/10, ECLI:EU:C:2011:508 [*Fuchs und Köhler*], Rn. 80 f. = NVwZ 2011, 1249 (1253).
401 *Schubert C.*, ZfA 2013, 1 (27 f.).
402 EuGH, Urteil vom 21.7.2011 – C-159/10 und C-160/10, ECLI:EU:C:2011:508 [*Fuchs und Köhler*], Rn. 82 f. = NVwZ 2011, 1249 (1253).

§ 5 Vereinbarkeit von § 22 Abs. 2 MiLoG mit höherrangigem Recht

Der EuGH weißt zudem darauf hin, dass die Mitgliedstaaten bei Erlass einer Maßnahme keine Einzelfallprüfung durchführen müssen. Vielmehr genügt eine typisierende Betrachtung der Arbeitnehmer, so dass diese in bestimmte Fallgruppen unterteilt und zugeordnet werden können.[403]

[b] Bedenken bezüglich § 22 Abs. 2 MiLoG

Die Regelung des § 22 Abs. 2 MiLoG betrifft zwar alle minderjährigen Jugendlichen ohne Ausbildung gleichermaßen. Sie macht dabei keine Ausnahmen oder bevorzugt oder benachteiligt einzelne Gruppen. Insofern ist sie objektiv bezüglich der Gruppe der Benachteiligten. Zudem erscheint es auf den ersten Blick nicht unvernünftig davon auszugehen, dass durch die Ausnahme vom Mindestlohn negative Anreize für Jugendliche bei der Wahl ihrer beruflichen Zukunft verhindert werden.

Es bestehen dennoch Bedenken bezüglich der Geeignetheit der Regelung, die nachhaltige Integration von Jugendlichen in den Arbeitsmarkt zu fördern oder zu gewährleisten.

[aa] Einfluss des Mindestlohns auf das Ausbildungsverhalten von Jugendlichen

Es ist nicht von der Hand zu weisen, dass die Frage nach dem Vorliegen eines Sachgrundes für die unterschiedliche Behandlung aufkommt, da keine tatsächliche Grundlage oder kein gesicherter Befund für die Einschätzung des Gesetzgebers besteht.[404]

Die Rechtfertigung von § 22 Abs. 2 MiLoG beruht auf einer nicht vollständig gesicherten Tatsache beziehungsweise auf einer Prognose, also lediglich einer Vermutung. Empirisch ist keine Korrelation von Jugendarbeitslosigkeit und der Einbeziehung Jugendlicher in den Mindestlohn belegbar, so viel steht fest.[405] Auch ob ein Mindestlohnanspruch die Ausbildungsbereitschaft von Jugendlichen beeinflussen kann, ist nicht bewiesen. Oftmals wird gerade diese dem Gesetzesentwurf zugrunde liegende An-

---

[403] *Mohr*, in: Franzen, Europäisches Arbeitsrecht (2018), Art. 6 RL 2000/78/EG, Rn. 15; Schlussanträge der GAin *Kokott* vom 6.5.2010 – Rs. C-499/08 [*Ingeniørforeningen*], Rn. 62 = BeckRS 2010, 90561.
[404] *Ulber*, AuR 2014, 404 (406).
[405] *Preis/Ulber*, Gutachten (2014), S. 129.

nahme, dass ein Mindestlohn die Ausbildungsbereitschaft von Jugendlichen verringert, in Frage gestellt.[406] Der negative Anreiz, den der Mindestlohn auf Jugendliche haben soll, wird in der Regierungsbegründung zwar als Hauptargument für die Regelung dargestellt. Nachweise für einen solchen, gibt es aber nicht und werden auch in der Regierungsbegründung nicht vorgebracht. Es existieren derzeit keine empirischen Studien darüber, dass der Mindestlohn in Deutschland in irgendeiner Weise Auswirkungen auf das Ausbildungsverhalten von Jugendlichen hat.[407] Zwar wird auch in Frankreich, wo auch für 16- und 17-jährige – wenn auch reduzierte – Mindestlohnansprüche bestehen, dieser Umstand für die hohe Jugendarbeitslosigkeit (24,7%) verantwortlich gemacht.[408] Gesicherte empirische Nachweise für den Zusammenhang bestehen jedoch auch dort nicht. Generell sind die Beschäftigungseffekte von Mindestlöhnen zudem heftig umstritten: Während viele Kritiker dem Mindestlohn Beschäftigungsverminderung und Förderung von Arbeitslosigkeit vorwerfen, gibt es auch viele Befürworter, die ihm positive Beschäftigungseffekte nachsagen.[409]

Die Regelung in § 22 Abs. 2 MiLoG mag auf den ersten Blick zwar nicht offensichtlich ungeeignet erscheinen, die Ausbildungsbereitschaft von Jugendlichen zu erhöhen, da sie negative Anreize verhindert. Und erscheint auch die Überlegung, die hinter der Regelung steckt, nicht unvernünftig. Dabei kann es aber doch sein, dass gerade in Branchen, mit einem insgesamt hohen Tarifniveau für Fachkräfte (zum Beispiel Mechatroniker, Chemielaboranten, IT-Branche[410]) eine Ausbildung für Jugendliche auch durchaus attraktiv ist, da diese den finanziellen Langzeitvorteil einer Ausbildung wertschätzen können. In den typischen Branchen mit niedrigem

---

406 *Preis/Ulber*, Gutachten (2014), S. 112.
407 *Bepler*, Problematische Arbeitsverhältnisse und Mindestlohn, in: Festschrift Richardi (2007), 189 (198); *Pfeifer/Walden/Weinzelmann*, BWP 2/2014, 48 (48).
408 Siehe oben, § 4 B. I. 2., S. 58 f.
409 Umfassende Darstellung zum Einfluss des Mindestlohns auf die Beschäftigung mit vielen Studien und Nachweisen bei *Detzer*, Mindestlöhne und Beschäftigung, WSI Mitteilungen 2010, S. 412 ff.
410 In diesen Berufsgruppen sind auch bereits die Ausbildungsvergütungen vergleichsweise hoch, so verdiente ein Mechatroniker im Jahr 2017 im 1. Lehrjahr im Durchschnitt bereits 965 € und im 3. Lehrjahr bereits 1099 €, beim Chemielaborant sind es 923 € und 1076 €, beim IT-Elektroniker 972 € und 1099 €. Die Zahlen stammen aus der Gesamtübersicht der durchschnittlichen tariflichen Brutto-Ausbildungsvergütungen des Bundesinstituts für Berufsbildung, zu finden unter https://www.ihk-muenchen.de/ihk/documents/Berufliche-Bildung/Ausbildungsberatung/1_BIBB-Tabelle_2017.pdf mit Stand 1. Oktober 2017 [zuletzt abgerufen am 29.11.18].

Tarifniveau im privaten Dienstleistungsgewerbe (zum Beispiel Gastronomie, Touristik) ist dagegen trotz ebenfalls sehr niedriger Ausbildungsvergütung dennoch eine hohe Anzahl von Auszubildenden festzustellen.[411] Wie wir im nächsten Abschnitt sehen werden, gehen letztlich auch viele Jugendliche mit 18 Jahren noch zur Schule. Von *Preis* und *Ulber* wird daher in ihrem Gutachten zudem die Frage aufgeworfen, ob es wirklich an dem höheren Verdienst liegt, den ein Jugendlicher als ungelernter Arbeiter verdienen könnte, dass Jugendliche keine Ausbildung antreten. Oder ob es nicht einfach an der Tatsache liegt, dass viele Jugendliche in Deutschland auch mit 17, 18 oder 19 Jahren noch zur Schule gehen und in den Ausbildungsstatistiken daher nicht auftauchen.[412]

Bezüglich der Effekte des Mindestlohnes auf jugendliche Arbeitnehmer gibt es zwar noch keine empirisch nachgewiesenen Effekte in Deutschland. Jedoch zeigen Erfahrungen aus anderen europäischen Ländern, dass dort vom Mindestlohnanspruch keine spürbaren negativen Effekte auf die Ausbildungsbereitschaft von Jugendlichen zu bemerken sind.[413] Vielmehr sind die Gründe, warum ein Jugendlicher eine Ausbildung antritt oder es eben unterlässt, sehr vielfältig und nicht alleine in einem Mindestlohnanspruch begründet.[414] Eine britische Studie von Dezember 2011, die im Auftrag der Low Pay Commission durchgeführt wurde, kam zu dem Ergebnis, dass der Mindestlohn so gut wie keinerlei Auswirkungen auf die Beschäftigungszahlen oder die Jugendarbeitslosigkeit zur Folge hat. Dort heißt es wörtlich:

> „[...] *the results of our comprehensive study of the impact of the minimum wage on the education and labour market choices made by young people [...] provide little evidence that the NMW regime has drawn young people*

---

411 *Amlinger/Bispinck/Schulten*, WSI-Report 2014, S. 17; ein Koch verdiente 2017 im 1. Lehrjahr durchschnittlich nur 687 €, der Hotelfachmann und der Hotelkaufmann kommen ebenfalls auf 687 €, im 3. Lehrjahr kommen alle drei Ausbildungsgruppen auf 884 €. Die Zahlen stammen aus der Gesamtübersicht der durchschnittlichen tariflichen Brutto-Ausbildungsvergütungen des Bundesinstituts für Berufsbildung, siehe Fn. 410.
412 *Preis/Ulber*, Gutachten (2014), S. 112.
413 Über die Übertragbarkeit der Aussagen dieser ausländischen Studien auf Deutschland lässt sich streiten, *Bepler* spricht sich beispielsweise dagegen aus, siehe *Bepler*, Problematische Arbeitsverhältnisse und Mindestlohn, in: Festschrift Richardi (2007), 189 (198).
414 Vgl. Düwell/Schubert/*Schubert*, Einleitung, Rn. 56 mit Verweis auf, *Schulten*, Stellungnahme (2014), S. 85, *Amlinger/Bispinck/Schulten*, WSI-Report Amlinger, S. 5 sowie *Preis/Ulber*, Gutachten (2014), S. 132 ff.

B. Vereinbarkeit von § 22 Abs. 2 MiLoG mit unionsrechtlichen Vorschriften

out of education and into the labour market, nor that it has adversely affected their employment chances. This generally confirms the findings of previous work produced for the LPC and others, and provides reassurance that recent increases in the NMW (as well as future increases) are unlikely to unduly influence the choices that young people make as they transition out of education and into the labour market."[415]

Der britische Mindestlohn hat nach dieser Studie somit weder Einfluss auf die Ausbildungsbereitschaft der Jugendlichen noch auf ihre Arbeitsmarktchancen. Diese Ergebnisse dürften grundsätzlich auch auf Deutschland übertragbar sein und widerlegen somit, was die Regierung der Regelung des § 22 Abs. 2 MiLoG in der Gesetzesbegründung unterstellt.

Zugleich wird aber – wie oben gezeigt – in Frankreich der starke Anstieg der Jugendarbeitslosigkeit auf die Einführung des SMIC (dortiger Mindestlohn) zurückgeführt. Die Franzosen bezeichnen den Jugendmindestlohn als Ursache an der aktuell hohen Jugendarbeitslosigkeit und plädieren für dessen Abschaffung. Das wiederum würde für eine Geeignetheit der deutschen Regelung sprechen.

Somit kann man sich an dieser Stelle weder für die Geeignetheit des § 22 Abs. 2 MiLoG noch klar dagegen aussprechen. Man könnte die Geeignetheit der Regelung unter diesen genannten Gesichtspunkten daher bereits in Frage stellen. Betrachtet man sich die anfangs erläuterten Grundsätze des EuGH zur Geeignetheit im Sinne von Art. 6 der RL 2000/78/EG, bleibt jedoch festzuhalten, dass dem Gesetzgeber ein weiter Einschätzungsspielraum beim Erlass solcher Maßnahmen zusteht. Es gibt zwar bisher keine stichhaltigen Beweise für einen Einfluss des Mindestlohnes auf das Ausbildungsverhalten von Minderjährigen beziehungsweise gibt es keine handfesten Studien, die belegen, dass ein Mindestlohnanspruch minderjährige Arbeitnehmer davon abhält, eine Ausbildung anzunehmen. Die Maßnahme ist damit aber im Umkehrschluss gerade auch nicht offensichtlich ungeeignet, das vom Gesetzgeber verfolgte Ziel zu erreichen und somit auch nicht unvernünftig.

[bb] 18 Jahre als „falsche" Altersgrenze

Selbst wenn man aber ungeachtet dem bisher Gesagten davon ausgeht, dass der Mindestlohn einen negativen Anreiz auf die Ausbildungsbereit-

---

[415] *Crawford* (et al.), The impact of the minimum wage regime (2011), S. 4.

schaft für Jugendliche setzt und sie deshalb keinen Mindestlohnanspruch erhalten sollen, so stellt sich ein weiteres Problem: Die Validität der gewählten Schranken von 18 Jahren für das Entstehen des Mindestlohnanspruchs scheint zweifelhaft. Denn diese ist nicht zwingend geeignet, die Ausbildungsbereitschaft der Mehrheit Jugendlichen zu beeinflussen.

Zur Erinnerung: Laut Regierungsbegründung ist das Alter nach Abschluss der Sekundarstufe 1 das weichenstellende Alter für den beruflichen Werdegang.[416] Interessant scheint daran auch, dass die Regierungsbegründung nur vom Abschluss der Sekundarstufe 1 spricht. Diese umfasst wie bereits erwähnt die Haupt- oder Realschule und die Gesamtschule sowie das Gymnasium bis Klasse 10. Nach Ende der Sekundarstufe 1 sind die meisten Schüler 16 oder 17 Jahre alt.

Die Wahl der Altersgrenze bei 18 Jahren wird in der Literatur von vielen als „falsches" Differenzierungskriterium kritisiert.[417] Die Regelung würde leerlaufen, da die meisten Menschen heute ihre Berufsausbildung ohnehin erst nach Vollendung des 18. Lebensjahres aufnehmen. Daher müsste die Grenze höher gesetzt werden. So hat auch das Bundesinstitut für Berufsbildung (BiBB) festgestellt, dass das durchschnittliche Alter, in dem heute (die letzten Daten sind von 2011) eine Ausbildung begonnen wird, immer weiter ansteigt und heute weit über dem 18. Lebensjahr liegt (siehe Tabelle 5). Mit anderen Worten: Kaum ein Jugendlicher beginnt seine Ausbildung heute mit 15, 16, 17 oder sogar 18 Jahren. Die meisten Auszubildendem im ersten Lehrjahr sind viel älter. Somit nehmen heute kaum noch Jugendliche eine Ausbildung so jung auf, dass sie diese abgeschlossen haben, bevor sie 18 Jahre alt sind. Der Anteil der Auszubildenden, die 16 Jahre oder jünger sind, betrug 2011 nur 10,6 %. Der Ausbildungsbeginn mit 15 Jahren stellt aktuell damit offensichtlich nur noch die Ausnahme dar. Gemäß § 5 Abs. 1 Nr. 2 BBiG soll die Ausbildung aber auch nicht weniger als zwei Jahre betragen. Vielmehr dauern die meisten Berufsausbildungen zwischen zwei und drei, dreieinhalb Jahren, so dass kaum jemand unter diese Rückausnahme des § 22 Abs. 2 MiLoG fällt.[418]

---

416 BT-Drucksache 18/1558 vom 28.05.2014, S. 43.
417 ErfK/*Franzen* MiLoG (2018), § 22 Rn. 5; *Junker*, Grundkurs Arbeitsrecht (2018), Rn. 235; *Preis/Ulber*, Gutachten (2014), S. 112, 136; *Thüsing*, Stellungnahme (2014), S. 53 f; *Wolf*, BB 2014, Nr. 21, Die erste Seite.
418 So waren laut dem Bericht von *Amlinger/Bispinck/Schulten*, WSI-Report 2014, S. 7 im Jahre 2012 bei den 15- bis 19-Jährigen in Deutschland über 90 % Schüler, Student oder Auszubildender und befanden sich somit in der schulischen Qualifikationsphase.

Tabelle 5: Auszubildende mit neu abgeschlossenem Ausbildungsvertrag nach Alter, im Bundesgebiet von 1993 bis 2011[419]

Tabelle A4.5-1: Auszubildende mit neu abgeschlossenem Ausbildungsvertrag nach Alter und Region 2011 (in %)[1]

Bundesland	16-Jährige und jünger	17-Jährige	18-Jährige	19-Jährige	20-Jährige	21-Jährige	22-Jährige	23-Jährige	24-Jährige bis unter 40-Jährige	40-Jährige und älter (absolut)	Durchschnittsalter	Neuabschlüsse insgesamt
Baden-Württemberg	12,3	18,4	17,1	14,4	12,5	8,9	5,3	3,7	7,7	180	19,7	78.945
Bayern	23,5	23,0	16,8	12,1	8,3	5,6	3,4	2,3	5,1	135	18,9	98.370
Berlin (ab 1991 mit Berlin-Ost)	3,8	9,9	10,7	13,6	14,4	14,4	10,6	7,3	15,5	27	21,2	17.922
Brandenburg	6,0	13,5	13,1	13,1	13,8	12,5	8,3	6,7	13,0	12	20,7	12.123
Bremen	3,9	9,8	13,9	18,4	17,0	12,9	8,1	5,5	10,6	3	20,7	6.072
Hamburg	5,2	10,2	12,5	15,0	16,5	13,3	8,6	6,4	12,6	18	20,8	13.713
Hessen	9,0	14,7	15,7	16,6	14,5	9,9	6,3	4,5	9,1	87	20,1	40.611
Mecklenburg-Vorpommern	6,7	15,8	15,2	14,0	12,0	10,9	7,4	5,6	12,5	6	20,5	8.886
Niedersachsen	5,8	14,9	19,2	17,8	14,5	9,7	6,0	4,1	8,0	90	20,1	61.176
Nordrhein-Westfalen	5,1	12,1	13,9	17,6	17,3	12,1	7,4	5,1	9,6	198	20,5	126.501
Rheinland-Pfalz	12,1	17,4	15,7	14,9	13,4	9,0	5,6	3,8	8,3	51	19,8	28.827
Saarland	10,0	12,7	15,3	16,8	13,8	10,2	6,4	4,7	10,4	15	20,2	7.692
Sachsen	10,5	19,2	13,9	11,7	10,3	9,8	7,4	5,6	11,8	12	20,2	20.115
Sachsen-Anhalt	8,4	15,6	15,7	14,3	10,7	10,8	7,2	5,8	11,5	9	20,3	12.411
Schleswig-Holstein	9,0	17,0	16,7	15,2	13,3	9,6	6,1	4,1	9,3	36	20,1	20.880
Thüringen	9,6	16,5	13,4	13,2	10,8	11,0	7,9	5,8	11,8	3	20,3	11.577
Westdeutschland	11,1	16,4	16,1	15,5	13,6	9,5	5,8	4,0	8,1	813	19,9	482.787
Ostdeutschland	7,5	15,1	13,4	13,2	12,0	11,6	8,3	6,1	12,8	69	20,6	83.037
Deutschland	10,6	16,2	15,7	15,2	13,4	9,8	6,2	4,4	8,8	882	20,0	565.824

[1] Bei der Berechnung des Durchschnittsalters gingen die Altersgruppen mit +0,5 in die Berechnungen ein, also z. B. 17 mit 17,5; die obere und untere Altersgruppe gingen mit 24,5 bzw. 16,5 ein. Da bei sehr hohen Altersangaben die Wahrscheinlichkeit einer fehlerhaften Datenerfassung größer ist, werden alle Auszubildenden mit Neuabschluss im Alter von 40 und älter nicht in die Berechnung des Durchschnittsalters einbezogen.

Hinweis: Auszubildende mit neu abgeschlossenem Ausbildungsvertrag sind nicht mit Ausbildungsanfänger/-innen im dualen System gleichzusetzen. Siehe hierzu auch Kapitel A4.3.

Quelle: „Datenbank Auszubildende" des Bundesinstituts für Berufsbildung auf Basis der Daten der Berufsbildungsstatistik der statistischen Ämter des Bundes und der Länder (Erhebung zum 31. Dezember), Berichtsjahr 2011. Absolutwerte aus Datenschutzgründen jeweils auf ein Vielfaches von 3 gerundet. Berechnungen des Bundesinstituts für Berufsbildung.

Lag das Alter des Auszubildenden bei Ausbildungsbeginn 1993 bei Beginn der Aufzeichnung noch bei 18,5 Jahren, waren es 2011 schon 20 Jahre. Dies gründet wohl auch darin, dass viele Jugendlichen vor ihrer Ausbildung noch die Sekundarstufe II (zum Beispiel gymnasiale Oberstufe) durchlaufen haben. Damit ist das Alter bei Beginn der Ausbildung gegenwärtig erheblich höher als zum Zeitpunkt des Erlasses des JArbSchG (1.5.1954) und die Regelung ist nicht zeitgemäß.[420] Nur knapp 27 % der Auszubildenden sind bei Beginn der Ausbildung noch unter 18 Jahre. Das 18. Lebensjahr in der Gesetzesbegründung als weichenstellendes Alter zu bezeichnen, scheint daher verfehlt. Denn Sinn und Zweck der Regelung

---

419 Quelle: https://datenreport.bibb.de/html/5764.htm; „Datenbank Auszubildende" des Bundesinstituts für Berufsbildung auf Basis der Daten der Berufsbildungsstatistik der statistischen Ämter des Bundes und der Länder (Erhebung zum 31. Dezember), Berichtsjahre 1993 bis 2011 [zuletzt abgerufen am 29.11.2018].
420 *Bayreuther*, NZA 2014, 865 (872).

werden so nicht erreicht: Der 19-Jährige ohne Ausbildung bekommt einen Mindestlohn, auch ohne dass er bisher eine Ausbildung absolviert hat.

Thüsing hat es in seiner Stellungnahme als Sachverständiger bei der Anhörung im Ausschuss für Arbeit und Soziales treffend auf den Punkt gebracht: Der Ausschluss von Arbeitnehmern ohne Ausbildung sollte zur Wahrung der Verhältnismäßigkeit auf die Arbeitnehmergruppen beschränkt werden, die eben typischerweise vor der Wahl stehen, ob sie eine Ausbildungsverhältnis beginnen oder aber ein Arbeitsangebot annehmen.[421] Dazu kann – wie er auch selbst sagt – zwar eine Altersgrenze ein geeignetes Instrument sein. Allerdings muss die Altersgrenze eben dann auch bei einem Alter ansetzen, in dem typischerweise eine Ausbildung begonnen wird und in dem die befürchteten Fehlanreize vermieden werden müssen. Diese Altersgrenze ist in den letzten Jahren immer weiter angestiegen, wie die Statistik zeigt.[422] Die Altersgrenze des Mindestlohnes muss sich nach diesen Fakten richten und hat keine Gemeinsamkeiten mit dem Minderjährigen Arbeitsschutz des JArbSchG.[423] Zudem weist *Thüsing* richtigerweise daraufhin, dass nicht nur der Beginn der Ausbildung als relevanter Zeitpunkt betrachtet werden darf. Vielmehr geht es auch darum, dass ein Jugendlicher die Entscheidung zum Antritt der Ausbildung während der gesamten Ausbildungsdauer nicht bereuen und die Ausbildung nicht abbrechen. Daher sollte die Regelung nicht nur den Ausbildungsbeginn, sondern den gesamten Ausbildungszeitraum berücksichtigen.[424] Es scheint daher wohl durchaus sinnvoll, eine Mindestlohn-Regelung einzuführen, die die Altersgrenze weiter oben ansetzt, um das von der Regierung mit § 22 Abs. 2 MiLoG verfolgte Ziel zu erreichen.[425] So haben beispielsweise Jugendliche in den Niederlanden – wie oben gesehen – erst ab dem 22. Lebensjahr einen vollen Anspruch auf den gesetzlichen Mindestlohn.[426]

Die Kritiken bezüglich der „falschen" Altersgrenze verkennen allerdings, dass die Schutzrichtung des MiLoG gerade nicht nur auf solche junge Menschen abzielt, die eine weiterbildende Schuldausbildung (Sekundar-

---

421 *Thüsing*, Stellungnahme (2014), S. 53.
422 Siehe Statistik in Tabelle 5, S. 117.
423 *Thüsing*, Stellungnahme (2014), S. 53; so auch ErfK/*Franzen* MiLoG (2018), § 22 Rn. 5, der ebenfalls darauf hinweist, dass die – wie er es nennt – „Verführung" durch den höheren Mindestlohn während der gesamten Zeit der Ausbildung bis zum erfolgreichen Abschluss wirken würde.
424 *Thüsing*, Stellungnahme (2014), S. 54.
425 Zu diesem Ergebnis kommt auch *Thüsing*, Stellungnahme (2014), S. 53.
426 Siehe oben unter § 4 B. II. 1., S. 61.

B. Vereinbarkeit von § 22 Abs. 2 MiLoG mit unionsrechtlichen Vorschriften

stufe II, also gymnasiale Oberstufe, Fachoberschule etc.) abschließen und eine Berufsausbildung dann möglicherweise erst mit 18, 19 Jahren oder später beginnen. Vielmehr geht es eben auch gerade darum, minderjährige Schulabgänger oder auch Schulabbrecher davor zu bewahren, den „Verlockungen" des Mindestlohnes zu erliegen und zugunsten einer mit Mindestlohn vergüteten, ungelernten Arbeitsstelle auf eine weitergehende (schulische) Ausbildung verzichten.[427] Die Berufsausbildung wird zwar im Schnitt später begonnen, aber viele Jugendlichen haben mit 18, 19 Jahren dann zumindest eine weiterführende Schuldbildung abgeschlossen, was auch ein Ziel des Gesetzes ist. Denn laut Regierungsbegründung sollen die Jugendlichen nicht von einer „weiterführenden Schulausbildung oder einer Berufsausbildung" abgehalten werden.[428] Der Gesetzgeber hatte also beide Alternativen – Berufsaubildung oder weiterführende Schulbildung – im Blick. Nicht abzustreiten ist jedoch der Einwand, dass die Regelung auch die Dauer der schulischen und beruflichen Ausbildung berücksichtigen sollte, um auch der Gefahr von Ausbildungsabbrüchen zugunsten einer besser bezahlten Stelle zu verhindern. Diese Teilgruppe kann mit der aktuell gewählten Grenze von 18 Jahren derzeit nicht erreicht werden.

Ein Befürworter der Altersgrenze bei 18 Jahren ist *Greiner*. Er stellt bezüglich der vom Gesetzgeber getroffenen Wahl der Altersgrenze fest, dass nur die Erlangung der vollen Geschäftsfähigkeit mit 18 Jahren (vgl. §§ 2, 106 BGB) und die damit verbundene Vorstellung umfassender rechtsgeschäftlicher Eigen-verantwortlichkeit, die Altersgrenze sachlich begründen kann.[429] Mit Eintritt der Volljährigkeit wird dem Privatrechtssubjekt eine volle rechtsgeschäftliche Reife unterstellt, so dass es problematisch erscheint, diesen in paternalistische Weise bei der Entscheidung zwischen Aufnahme oder Fortsetzung einer Ausbildung und der Aufnahme einer mit Mindestlohn vergüteten Beschäftigung zu bevormunden. Daher sei die Altersgrenze vom Gesetzgeber im Rahmen seiner Einschätzungs-prärogative richtig gewählt und eine höhere Grenze wäre fehlerhaft. Ein voll Geschäftsfähiger kann nicht mehr paternalistisch in seiner Entscheidung, eine Ausbildung zu beginnen oder nicht, bevormundet werden.[430]

Insgesamt ist festzuhalten, dass die Tatsache, dass mit der Wahl der Altersgrenze nicht der größte Teil der Jugendlichen vor Fehlanreizen geschützt wird, die Geeignetheit der Regelung nicht scheitern lässt. Zwar

---

427 *Hilgenstock*, Mindestlohngesetz, Rn. 45.
428 BT-Drucksache 18/1558 vom 28.05.2014, S. 43.
429 Beck OK ArbR/*Greiner* (2018), § 22 MiLoG Rn. 46 und 52.
430 Beck OK ArbR/*Greiner* (2018), § 22 MiLoG Rn. 52.

§ 5 Vereinbarkeit von § 22 Abs. 2 MiLoG mit höherrangigem Recht

wird durch das Festsetzen ab 18 Jahren nur eine Gruppe der eigentlich wohl beabsichtigten Regelungsbetroffen damit erreicht. Eine Pflicht, die Altersgrenze an dem empirisch feststellbaren Durchschnittsalter bei Ausbildungsbeginn oder -ende zu orientieren, lässt sich daraus aber eben gerade nicht ableiten.[431] Die Maßnahme ist daher auch nicht offensichtlich ungeeignet, das vom Gesetzgeber verfolgte Ziel zu erreichen, da immer noch eine Gruppe von Betroffenen vor Fehlanreizen geschützt wird.[432] Zudem ist auch hier die Einschätzungsprärogative des Gesetzgebers zu achten, der mit der Wahl der Altersgrenze statuiert hat, dass er die damit umfassten Betroffenen durch sein Gesetz schützen will. Alle nicht vom Anwendungsbereich umfassten Person sind im Rahmen seines gesetzgeberischen Gestaltungsspielraum nicht als schutzbedürftig anzusehen.

Da somit immer noch ein Teil der Jugendlichen vor den durch den Mindestlohn gefürchteten Fehlanreizen geschützt wird, erscheint die Maßnahme insgesamt nicht unvernünftig.

[cc] Keine Pflicht zur „schlechteren" Vergütung

Letztlich könnte man die Geeignetheit der Regelung auch unter dem Gesichtspunkt angreifen, dass der Arbeitgeber zwar keinen Mindestlohn zahlen muss, es aber dennoch darf. Er kann dem Jugendlichen auch deutlich höhere Löhne zahlen. § 22 Abs. 2 MiLoG verhindert nicht, dass die Jugendlichen eine mit Mindestlohn bezahlte Vergütung aufnehmen.[433] Dadurch könnte der von der Bundesregierung mit der Regelung befolgte Zweck allerdings wieder ausgehebelt werden, so dass die Sinnhaftigkeit der Regelung durchaus bezweifelt werden kann.[434] Das rein theoretische Erlauben der schlechteren Vergütung für die von der Norm umfasste Zielgruppe hat nicht zwingend eine tatsächliche Schlechterbezahlung in der Praxis zur Folge. Müsste der Gesetzgeber aber nicht gerade das sicherstellen, um sein beabsichtigtes Ziel zu verfolgen?[435] An der Vertretbarkeit der Grundannahme des Gesetzgebers wird daher gezweifelt.[436]

---

431 BeckOK ArbR/*Greiner* (2018), § 22 MiLoG Rn. 51.1.
432 *Riechert/Nimmerjahn*, 2. Auflage, § 22 Rn. 133.
433 *Ulber*, NZA 2016, 619 (621).
434 *Waltermann* AuR 2015, 166 (172).
435 *Ulber*, AuR 2014, 404 (406).
436 *Ulber*, NZA 2016, 619 (621).

B. Vereinbarkeit von § 22 Abs. 2 MiLoG mit unionsrechtlichen Vorschriften

Allerdings durfte der Gesetzgeber hier wohl davon ausgehen, dass der Arbeitgeber für die Tätigkeiten von dem minderjährigen Arbeitnehmer ohne Ausbildung freiwillig keine Vergütungen auf Mindestlohnniveau oder gar einen höheren Lohn zahlen würde. Typischerweise sind diese Jugendlichen nämlich gerade in niedrig- bis geringqualifizierten Berufsfeldern tätig. Und erfahrungsgemäß zahlt kein Arbeitgeber freiwillig „zu viel" Lohn. Dieser Einwand lässt die Geeignetheit der Regelung somit sicher nicht scheitern.

[c] Kohärenzgebot

Weiterhin gilt es im Rahmen der Prüfung der Geeignetheit auch das Kohärenzgebot zu beachten[437], d.h. die Ausnahme muss den Ansprüchen der Folgerichtigkeit genügen.[438]

[aa] Anforderungen

An sich versteht man unter Kohärenz „das konzeptionelle und inhaltliche Aufeinanderbezogensein von Rechtssätzen und Realakten" sowie das Zusammenfügen der Einzelteile in einen „sinnbildenden Zusammenhang".[439] Der EuGH hat über das Kohärenzgebot in seiner Rechtsprechung zum Glückspielrecht noch einmal präzisere Vorgaben für die Geeignetheitsprüfung entwickelt.[440] Auch in der arbeitsrechtlichen Rechtsprechung wendet der EuGH regelmäßig die Anforderungen des Kohärenzgebotes an.

---

437 Es wäre auch möglich diesen Punkt bei der Angemessenheit unten anzusprechen, so auch *Jarass*, GRCh, Art. 52 Rn. 38, zum Streit über die Verortung des Kohärenzgebotes siehe auch Streinz/Liesching/Hambach/*Streinz/Michel*, Art. 34 ff. AEUV, Rn. 76; in Anlehnung an die bisherige EuGH-Rspr. wird das Kohärenzgebot aber wie dort schon bei der Geeignetheit besprochen, so auch *Streinz/Michel*, a.a.O., Rn. 77.
438 Vgl. BeckOK ArbR/*Greiner* (2018), § 22 MiLoG Rn. 49.
439 Streinz/*Streinz*, EUV/AEUV, Art. 7 AEUV Rn. 4 mit Verweis auf Grabitz/Hilf/Nettesheim /*Schorkopf*, Art. 7 AEUV Rn. 11 sowie auf *Ruffert* in Callies/Ruffert, Art. 7 AEUV Rn. 3.
440 Vgl. zu dieser Entwicklung die Kommentierung von *Streinz/Michel* in Streinz/Liesching/Hambach, Art. 34 ff. AEUV, 73 f.

§ 5 Vereinbarkeit von § 22 Abs. 2 MiLoG mit höherrangigem Recht

Nach dem Kohärenzgebot ist eine nach den bisherigen Grundsätzen an sich nicht unvernünftige Regelung nur dann auch geeignet, die Verwirklichung des geltend gemachten Ziels zu gewährleisten, wenn sie tatsächlich in kohärenter und systematischer Art und Weise das von der Regel verfolgte Anliegen zu verwirklichen vermag.[441] Denn – wie der EuGH in der Rs. *Fuchs und Köhler* festgestellt hat – „Ausnahmen von den Bestimmungen eines Gesetzes können in bestimmten Fällen dessen Kohärenz beeinträchtigen, insbesondere wenn sie wegen ihres Umfangs zu einem Ergebnis führen, das dem mit dem Gesetz verfolgten Ziel widerspricht."[442] Mit anderen Worten können Ausnahmen die Kohärenz der Regelung unter Umständen der Art beeinträchtigen, dass die Ausnahmen zu einem dem verfolgten Ziel entgegenwirkenden Ergebnis führen.[443] Die Regelung wird vom EuGH also auf ihre Widersprüchlichkeit hin geprüft. Bei der Kohärenzprüfung geht es letztlich darum, *wie* der Mitgliedstaat sein mit der Regel bezwecktes Ziel verfolgt, weniger darum, *welches* Ziel er konkret verfolgt. Denn nur wenn die gesamte Regelung dem bezweckten Ziel förderlich ist, kann auch die in Frage stehende Einzelmaßnahme als geeignet angesehen werden.[444] Der EuGH hat die Prüfungsdichte bezüglich der Kohärenz in letzter Zeit deutlich verschärft und teilweise gar die Sinnhaftigkeit der Regelung untersucht.[445]

---

441 Ständige Rspr. des EuGH, vgl. EuGH, Urteil vom 26.9.2013 – C-476/11 [*Kristensen*] = EuZW 2013, 951, Rn. 67; EuGH, Urteil vom 21.7.2011 – C-159/10 und C-160/10 [*Fuchs und Köhler*] = NVwZ 2011, 1249, Rn. 85; EuGH, Urteil vom 12.1.2010 – C-241/08, ECLI:EU:C:2010:4 [*Petersen*] Rn. 53 = NJW 2010, 587 (588); EuGH, Urteil vom 10.3.2009 – C-169/07 [*Hartlauer*], Rn. 55.= EuZW 2009, 298, Rn. 55.
442 EuGH, Urteil vom 21.7.2011 – C-159/10 und C-160/10 [*Fuchs und Köhler*] = NVwZ 2011, 1249, Rn. 87.
443 Vgl. EuGH, Urteil vom 12.1.2010 – C-241/08, ECLI:EU:C:2010:4 [*Petersen*] Rn. 53 = NJW 2010, 587 (588), dort hat der EuGH z.B. aufgrund einer zu weiten Ausnahme die Kohärenz von § 95 VII SGB V im Hinblick auf den Gesundheitsschutz von Patienten abgelehnt (Rn. 62); *Jarass*, GRCh, Art. 52 Rn. 38.
444 Streinz/Liesching/Hambach/*Streinz/Michel*, Art. 34 ff. AEUV, Rn. 77 und 78.
445 Grabitz/Hilf/Nettesheim/*Forsthoff*, Art. 45 AEUV Rn. 402, der sich unter anderem auf das Urteil in der Rs. *Hartlauer* bezieht, welches jedoch zur Freizügigkeit (Art. 45 AEUV) ergangen ist.

[bb] Kohärenz von § 22 Abs. 2 MiLoG

Problematisch wäre es hinsichtlich der Kohärenz sicherlich gewesen, hätte der Gesetzgeber eine reine altersmäßige Beschränkung in der Ausnahmeregelung vorgenommen.[446] Wenn also alle Jugendlichen unter 18 Jahres aus dem personellen Anwendungsbereich des Mindestlohngesetzes ausgenommen wären. Dann wären Normzweck und Anwendungsbereich offensichtlich nicht aufeinander bezogen gewesen. Da jedoch nur minderjährigen Arbeitnehmer ohne abgeschlossene Ausbildung unter die Ausnahmeregelung fallen, ist an dieser Stelle die Folgerichtigkeit der Regelung nicht zu beanstanden.

Vorliegend stellt § 22 Abs. 2 MiLoG aber auch eine Ausnahme zur grundsätzlichen Regelung in § 1 Abs. 1 MiLoG dar. Das bedeutet, die Regelung in § 22 Abs. 2 MiLoG ist zudem daraufhin zu kontrollieren, ob diese Ausnahme nicht die Kohärenz des Mindestlohngesetzes insofern in Frage stellt, als § 22 Abs. 2 MiLoG zu einem dem Mindestlohngesetz als Ganzem entgegenwirkenden Ergebnis führt. Insofern könnte man anführen, dass die mit dem Mindestlohngesetz verfolgte Entlastung der Sozialsysteme durch die Ausnahmeregelung in § 22 Abs. 2 MiLoG konterkariert wird.

Wie oben festgestellt, beruht die Einführung des Mindestlohnes unter anderem auch darauf, die deutschen Sozialversicherungssysteme zu schützen und zu stabilisieren. Hier wirkt die Ausnahmeregelung in § 22 Abs. 2 MiLoG diesem Gesetzesziel jedoch gerade entgegen. Denn bei einem niedrigen Stundenlohn sind auch die darauf anfallenden Sozialabgaben für Arbeitnehmer als auch für Arbeitgeber entsprechend geringer, was zu weniger Einnahmen in den Sozialkassen führt. Somit erscheint die Regelung kontraproduktiv zum mit dem Mindestlohn verfolgten Gesetzesziel. Dieser Umstand scheint jedoch vernachlässigbar zu sein. Zum einen dürfte das Ausmaß an Sozialabgaben, das auf minderjährige Arbeitnehmer entfällt, sehr gering sein. Zum anderen arbeiten viele Jugendlichen typischerweise in geringfügigen Beschäftigungsverhältnissen, die ohnehin eine geringe Höhe an Sozialabgaben aufweisen. So ist ein geringfügiges Beschäftigungsverhältnis nach § 8 Abs. 1 Nr. 1 SGB IV (regelmäßig unter 450 € Arbeitsentgelt pro Monat) für den Arbeitnehmer gar nicht sozialversicherungspflichtig, so dass für ihn keine Sozialabgaben anfallen. Für den Arbeitgeber fällt bei diesen 450 €-Kräften gemäß § 249b S. 1 SGB V lediglich ein Pauschalbetrag an.[447] Eine bemerkbar positive Beeinflussung des Sozialsys-

---

446 *Brors*, NZA 2014, 938 (942).
447 Düwell/Schubert/*Schubert*, Einleitung, Rn. 83.

§ 5 Vereinbarkeit von § 22 Abs. 2 MiLoG mit höherrangigem Recht

tems wäre daher für den Fall, dass auch jugendliche Arbeitnehmer Mindestlohn erhalten würden, wohl nicht zu erwarten. Unter Berücksichtigung dieser Umstände, ist festzustellen, dass die Ausnahme die Kohärenz des Mindestlohngesetzes nicht beeinträchtigt.

[d] Zwischenergebnis

Die Regelung in § 22 Abs. 2 MiLoG ist damit nicht offensichtlich ungeeignet, um das vom Gesetzgeber verfolgte Ziel der Förderung der Ausbildungsbereitschaft von Jugendlichen zu erreichen. An der Geeignetheit der Regelung ist angesichts des Einschätzungsspielraumes des Gesetzgebers nicht zu rütteln.

[3] Erforderlichkeit

Weiterhin muss die Maßnahme des § 22 Abs. 2 MiLoG zur Zweckerreichung aber auch erforderlich. Und hier kommt die Ausnahmeregelung ins Stolpern.

[a] Grundsatz

Die Richtlinie selbst enthält keine Legaldefinition des Merkmals der Erforderlichkeit. Auf Unionsebene wird der Begriff „Erforderlichkeit" auch primärrechtlich in der Charta genannt: Art. 52 Abs. 1 Satz 2 GRCh lässt eine Einschränkung der Grundrechte unter anderem nur zu, wenn diese erforderlich ist. Aber auch eine primärrechtliche Definition von „Erforderlichkeit" findet sich nicht. Der EuGH überprüft an dieser Stelle, ob die in Frage stehende Maßnahme nicht über das hinausgeht, was zum Erreichen des Zieles erforderlich ist.[448] Er kontrolliert also, ob der Gesetzgeber zur Verwirklichung seines verfolgten Zieles nicht auch eine weniger einschneidende Maßnahme wählen könnte.[449] Die Generalanwältin beim EuGH *Kokott* formuliert in ihrem Schlussantrag in der Rs. *Ingeniørforeningen* bezüglich des Prüfungsmerkmals Erforderlichkeit, dass eine Regelung nur dann er-

---

448 EuGH, Urteil vom 26.9.2013 – C-546/11, ECLI:EU:C:2013:603 [*Dansk Jurist*], Rn. 59 = NVwZ 2013, 1401 (1404).
449 *Brors*, NZA 2014, 938 (942).

B. Vereinbarkeit von § 22 Abs. 2 MiLoG mit unionsrechtlichen Vorschriften

forderlich ist, „wenn das erstrebte legitime Ziel nicht durch ein milderes, gleich geeignetes Mittel hätte erreicht werden können".[450] Diese Formulierung ist aus der im deutschen Recht gängigen Verhältnismäßigkeitsprüfung bekannt.[451]

Auch im Rahmen der Erforderlichkeit gilt, dass es trotz des den Mitgliedstaaten eingeräumten Ermessensspielraums nicht zu einer Aushöhlung des Grundsatzes des Verbotes der Diskriminierung wegen des Alters kommen darf.[452]

[b] Erforderlichkeit der Regelung in § 22 Abs. 2 MiLoG

Fraglich ist also, ob es keine andere, gleich effektive Möglichkeit gibt, die Ausbildungsbereitschaft von Jugendlichen zu fördern. Was wäre ein milderes Mittel im Gegensatz zu der strikten Ausklammerung aller minderjährigen Arbeitnehmer vom Mindestlohn? Existiert ein milderes, gleich effektives Mittel, so fehlt es der Regelung in § 22 Abs. 2 MiLoG an der Erforderlichkeit. Allerdings muss auch hier die Einschätzungsprärogative des Gesetzgebers beachtet werden.

Positiv ist an dieser Stelle festzustellen, dass der Gesetzgeber keine rein altersmäßige Beschränkung vorgenommen hat und jugendliche Arbeitnehmer mit abgeschlossener Ausbildung unabhängig vom Alter nicht in die Mindestlohnausnahme miteinbezieht. Er hat somit das zur Erreichung des Gesetzesziels weniger einschneidende Mittel gewählt. Denn eine komplette Beschränkung auf Jugendliche unter 18 Jahre ohne weitere Einschränkung wäre zum Erreichen des Gesetzesziels nicht nötig gewesen. Denn bei den Arbeitnehmern mit abgeschlossener Ausbildung ist das vom Gesetz bezweckte Ziel bereits erreicht und deren Ausschluss hätte zu einem Überschießen der Regelung geführt.[453]

Dennoch gibt es zwei Punkte aufgrund derer man an der Erforderlichkeit der Regelung zweifeln kann.

---

450 Schlussanträge der GAin *Kokott vom* 6.5.2010 – Rs. C-499/08 [*Ingeniørforeningen*], Rn. 60 =BeckRS 2010, 90561.
451 Im deutschen Recht ist eine Maßnahme im Rahmen der Verhältnismäßigkeitsprüfung nur dann erforderlich, wenn kein anderes, gleich wirksames beziehungsweise gleich effektives, aber milderes, d.h. weniger einschränkendes Mittel hätte gewählt werden können; vgl. hierzu für viele etwa BVerfG NJW 1971, 1255 (1257); *Dreier*/H.Dreier, Bd. I (2013), Vorb., Rn. 148.
452 Vgl. oben, Fn. 397.
453 *Brors*, NZA 2014, 938 (942).

§ 5 Vereinbarkeit von § 22 Abs. 2 MiLoG mit höherrangigem Recht

[aa] Anhebung der Ausbildungsvergütungen

Eine denkbare Alternative wäre an sich, nach einer Möglichkeit zu suchen, die Ausbildungsvergütungen zu erhöhen.

Jeder Auszubildende hat rechtlich gemäß § 17 Abs. 1 BBiG Anspruch auf eine Ausbildungsvergütung. Das Berufsbildungsgesetz spricht jedoch nur von einer „angemessenen" Vergütung (Satz 1). Diese ist nach dem Lebensalter des Auszubildenden so zu bemessen, dass sie mit fortschreitender Berufsausbildung, mindestens aber jährlich, ansteigt (Satz 2). Die genaue Festlegung der Ausbildungsvergütung ist dabei jedoch eine Sache des Ausbilders und des Auszubildenden und wird einzelvertraglich festgelegt. Die beiden Vertragsparteien haben dabei einen gewissen Spielraum, was die Höhe der Vergütung angeht.[454] Oft unterliegen die Ausbildungsbetriebe auch Tarifverträgen. In diesem Fall wird die Ausbildungsvergütung tarifvertraglich festgelegt und die Betriebe sind an bestimmte Mindestvergütungen gebunden. Bei einer gerichtlichen Überprüfung unterliegt auch nur die Angemessenheit der Vergütung der richterlichen Kontrolle.[455]

Beim Blick auf die Gesamtübersicht der durchschnittlichen tariflichen Brutto-Ausbildungsvergütungen des BBIB zeigt sich aber, dass die Ausbildungsvergütungen teilweise stark variieren, jedoch insgesamt sehr niedrig sind.[456]

---

454 BeckOK ArbR/*Hagen* (2018), § 17 BBiG Rn. 4.
455 BAG, Urteil vom 29.4.2015 – 9 AZR 108/14, Rn. 12 = NZA 2015, 1384 (1385).
456 Die Übersicht des BBIB ist zu finden unter https://www.ihk-muenchen.de/ihk/d ocuments/Berufliche-Bildung/Ausbildungsberatung/1_BIBB-Tabelle_2017.pdf mit Stand 1. Oktober 2017 [zuletzt abgerufen am 29.9.2018].

B. Vereinbarkeit von § 22 Abs. 2 MiLoG mit unionsrechtlichen Vorschriften

Tabelle 6: Durchschnittliche Ausbildungsvergütung (brutto) in Deutschland, Stand Oktober 2017

Bezeichnung	1. Lehrjahr € pro Monat	€ pro Stunde	3. Lehrjahr € pro Monat	€ pro Stunde
Bankkaufmann	973,00 €	5,91 €	1.093,00 €	6,64 €
Bauzeichner	768,00 €	4,66 €	1.272,00 €	7,72 €
Chemielaborant	902,00 €	5,48 €	1.052,00 €	6,39 €
Drogist	751,00 €	4,56 €	957,00 €	5,81 €
Elektroniker für Geräte und Systeme	955,00 €	5,80 €	1.081,00 €	6,56 €
Fachinformatiker	891,00 €	5,41 €	1.042,00 €	6,64 €
Fachmann für Systemgastronomie	690,00 €	4,19 €	857,00 €	6,33 €
Fertigungsmechaniker	955,00 €	5,80 €	1.081,00 €	6,56 €
Florist	539,00 €	3,27 €	642,00 €	3,90 €
Hotelfachmann	672,00 €	4,08 €	862,00 €	5,23 €
Industriemechaniker	941,00 €	5,71 €	1.071,00 €	6,50 €
Kaufmann für Büromanagement	877,00 €	5,33 €	1.032,00 €	6,27 €
Kaufmann im Einzelhandel	751,00 €	4,56 €	958,00 €	5,82 €
Kaufmann im Gesundheitswesen	801,00 €	4,86 €	957,00 €	5,81 €
Koch	672,00 €	4,08 €	862,00 €	5,23 €
Kraftfahrzeugmechatroniker	762,00 €	4,63 €	885,00 €	5,37 €
Mechatroniker	947,00 €	5,75 €	1.077,00 €	6,54 €
Tourismuskaufmann	642,00 €	3,90 €	891,00 €	5,41 €
Verkäufer	751,00 €	4,56 €	837,00 €	5,08 €
Werkstoffprüfer	937,00 €	5,69 €	1.065,00 €	6,47 €
Durchschnitt	808,85 €	4,91 €	978,70 €	6,01 €

Quelle: Bundesinstitut für Berufsbildung (BBIB)   Eigene Darstellung
Es wurde eine 38-Stunden Woche zu Grunde gelegt.

Nimmt man 20 der beliebtesten Ausbildungsberufe aus dieser Übersicht des BBIB (dazu zählen zum Beispiel Bankkaufmann, Mechatroniker, Kaufmann für Bürokommunikation, Industriemechaniker) und berechnet aus diesen den Durchschnittslohn für das erste Lehrjahr, so ergibt sich im Schnitt eine Brutto-Monatsvergütung von 809,10 € und – eine 38-Stunden-Woche zu Grunde gelegt – ein Brutto-Stundenlohn von 4,91 €, also noch nicht einmal 5 €. Vor diesem Hintergrund ist es leicht nachvollziehbar, dass einem Minderjährigen das Arbeiten im Supermarkt für 9,19 € pro

§ 5 Vereinbarkeit von § 22 Abs. 2 MiLoG mit höherrangigem Recht

Stunde besser gefällt, als stattdessen eine Ausbildung zum Kaufmann im Einzelhandel oder Verkäufer zu beginnen, bei der er womöglich die gleiche Arbeit für lediglich 4,56 € pro Stunde leisten muss.[457] Im dritten Lehrjahr steigt der durchschnittliche Bruttomonatslohn zwar auf 978,70 € an. Das sind bei einer 38-Stunden-Woche aber auch lediglich 6,01 € pro Stunde, also nur ca. 1 € mehr pro Stunde im Vergleich zum 1. Ausbildungsjahr.

Es gibt derzeit keine bundesweite „Mindestausbildungsvergütung". Zwar liegt die Gesetzgebungskompetenz bezüglich der Ausbildung beim Bund. Vergütungsregelungen zur Ausbildung fallen hier nicht unter den Kompetenztitel des Art. 74 Abs. 1 Nr. 13 GG: „Ausbildungsbeihilfen" im Sinne dieser Regelung sind individuelle Ausbildungsförderungen.[458] Vielmehr fällt die berufliche Ausbildung und somit an sich auch die Ausbildungsvergütung als Teil der außerschulischen beruflichen Bildung unter den Kompetenztitel „Recht der Wirtschaft" in Art. 74 Abs. 1 Nr. 11 GG.[459] Das gesamte Schulwesen, also auch der Bereich Berufsschule, gehört dagegen zur ausschließlichen Kompetenz der Länder (Art. 30, 70 ff., 83 ff. GG).[460] Das bedeutet, die Festlegung von Ausbildungsvergütungen ist Sache des Bundesgesetzgebers. Allerdings ist hier auch vom Gesetzgeber Art. 12 Abs. 1 GG zu beachten, der für den Arbeitgeber und den Arbeitnehmer auch die Freiheit umschließt, das Entgelt für berufliche Leistungen verbindlich auszuhandeln. Der Gesetzgeber darf diese Freiheit durch zwingendes Gesetzesrecht nur dann begrenzen, wenn dies notwendig ist, um sozialen oder wirtschaftlichen Ungleichgewichten entgegenzuwirken,[461] wie beispielsweise mit Erlass des Mindestlohngesetzes. Für viele Branchen gibt es zwar tarifliche Regelungen der Ausbildungsvergütung. Auf diese hat der Gesetzgeber aber erst Recht keinen Einfluss. Möglich erscheint es zwar, dass der Gesetzgeber befugt ist, eine Mindestvergütung für Auszubildende festzulegen. Dies vor allem, wenn man bedenkt, dass viele Auszubildende (die zum Beispiel keine finanzielle Unterstützung durch Eltern oder Familie erhalten) angesichts der oben dargestellten sehr niedrigen Ausbildungsvergütungen am Existenzminimum leben. Allerdings haben diese Personen

---

457 Vgl. Übersicht oben; so auch Thüsing, Stellungnahme (2014), S. 54.
458 Maunz/Dürig/*Maunz*, GG (2018), Art. 74 Rn. 177. Auf Grundlage dieser Kompetenz wurde zum Beispiel in den 80er Jahren das Bundesausbildungsförderungsgesetz (besser bekannt als BAföG) erlassen.
459 BVerfG, Urteil vom 10.12.1980 – 2 BvF 3/77, BVerfGE 55, 274 (308 f.) = NJW 1981, 329 (332); Wissenschaftliche Dienste, WD 3-3000-126/09, S. 5.
460 Vgl. Maunz/Dürig/*Maunz*, GG (2018) Art. 74 Rn. 153.
461 BVerfG, Beschluss vom 23.10.2013 – 1 BvR 1842/11, 1 BvR 1843/11, NJW 2014, 46 (46), Rn. 66.

eben dann Anspruch auf Sozialleistungen, und es ist nicht Sache des Bundes, hier an den Ausbildungsvergütungen zu arbeiten, um die Arbeitgeber zu verpflichten.

Zudem gibt es auch Bedenken, dass eine Anhebung der Ausbildungsvergütungen negative Auswirkungen auf die betriebliche Ausbildungsbereitschaft der Unternehmen mit sich bringt. Denn für die Arbeitgeber machen die Lohnkosten einen erheblichen Teil der Ausbildungskosten aus.[462] Daher bestehe – so *Grzeszick* – die Gefahr, dass Betriebe aufgrund der erhöhten Kosten weniger Ausbildungsplätze anbieten.[463] Schon seit dem Jahr 2009 sei ein Rückgang der Ausbildungsbeteiligungen zu vermerken.[464] Dieser könnte durch die erhöhten Ausbildungskosten bei einer Anhebung der Ausbildungsvergütungen natürlich noch verstärkt werden. Laut dem Berufsbildungsbericht des Bundesministeriums für Bildung und Forschung gab es 2015 allerdings noch 40.960 unbesetzte Ausbildungsstellen auf 20.712 unversorgte Bewerber, im Jahr 2016 waren es sogar ca. 43.478 unbesetzte Ausbildungsstellen auf 20.550 unversorgte Bewerber. Die Zahl der unbesetzten Ausbildungsstellen hat dabei seit 2009 (17.564) vergleichsweise erheblich zugenommen (+25.914 beziehungsweise +147,5 %).[465] Zudem waren die Ausbildungschancen, d.h. die Chance für Bewerber einen Ausbildungsplatz zu bekommen, im Jahr 2016 so gut wie noch nie.[466] Daher könnte durch eine höhere Vergütung die Attraktivität der Ausbildung für Jugendliche möglicherweise gesteigert und so auch dem seit Jahren bestehenden Fachkräftemangel sowie dem eben angesprochenen Rückgang der Ausbildungsbewerber entgegen getreten werden. Dem stehen jedoch wie oben gezeigt verfassungsrechtlichen Schranken entgegen. Hinzu kommt die Tatsache, dass eine Anhebung der Ausbildungsvergütung die Ausbildung für Unternehmen wiederum unattraktiver macht, da diese dann noch teurer wird.

---

462 *Pfeifer/Walden/Weinzelmann*, BWP 2/2014, 48 (48); *Jansen (et al.)*, BBIB Report 1/2015, 1 (2).
463 *Grzeszick*, Verfassungsrechtliche Zulässigkeit, S. 17.
464 *Jansen (et al.)*, BBIB Report 1/2015, 1 (1 f.).
465 Berufsbildungsbericht des Bundesministeriums für Bildung und Forschung 2016 (für das Ausbildungsjahr 2015), abzurufen unter https://www.bmbf.de/pub/Berufsbildungsbericht_2016.pdf; sowie Berufsbildungsbericht des Bundesministeriums für Bildung und Forschung 2017 (für das Ausbildungsjahr 2016), abzurufen unter https://www.bmbf.de/pub/Berufsbildungsbericht_2017.pdf.
466 „Rechnerisch standen 100 ausbildungsplatzsuchenden Schulabgängern 103,7 Ausbildungsangebote gegenüber – so viele wie seit mehr als 20 Jahren nicht mehr." – Pressemitteilung des Bundesministeriums für Bildung und Forschung vom 27.04.2016, Pressemitteilung: 043/2016.

Die Anhebung der Ausbildungsvergütung kommt damit als milderes, gleich effektives Mittel nicht in Betracht.

[bb] Gestaffelter Jugendmindestlohn

Aber das Einführen eines Jugendmindestlohnes mit Alters-Staffelungen, wie zum Beispiel in Großbritannien oder den Niederlanden wäre ein potentielles und milderes Mittel zur Erreichung des vom Gesetzgeber verfolgten Zieles. Damit könnte man zum einen das Problem der mit 18 Jahren „falsch" bemessenen Altersgrenze angehen.[467] So wäre es möglich, über eine Staffelung ab dem 16. Lebensjahr (Ende der Schulpflicht) bis zum ca. 22. Lebensjahr alle jugendlichen Arbeitnehmer zu erreichen, die vor der Frage stehen: Ausbildung „ja" oder „nein"? Zum anderen wäre im Vergleich zu gar keinem Mindestlohnanspruch ein lediglich prozentual niedriger Anspruch immer noch ein „Mehr" und würde eine bessere Absicherung für die jugendlichen Arbeitnehmer darstellen als nur die unsichere Grenze des § 138 Abs. 2 BGB. Mit anderen Worten: Ein gestaffelter Jugendmindestlohn wäre ein milderes Mittel verglichen mit der jetzigen Bereichsausnahme des § 22 Abs. 2 MiLoG.

Dagegen könnten Verfechter der Regelung jedoch hier anbringen, dass die Differenz zwischen dem Mindestlohn und der Ausbildungsvergütung so groß ist, dass auch ein prozentual niedriger Jugendmindestlohn immer noch interessant für die Jugendlichen ist. Daher kann auch ein solcher einen Anreiz bieten, den der Gesetzgeber durch § 22 Abs. 2 MiLoG zu verhindern versucht hat. Dies müsste beim Festlegen der Höhe der Beträge berücksichtigt und die Abschläge daran angepasst werden. Betrachtet man zum Beispiel die Regelung in Großbritannien, wo ein 17-Jähriger einen Mindestlohn von ca. 4,70 € erhält, scheint der Anreiz einer Mindestlohnbezahlung im Vergleich zum Erwerb von Qualifikationen im Studium oder Ausbildung, die später zu höheren Verdienstmöglichkeiten führen, eher gering. Daneben sind die Abschläge vom Mindestlohn für die Jugendlichen in Frankreich nicht sehr hoch, woraus sich ein relativ hoher Mindestlohnanspruch ergibt. Hier hat ein 17-Jähriger einen Anspruch von mindestens 8,89 € pro Stunde, was bis 31.12.2018 sogar mehr als der Erwachsenen-Mindestlohn in Deutschland war. Ob eine solche Altersstaffelung allerdings gleich geeignet ist, lässt sich mangels belastbarer Erkennt-

---

467 Siehe oben S. 115 f.

nisse hierzu nicht sicher feststellen.[468] Die oben schon erwähnte Studie von *Christ et. al* belegt hingegen, dass es für Jugendliche aufgrund erhöhter Marktzutrittsschwierigkeiten (wie zum Beispiel geringere Produktivität) einen Jugendmindestlohn geben sollte, der unter dem Erwachsenenmindestlohn liegt.[469] In vielen europäischen Ländern sei der Mindestlohn für die Beschäftigungschancen junger Menschen zu hoch. Dazu zählt auch Frankreich, das bekanntermaßen eine hohe Jugendarbeitslosigkeit hat. So wäre für Deutschland ein Jugendmindestlohn von ungefähr 7,50 € für die Beschäftigungschancen junger Arbeitnehmer optimal.[470] Das Ergebnis der Studie spricht also dafür, den Mindestlohn für Jugendliche unter den von Erwachsenen zu senken. Gleichzeitig befürwortet die Studie aber auch nicht, einen Mindestlohn für Jugendliche völlig abzuschaffen. Im Gegenteil: Es wird betont, dass ein Mindestlohn auch positive Beschäftigungseffekte hat – so lange er nicht zu hoch ist. Einen danach altersmäßig angepassten Mindestlohn könnte man durch eine Altersstaffelung gut erreichen.

Die Beurteilung der Auswirkungen einer Altersstaffelung, fällt in den Einschätzungsspielraum des Gesetzgebers. Bei einer Anpassung der Altersstaffelungen an den bestehenden Erwachsenenmindestlohn und auch an die geltenden Ausbildungsvergütungen, ist allerdings nicht nachvollziehbar, wieso eine solche Regelung kein milderes, gleich geeignetes Mittel darstellen sollte, um die Integration von Jugendlichen in den Arbeitsmarkt zu fördern und um vom Mindestlohn ausgehende Fehlanreize zu vermeiden.

[4] Angemessenheit: Verhältnismäßigkeit im engeren Sinne

Selbst wenn man die oben genannten Bedenken außer Acht lässt und davon ausgeht, dass die Regelung in § 22 Abs. 2 MiLoG sowohl geeignet als auch erforderlich ist, um das Ausbildungsbereitschaft von Minderjährigen zu fördern, so muss die Maßnahme letztendlich auch angemessen sein, d.h. sie muss auch verhältnismäßig im engeren Sinn sein.[471]

---

468 *Picker*, JSE 2014, 4 (18).
469 *Christl et al.*, Revisiting the Employment Effects of Minimum Wages in Europe, German Economic Review 19 (4), S. 426 ff.
470 *Philip Plickert*, Mindestlohn mit Kipppunkt, F.A.Z. vom 12. November 2018, S. 16.
471 *Mohr*, in: Franzen, Europäisches Arbeitsrecht (2018), Art. 6 RL 2000/78/EG, Rn. 17.

§ 5 Vereinbarkeit von § 22 Abs. 2 MiLoG mit höherrangigem Recht

[a] Prüfungsanforderungen

Der EuGH formuliert die Prüfungsvoraussetzungen der Verhältnismäßigkeit im engeren Sinne sehr unterschiedlich in seinen Urteilen. So fordert er in der Rs. *Mangold* zur Wahrung des Grundsatzes der Verhältnismäßigkeit, dass „bei Ausnahmen von einem Individualrecht die Erfordernisse des Gleichbehandlungsgrundsatzes so weit wie möglich mit denen des angestrebten Zieles in Einklang gebracht werden müssen".[472] In der Rs. *Palacios* betont er, es sei wichtig, einen „gerechten Ausgleich zwischen den verschiedenen widerstreitenden Interessen zu finden" und dass die Maßnahme „keine übermäßige Beeinträchtigung" darstelle.[473] Zusammengefasst formuliert es die deutsche Generalanwältin beim EuGH *Kokott* in ihrem Schlussantrag in der Rs. *Ingeniørforeningen*: Die Maßnahmen dürfen „keine Nachteile verursachen, die außer Verhältnis zu den angestrebten Zielen stehen".[474] Die Kontrolldichte des EuGH variiert bei diesem Prüfungspunkt von einer bloßen Willkürprüfung bis hin zu einer strengen Einzelfallprüfung, d.h. insgesamt schwankt der Prüfungsmaßstab des EuGH bei der Prüfung Angemessenheit von Altersdiskriminierungen sehr stark. Nach einer anfangs noch sehr strengen Verhältnismäßigkeitsprüfung in der *Mangold*-Entscheidung, lockerte das Gericht seine Prüfung danach und legte in der Rs. *Palacios* einen sehr weiten Maßstab zugrunde, der von vielen nur noch als Willkürprüfung angesehen wurde.[475] Die Verhältnismäßigkeitsprüfung in der *Palacios*-Entscheidung wird daher in der Literatur von vielen als zu weit kritisiert. So müsse doch gerade die Verhältnismäßigkeitsprüfung bei Diskriminierungsverboten und insbesondere bei Altersgrenzen streng ausfallen.[476] Wie der Maßstab des EuGHs in Zukunft aussehen wird, ist ungewiss und bleibt abzuwarten.[477]

---

472 EuGH, Urteil vom 22.11.2005 – I-9981, ECLI:EU:C:2005:709 [*Mangold*], Rn. 65 = NZA 2005, 1345 (1347).
473 Wörtliche Zitate EuGH, Urteil vom 16.10.2007 – C-411/05 [*Palacios de la Villa*], Rn. 71 und Rn. 73 = NZA 2007, 1219.
474 Schlussanträge der GAin *Kokott vom* 6.5.2010 – C-499/08 [*Ingeniørforeningen*], Rn. 42 f. =BeckRS 2010, 90561, die jedoch diesbezüglich auf die ständige Rechtsprechung des EuGH verweist, unter anderem auf EuGH, Urteil vom 11.7.1989 – C-265/87 [*Schräder*], Slg. 1989, 2237, Rn. 21und EuGH C-96/03 [*Tempelman*] und C-97{03 [*van Schaijk*], Slg. 2005, I-1895, Rn. 47.
475 EuGH, Urteil vom 16.10.2007 – C-411/05 [*Palacios de la Villa*], Rn. 68-71 = NZA 2007, 1219; *Temming*, NZA 2007, 1193 (1194).
476 *Temming*, NZA 2007, 1193 (1197).
477 BeckOK ArbR/*Greiner* (2018), § 22 MiLoG Rn. 49.

[b] Angemessenheit der Regelung in § 22 Abs. 2 MiLoG?

Es ist festzuhalten, dass die Regelung in § 22 Abs. 2 MiLoG solche Nachteile mit sich zieht, die in keinem Verhältnis zu dem mit der Maßnahme verfolgten Ziel der Arbeitsmarktintegration der Jugendlichen steht.

Eine die Angemessenheit befürwortende These stellt *Thüsing* in seiner Stellungnahme im Ausschuss auf:[478] Er behauptet, dass Jugendliche und junge Erwachsene unter 25 Jahren oftmals noch im elterlichen Haushalt leben und sich daher wirtschaftlich in einer anderen Situation als ältere Arbeitnehmer befinden. Daher „sind junge Menschen bis zu diesem Alter nicht zwingend auf den Erhalt einer Vergütung in Höhe des gesetzlichen Mindestlohnes angewiesen". Es sei ihnen somit auch wirtschaftlich ohne weiteres möglich, sich für eine Ausbildung und das damit verbundene niedrigere (Ausbildungs-) Lohnniveau zu entscheiden. Dieser pauschalen These muss jedoch widersprochen werden. Zwar ist nicht zu leugnen, dass viele junge Erwachsene noch zu Hause wohnen.[479] Allerdings weiß man nicht, ob die Jugendlichen vielleicht nur deshalb zu Hause wohnen, weil sie sich es schlicht finanziell nicht leisten können, auszuziehen. Zudem gibt es daneben auch Jugendliche, die nicht mehr zu Hause leben und auch möglicherweise keine finanzielle Unterstützung durch die Eltern erhalten. Gerade diese sind dann auf den Erhalt einer angemessenen Vergütung angewiesen, da sie am Anfang ihres Berufslebens in der Regel noch keine Ersparnisse haben werden, auf die sie zurückgreifen können. Die Behauptung, Jugendliche, die ja noch zu Hause wohnen, seien nicht auf einen Mindestlohnanspruch angewiesen, kann daher so pauschal die Angemessenheit der Regelung des § 22 Abs. 2 MiLoG nicht unterstützen.

Anzugreifen sind dagegen zum einen die Tatsache, dass die Jugendlichen durch die Norm eher benachteiligt als geschützt werden und dass Normziel und Anwendungsbereich der Regelung sich nicht überschneiden. Zum anderen ist auch die potentielle Förderung der Gefahr (zu) niedrig bezahlter Arbeit von Kindern und Jugendlichen zu kritisieren.

---

478 *Thüsing*, Stellungnahme (2014), S. 54.
479 So wohnten im Jahr 2015 in Deutschland immerhin 62 % der 18- bis 24-Jährigen noch gemeinsam mit ihren Eltern in einem Haushalt, Quelle: Statistisches Bundesamt, https://www.destatis.de/DE/PresseService/Presse/Pressemitteilungen/zdw/2016/PD16_47_p002.html [zuletzt abgerufen am 29.11.2018]. Die Zahl der unter 18-Jährigen, die noch zu Hause wohnen, dürfte dabei noch höher liegen.

§ 5 Vereinbarkeit von § 22 Abs. 2 MiLoG mit höherrangigem Recht

[aa] „Schutz durch Benachteiligung"

Die Regelung stößt auch aus anderer Sicht auf Bedenken. Man muss sich klar machen, dass der Gesetzgeber mit dem JArbSchG sogar ein eigenes Gesetz zum Schutz minderjähriger Arbeitnehmer erlassen hat. Er bezweckt zudem durch § 22 Abs. 2 MiLoG gerade den Schutz minderjähriger Arbeitnehmer. Und diese will er nun dadurch schützen, dass er sie benachteiligt und vom Mindestlohnanspruch ausschließt.[480] Das erscheint kontrovers. Denn den Jugendlichen wird durch § 22 Abs. 2 MiLoG nicht nur die soziale Schutzfunktion des Mindestlohnes vorenthalten.[481] Sie können sich zudem im Arbeitsvertrag mit Ausschlussfristen konfrontiert sehen, während § 3 MiLoG dem für andere Arbeitnehmer im Anwendungsbereich des MiLoG entgegensteht.[482] Somit bewirkt § 22 Abs. 2 MiLoG eine zweifache Benachteiligung für minderjährige Jugendliche ohne abgeschlossene Ausbildung im Vergleich zu anderen Arbeitnehmern.

Ob solch ein paternalistischer Schutz durch diese Benachteiligung angemessen ist, erscheint zweifelhaft.[483] Staatlicher Paternalismus umschreibt das Phänomen von aufgedrängtem, staatlichem Schutz vor Selbstschädigung.[484] Darunter sind insbesondere Maßnahmen zu verstehen, die das Ziel verfolgen, die Situation des betroffenen Bürgers zu verbessern und dabei jedoch entgegen oder ungeachtet eigenverantwortlich getroffener Entscheidungen des Bürgers vorgenommen werden.[485] Eine solche hat der Gesetzgeber hier in Gestalt der Ungleichbehandlung beim Mindestlohnanspruch zwischen volljährigen und minderjährigen Arbeitnehmern ohne Ausbildung durch § 22 Abs. 2 MiLoG getroffen. Er möchte die Jugendlichen in Richtung einer Ausbildung „schubsen" (*Nudge*). Eine paternalistische Regelung hat jenseits der mit ihr verbundenen Beschränkung – hier die Ungleichbehandlung – auch als solche einen die Ungleichbehandlung

---

480 *Preis*, Arbeitsrecht (2017), § 28 Rn. 1262; *ders.*, Stellungnahme (2014), S. 82.
481 Wissenschaftliche Dienste, WD 6-3000-114/14, S. 5.
482 Düwell/Schubert/*Schubert/Jerchel*, § 22 MiLoG Rn. 52 a.E.
483 Derart differenziert wie im Folgenden wird der paternalistische Charakter von Regelungen allein vom deutschen Recht und insbesondere der deutschen Rechtsprechung verarbeitet. Im Unionsrecht sind diese Überlegungen natürlich vorerst nur im theoretischen Bereich angesiedelt und haben sich in der Rechtsprechung des EuGH noch nicht niedergeschlagen. Insofern wären diese Überlegungen aber spätestens in Bezug auf die Verfassungsmäßigkeit unten anzusprechen.
484 Übersicht bei *Möller*, Paternalismus, S. 31 ff.
485 *Krönke*, Der Staat 55 (2016), 319 (323).

B. Vereinbarkeit von § 22 Abs. 2 MiLoG mit unionsrechtlichen Vorschriften

intensivierenden Effekt (und ist daher verstärkt rechtfertigungsbedürftig), soweit der Gesetzgeber sich über die Entscheidungsfreiheit des einzelnen Jugendlichen hinwegsetzt.[486] Es existiert grundsätzlich keine staatliche Verpflichtung, den Menschen vor sich selbst zu schützen. Während man diese Eingriffsbefugnis bei fehlender Einsichtsfähigkeit eines Menschen ausnahmsweise anerkennen kann, kollidiert in allen anderen Fällen die Legitimation und Funktion der staatlichen Schutzpflicht mit dem Selbstbestimmungsrecht des Einzelnen.[487] Das Bundesverfassungsgericht hat diesbezüglich festgehalten, dass auch diese ausnahmsweise vorhandene Befugnis keine „Vernunfthoheit" staatlicher Organe über den Grundrechtsträger dergestalt eröffnet, „dass dessen Wille allein deshalb beiseitegesetzt werden dürfte, weil er von durchschnittlichen Präferenzen abweicht oder aus der Außensicht unvernünftig erscheint".[488] Ein Jugendlicher hat daher als Individuum an sich die verfassungsrechtlich garantierte Freiheit, sich – auf langfristige Sicht – auch unvernünftig zu verhalten, wenn es ihm kurzfristig hilft.[489] So hat er grundsätzlich auch die Freiheit, eine Ausbildung zugunsten einer mit Mindestlohn bezahlten Beschäftigung auszuschlagen, zum Beispiel, weil er sich jetzt lieber eine gute Einnahmequelle für eine gewisse Dauern sichern will. Diese Freiheit wird durch die Regelung in § 22 Abs. 2 MiLoG zwar nicht völlig unterbunden, allerdings wird sie beschränkt, um den Jugendlichen „vor sich selbst" zu schützen.

Natürlich muss man bedenken, dass ein Jugendlicher tendenziell nicht die (notwendige) Einsichtsfähigkeit besitzt, die einem Erwachsenen zugesprochen wird.[490] Und zudem wird gerade in diesen jungen Jahren die Grundlage für das spätere (Berufs)Leben gelegt, so dass dieser (Alters)Bereich besonders schutzbedürftig ist. Allerdings kann man dem jugendlichen Arbeitnehmer nicht jegliche Einsichtsfähigkeit absprechen. Selbst der Gesetzgeber hat dem Jugendlichen mit der Ermächtigungsmöglichkeit in § 113 BGB die Fähigkeit zu selbstständigem rechtsgeschäftlichen Handeln betreffend das Berufsleben zugesprochen. Er räumt dem Jugendlichen hier

---

486 *Krönke*, Der Staat 55 (2016), 319 (323, 331).
487 *Sternberg-Lieben/Reichmann*, NJW 2012, 257 (260).
488 BVerfG, Beschluss vom 23.3.2011 – 2 BvR 882/09, BVerfGE 128, 282 (308) = NJW 2011, 2113 (2116); Beschluss vom 07.10.1981 – 2 BvR 1194/80 = NJW 1982, 691.
489 BVerfG, Beschluss vom 23.3.2011 – 2 BvR 882/09, BVerfGE 128, 282 (308) = NJW 2011, 2113 (2116); Beschluss vom 07.10.1981 – 2 BvR 1194/80 = NJW 1982, 691.
490 Vgl. BVerfG, Beschluss vom 21.12.2011 – 1 BvR 2007/10, NJW 2012, 1062 (1064).

§ 5 Vereinbarkeit von § 22 Abs. 2 MiLoG mit höherrangigem Recht

nach Ermächtigung des gesetzlichen Vertreters eine unbeschränkte Geschäftsfähigkeit für fast alle mit der Eingehung, Erfüllung oder Beendigung eines Arbeitsverhältnisses einhergehenden Rechtsgeschäfte ein.[491] Mit anderen Worten: Der Gesetzgeber erlaubt dem jugendlichen Arbeitnehmer mit § 113 BGB unter anderem den selbstständigen Abschluss eines Arbeits- oder Dienstvertrages einschließlich des Aushandelns des Arbeitsentgelts und der sonstigen Arbeitsbedingungen.[492] Er gestattet ihm durch § 22 Abs. 2 MiLoG aber gleichzeitig nicht, die selbe Vergütung wie ein vollständig geschäftsfähiger Arbeitnehmer zu (v)erlangen. Zwar betrifft § 113 BGB nur eine rechtsgeschäftliche Befugnis der jugendlichen Arbeitnehmer, dennoch erscheint das Zusammenspiel diese Regelungen widersprüchlich.

Zudem bedürfen solche paternalistischen Entscheidungen des Gesetzgebers aufgrund ihrer Charakterisierung als massiver Grundrechtseingriff einer entsprechend hohen Rechtfertigung. Denn es geht hier nicht um den Schutz der Rechtsgüter Dritter, sondern um den Schutz des Einzelnen vor sich selbst. Der Staat darf nur dort bevormundend eingreifen, wo die Fähigkeit des selbstbestimmten Handelns des Einzelnen gefährdet ist.[493] Ob § 22 Abs. 2 MiLoG diese gesteigerten Anforderungen an eine Rechtfertigung, insbesondere im Hinblick auf eine nicht auf Null reduzierte Einsichtsfähigkeit der Jugendlichen und auf die fehlende Nachweisbarkeit der Auswirkung von Mindestlohnansprüchen auf das Ausbildungsverhalten Jugendlicher,[494] hier zu erbringen vermag, ist mehr als zweifelhaft. Selbst wenn man aber die Ungleichbehandlung unter diesen Gesichtspunkten noch für gerechtfertigt hält,[495] so muss der Gesetzgeber bei solchen paternalistischen eine besonders schonende Maßnahme treffen. Diesbezüglich ist sein sonst großer Spielraum erheblich eingeschränkt.

---

491 Siehe näher dazu oben, § 3 B. IV. 1., S. 45 f.
492 MüKoBGB/*Spickhoff* (2018), § 113 Rn. 19.
493 *Krönke*, Der Staat 55 (2016), 319 (339).
494 Vgl. dazu oben § 5 B. II. 4., S. 112 ff., „Einfluss des Mindestlohns auf das Ausbildungsverhalten von Jugendlichen".
495 Zu bedenken ist hier unter anderem, dass das BVerfG mit der Annahme mangelnder Einsichtsfähigkeit oder jedenfalls mangelnder grundsätzlicher Einsichtsbereitschaft sogar ein gesetzliches Sonnenstudio-Verbot für Minderjährige bestätigt hat, vgl. BVerfG, Beschluss vom 21.12.2011 – 1 BvR 2007/10, NJW 2012, 1062 (1064).

[bb] Übers Ziel hinausgeschossen?

Bedenkt man dann, dass von der Regelung nicht nur die vom Gesetzgeber bezweckten Personen umfasst sind, sondern ein weitaus größerer Personenkreis, so erscheint die Regelung in § 22 Abs. 2 MiLoG einer Rechtfertigung nicht mehr zugänglich.[496] Letztlich hat der Gesetzgeber damit eine überschießende Regelung getroffen. Denn die Ausnahme in § 22 Abs. 2 MiLoG gilt eben auch für solche Tätigkeiten, die eine Ausbildung weder verdrängen noch ersetzen. Das bedeutet, auch eine Nebentätigkeit die der Jugendliche leistet, gerade um sich die Ausbildung (oder auch das Studium) zu finanzieren, fällt unter die Ausnahmeregelung.[497]

Dieses Problem haben der Ausschuss für Arbeit und Soziales, der Rechtsausschuss und der Wirtschaftsausschuss des Bundesrates bereits in ihrer Stellungnahme vom 12.5.2014 zum Kabinettsbeschluss vom 1.4.2014 angemerkt.[498] Dessen kritische Anmerkung wurde dann so auch Inhalt der offiziellen Stellungnahme des Bundesrates.[499] Die Bundesregierung hat in ihrer Gegenäußerung jedoch darauf nur in einem Satz Bezug genommen und angeführt. Demnach soll durch die Regelung in § 22 Abs. 2 MiLoG auch verhindert werden, dass die Jugendlichen eine einmal aufgenommene Ausbildung nicht zugunsten einer mit dem Mindestlohn vergüteten Beschäftigung wieder abzubrechen.[500] Damit ist die Bundesregierung aber überhaupt nicht weiter auf das vom Bundesrat kritisierte Problem eingegangen.

Im Ergebnis sind von § 22 Abs. 2 MiLoG auch solche Jugendlichen erfasst, die sich bereits – wie eigentlich von der Maßnahme gewünscht – in einer Ausbildung oder in einem Studium befinden, aber nebenbei noch zusätzlich arbeiten müssen, um sich die Ausbildung durch einen Mini- oder Teilzeitjob überhaupt erst zu finanzieren.[501] Die Ausbildungsvergü-

---

496 Diesen Punkt könnte man auch als Frage der Erforderlichkeit betrachten. Denn der Gesetzgeber hat im Ergebnis durch § 22 Abs. 2 MiLoG mehr als das zur Zielerreichung erforderliche geregelt.
497 Düwell/Schubert/*Schubert/Jerchel*, § 22 MiLoG Rn. 52.
498 BR-Drs. 147/1/14, S. 9.
499 BR-Drs. Drucksache 147/14 (Beschluss), S. 8.
500 BR-Drs. 18/1558, Anlage 4, S. 69.
501 *Brors*, NZA 2014, 938 (942); BeckOK ArbR/*Greiner* (2018), § 22 MiLoG Rn. 48.1; so können betriebliche Ausbildungen z.B. nicht nach dem BAföG gefördert werden; dies gilt auch für den Besuch der Berufsschule; hier gibt es aber für die Auszubildenden unter bestimmten Voraussetzungen die sogenannte Berufsausbildungsbeihilfe (BAB) der Agentur für Arbeit.

§ 5 Vereinbarkeit von § 22 Abs. 2 MiLoG mit höherrangigem Recht

tungen in Deutschland sind nicht sehr hoch. Und wer sich in einigen Großstädten die Mietpreise ansieht, wird feststellen, dass man vielerorts von dem was netto von der Ausbildungsvergütung übrigbleibt, nicht einmal die Kaltmiete zahlen kann. Daher wird es für solche Jugendlichen, die von zu Hause oder vom Staat keine Unterstützung erhalten, schwierig sein, sich ihren Unterhalt ohne zusätzlichen Nebenerwerb zu finanzieren.[502]. Viele Auszubildende sind auf einen Nebenjob angewiesen. Gleiches gilt für Schüler, die beispielsweise neben der Schule jobben gehen, da sie von den Eltern keine finanzielle Unterstützung bekommen. Auch sie erhalten in diesem Nebenjob keinen Mindestlohn, so lange sie unter 18 Jahre alt sind. Dabei werden die genannten Tätigkeiten alle ausbildungsbegleitend ausgeübt, d.h. neben einer bereits laufenden schulischen oder beruflichen Ausbildung und gefährden somit nicht die Aufnahme oder Durchführung der Ausbildung. Diese Personen stehen dem Ausbildungsmarkt vielmehr gar nicht erst zur Verfügung, so dass es in dieser Hinsicht auch keinerlei Fehlanreize geben kann.[503]

Das bedeutet, dass somit nicht nur Vollzeitbeschäftigungen vom Mindestlohn ausgeschlossen sind, sondern auch ein – unter Umständen die Ausbildung sichernder – Nebenjob.[504] Damit schießt die Regelung über das gesetzte Ziel hinaus und ist teilweise kontraproduktiv und letztlich unverhältnismäßig.[505] Die Jugendlichen sollen nach der Intention des Gesetzgebers eine Ausbildung machen und sich auch darauf konzentrieren. Aber wer in seinem Nebenjob weniger pro Stunde verdient, muss konsequenterweise mehr arbeiten, um am Ende des Monats ausreichende Mittel zur Verfügung zu haben. Würde der Jugendlichen in seinem Nebenjob als Aushilfskellner aber gesetzlichen Mindestlohn bekommen und nicht nur zum Beispiel 5 € die Stunde, müsste er womöglich auch weniger arbeiten und könnte sich mehr mit seinem Ausbildungsverhältnis beschäftigen. Insgesamt bleibt festzuhalten, dass durch die Regelung in § 22 Abs. 2 MiLoG auch viele Jugendliche vom Mindestlohn ausgeschlossen werden, bei denen sich der Zweck der Regelung gar nicht verwirklichen kann, so dass die Ausnahme nicht mehr angemessen ist.

---

502 Falls zum Beispiel auch kein Anspruch auf Berufsausbildungsbeihilfe der Agentur für Arbeit besteht.
503 *Ulber*, AuR 2014, 404 (406); *ders.* NZA 2016, 619 (621): laut *Ulber* erfasst die Norm zu 97 % Jugendliche, die neben ihrer Ausbildung arbeiten und bei denen sich der Zweck der Regelung somit nicht verwirklichen kann; unklar bleibt, woher diese Zahl stammt.
504 Vgl. *Lakies*, § 22 MiLoG, Rn. 16 mit vielen weiteren Nachweisen.
505 *Brors*, NZA 2014, 938 (942).

[cc] Anreiz für billige Arbeitskräfte

Zusätzlich wird kritisiert, dass die Mindestlohn-Ausnahme geradezu Anreiz für Unternehmen sei, minderjährige Arbeitnehmer und Schüler einzustellen und einen Lohnwettbewerb zwischen Jung und Alt provoziert.[506]

Dieser Anreiz betreffe insbesondere die Gastronomiebranche oder und auch den Einzelhandel (wie z.B. Regaleinräumer, Inventurhelfer).[507] Diese Beschäftigungsbereiche der Niedriglohnbranche sind natürlich dadurch gekennzeichnet, dass hier keine besonderen Vorkenntnisse erforderlich sind und sie daher für Jugendliche ohne Berufserfahrung gut geeignet sind. Daher kommt die Überlegung, Arbeitgeber würden durch die Mindestlohnausnahme ermutigt, minderjährige Arbeitnehmer einzustellen, nicht von ungefähr. Zudem könnten Unternehmen auch dazu veranlasst werden, leichtere Tätigkeiten auf die „billigen" jugendlichen Arbeitnehmer auszulagern, um so Kosten einzusparen.[508] Natürlich müssen die Arbeitgeber mit den jugendlichen Arbeitnehmern besonders das JArbSchG beachten. Dessen Hürden sind jedoch nicht allzu hoch. Und der Vorteil von billigen Arbeitskräften ist nicht von der Hand zu weisen. *Preis* plädiert in seiner Stellungnahme gar dafür, die Norm ganz zu streichen um die offensichtliche Gefahr der Förderung niedrig bezahlter Arbeit von Kindern und Jugendlichen zu eliminieren.[509]

Ob die Regelung in § 22 Abs. 2 MiLoG jedoch letztendlich tatsächlich Anreize schafft, minderjährige Schüler als billige Arbeitskräfte einzustellen, ist fraglich und gilt es abzuwarten. Aktuell gibt es hierzu noch keine Zahlen. Das Argument der billigen jüngeren Arbeitskräfte ist jedoch bereits aus den Niederlanden bekannt, wo ein Großteil der Angestellten in Supermärkten aufgrund Ihres geringen Alters nur einen niedrigen Jugendmindestlohn erhält.[510]

---

506 *Preis/Ulber*, Gutachten (2014), S. 112; Düwell/Schubert/*Schubert/Jerchel*, § 22 MiLoG Rn. 52; a.A. *Riechert/Nimmerjahn*, 2. Auflage, § 22 Rn. 136.
507 *Preis*, Stellungnahme (2014), S. 82.
508 *Preis*, Arbeitsrecht (2017), § 28 Rn. 1262.
509 *Preis*, Stellungnahme (2014), S. 82.
510 Siehe die Ausführungen dazu oben, § 4 B. II. 2., S. 63 ff.

5. Zusammenfassung

Die Regelung in § 22 Abs. 2 MiLoG ist nach der hier vertretenen Ansicht altersdiskriminierend und verstößt gegen Art. 6 der RL 2000/78/EG: § 22 Abs. 2 MiLoG stellt eine unmittelbare Ungleichbehandlung wegen des Alters im Sinne des Art. 2 RL 2000/78/EG dar, so dass ein Verstoß gegen die unionsrechtliche Gleichbehandlungsrichtlinie vorliegt.[511]

Diese Ungleichbehandlung ist auch nicht nach Art. 6 RL 2000/78/EG gerechtfertigt. Zwar verfolgt die Regelung in § 22 Abs. 2 MiLoG mit der Förderung der Ausbildungsbereitschaft und der nachhaltigen Arbeitsmarkt-Integration von Jugendlichen ein legitimes Ziel.[512]

Die Maßnahme in § 22 Abs. 2 MiLoG mag auch nicht ungeeignet im Sinne von Art. 6 der RL 2000/78/EG sein, die Ausbildungsbereitschaft von Jugendlichen zu fördern. Ob die Maßnahme falsche Anreize in dieser Hinsicht verhindern kann, ist nicht bewiesen. Jedenfalls ist jedoch auch das Gegenteil nicht bewiesen und fällt die Beurteilung der Geeignetheit der Regelung somit in die Einschätzungsprärogative des Gesetzgebers. Zwar kann man anbringen, dass aufgrund des steigenden Alters, in dem Jugendliche eine Ausbildung beginnen, die Altersgrenze bei 18 Jahren falsch angesetzt sei. Nur noch knapp 27 % der Jugendlichen beginnen heute eine Ausbildung schon mit 17 Jahren oder jünger. Die Regelung muss aber auch die Dauer der Ausbildung miteinbeziehen, schließlich soll der Jugendliche auch eine einmal begonnene Ausbildung zu Ende führen. Um geeignet zu sein, das vom Gesetzgeber vorgegebene Ziel zu erreichen, bedürfte es daher einer wesentlich höher angesetzten Altersgrenze. Allerdings sind gleichzeitig immerhin diese 27 % der Jugendlichen vom Regelungsbereich der Ausnahme umfasst, was die Regelung somit nicht völlig ungeeignet erscheinen lässt.[513]

Letztlich stellt sich die Regelung aber als nicht erforderlich im Sinne von Art. 6 der RL 2000/78/EG heraus, da mit einem Altersstaffelungssystem, wie es in anderen Ländern existiert, ein milderes Mittel vorhanden ist, das die Ausbildungsbereitschaft von Jugendlichen im gleichen Maß erhöhen kann wie ein kompletter Ausschluss vom Mindestlohn durch § 22 Abs. 2 MiLoG.[514] Zudem ist die Regelung auch nicht angemessen und somit nicht verhältnismäßig im engeren Sinne. Die Regelung vermag den ge-

---

511 Siehe zur Ungleichbehandlung oben § 5 B. II. 3., S. 94 ff.
512 Siehe zum legitimen Ziel oben § 5 B. II. 4. c. aa., S. 102 ff.
513 Siehe zur Geeignetheit oben § 5 B. II. 4. c. bb. [2], S. 109 ff.
514 Siehe zur Erforderlichkeit oben § 5 B. II. 4. c. bb. [3], S. 124 ff.

B. Vereinbarkeit von § 22 Abs. 2 MiLoG mit unionsrechtlichen Vorschriften

steigerten Anforderungen an eine paternalistische Grundrechtseinschränkung nicht gerecht zu werden. Vielmehr ist der Gesetzgeber mit dem Erlass des § 22 Abs. 2 MiLoG über sein Ziel hinausgeschossen und hat mehr Personen vom Mindestlohn ausgeschlossen als für die Zweckerreichung notwendig gewesen wäre. Zudem besteht die womöglich geringe, aber nicht von der Hand zuweisende Gefahr, dass die Mindestlohnausnahme gerade im Niedriglohnsektor für Unternehmen Anreiz bietet, minderjährige Arbeitskräfte einzustellen.[515]

III. Charta der Grundrechte der Europäischen Union

Zwar wird Art. 21 GRCh wie oben gesehen durch die RL 2000/78/EG konkretisiert und sind Grundrechtsverletzungen des Art. 21 GRCh an sich daneben nicht mehr zu betrachten. Allerdings beinhaltet § 22 Abs. 2 MiLoG nicht nur eine Ungleichbehandlung wegen des Alters, sondern auch eine Ungleichbehandlung wegen des Merkmals der abgeschlossenen Ausbildung und so kommen neben dem Verstoß gegen Art. 21 GRCh hier auch noch Verletzungen anderer Grundrechte wie Art. 15 oder Art. 20 GRCh durch die Regelung in § 22 Abs. 2 MiLoG in Frage. Die Arbeit wirft im Folgenden daher auch zusätzlich einen kurzen Blick auf die Vereinbarkeit der Bereichsausnahme mit der Grundrechtecharta.

Die Charta der Grundrechte der Europäischen Union wurde am 7. Dezember 2000 in Nizza von der Europäischen Kommission, dem Europäischen Parlament und dem Europäischen Rat verkündet und besitzt seit der primärrechtlichen Verankerung im Lissabonner Vertrag vom Dezember 2009 auch Rechtsverbindlichkeit.[516] Gemäß Art. 6 Abs. 1 EUV wird die Charta der Grundrechte von der Union auf der Ebene des Primärrechts anerkannt, sie hat den gleichen Rang wie die Verträge.[517] Damit sind die Grundrechte zwar örtlich ausgelagert, aber dennoch so wirksam als würden sie an der Spitze des EUV stehen.[518]

---

515 Siehe zur Angemessenheit oben § 5 B. II. 4. c. bb. [4], S. 131 ff.
516 Vgl. zur Entstehungsgeschichte der Charta Stern/Sachs/*Stern/Hamacher*, GRCh, A Einführung und Grundlagen, Rn. 12 ff. und Meyer/*Borowsky*, GRCh, Vorbemerkungen Rn. 6 ff.
517 *Hantel*, Europäisches Arbeitsrecht (2016), Kap. 1, S. 5.
518 *Junker*, ZfA 2013, 91 (93).

§ 5 Vereinbarkeit von § 22 Abs. 2 MiLoG mit höherrangigem Recht

1. Anwendungsbereich

Der Anwendungsbereich der Charta ist in deren Art. 51 Abs. 1 GRCh geregelt. Die Auslegung von Art. 51 Abs. 1 GRCh zur Bestimmung des Geltungsbereichs ist jedoch stark umstritten.[519] Die Charta gilt zum einen gemäß dem Wortlaut des Art. 51 Abs. 1 S. 1 GrCh grundsätzlich nur für Organe, Einrichtungen und sonstige Stellen der Union und verpflichtet Mitgliedstaaten nur unter bestimmten Bedingungen. Art. 51 Abs. 1 Satz 1 GRCh schreibt nämlich für die Mitgliedstaaten weiter vor, dass die europäische Grundrechtecharta für diese „ausschließlich bei der Durchführung des Rechts der europäischen Union" anwendbar ist. Unter „Durchführen" lassen sich dabei die Umsetzung und der Vollzug von Unionsrecht zusammenfassen.[520] Wann genau aber jetzt eine „Durchführung" von Unionsrecht vorliegt, stellt ein umstrittenes Problem der Charta dar. Der EuGH hat auch nach Einführung der Charta, trotz des Wortlauts des Art. 51 Abs. 1 Satz 1 GRCh, an seiner bisherigen Rechtsprechung zum Anwendungsbereich des Unionsrechts festgehalten.[521] Unionsrecht im Sinne des Art. 51 Abs. 1 Satz 1 GRCh durchzuführen, bedeutet demnach in der Übersetzung des EuGH seit der Entscheidung *Akerberg Fransson* so viel wie „im Geltungsbereich des Unionsrecht handeln".[522] Diese sehr weite Auslegung des EuGHs stößt auf Kritik[523], soll aber hier nicht weiter vertieft werden. Der für Art. 51 Abs. 1 Satz 1 GRCh erforderliche unionsrechtliche Bezug

---

519 Siehe die ausführliche Streitdarstellung bei *Weiß*, EuZW 2013, 287 (288 f.).
520 *Junker*, ZfA 2013, 91 (103); sehr ausführlich zum Begriff der Durchführung und mit einem Vergleich der unterschiedlichen Sprachfassungen Streinz/*Streinz*/*Michel*, AEUV/EUV, Art. 51 GRCh Rn. 5.
521 *Weiß*, EuZW 2013, 287 (288); *Junker*, ZfA 2013, 91 (103); befürwortend auch *Jarass*, NVwZ 2012, 457 (459).
522 EuGH, Urteil vom 26.2.2013 – C-617/10, ECLI:EU:C:2013:105 [*Fransson*], Rn. 21. = EuZW 2013, 302 (303).
523 So kritisiert z.B. *Schorkopf*: „Mit dieser Methode lassen sich Zusammenhänge fast beliebig herstellen, weil die Verträge der EU den Mitgliedstaaten in nahezu allen Lebensbereichen irgendwelche Pflichten auferlegen." in: Der Spiegel Nr. 10 vom 4.3.2013, S. 39; *Weiß* dagegen hält die Rspr. des EuGH zwar für weit, sieht die Grenze der vom BVerfG in der Honeywell-Entscheidung gezogenen Grenze einer offenkundigen, strukturwirksamen Überschreitung der Auslegungsbefugnis durch den EuGH jedoch nicht überschritten, EuZW 2013, 287 (289); auch das BVerfG hat die Rechtsprechung des EuGH scharf kritisiert BVerfG, Urteil vom 24. 4. 2013 – 1 BvR 1215/07, NJW 2013, 1499 = BVerfGE 133, 277 (316), vgl. zum ganzen Streit und einem Schlichtungsversuch auch Streinz/*Streinz*/*Michel*, AEUV/EUV, Art. 51 GRCh Rn. 7, 27.

kann nach Ansicht des EuGH zudem auch durch sekundärrechtliche Richtlinien gegen Diskriminierungen erreicht werden.[524]

Vorliegend kommt ein unionsrechtlicher Bezug des § 22 Abs. 2 MiLoG durch einen Verstoß gegen die Gleichbehandlungsrahmenrichtlinie 2000/78/EG zu Stande, die – wie oben erläutert – die Mitgliedstaaten im nationalen Geltungsbereich dazu verpflichtet, Grundsätze der Gleichbehandlung durchzusetzen und Diskriminierungen im Sinne der Richtlinie zu unterbinden.[525] Durch diesen Bezug über die RL 2000/78/EG ist der Anwendungsbereich des Art. 51 Abs. 1 Satz 1 GRCh eröffnet. Folglich sind die durch die Charta garantierten Grundrechte bei der Beurteilung des § 22 Abs. 2 MiLoG zu beachten und diese waren auch bei Erlass der Vorschrift zu berücksichtigen.[526]

Sind die Mitgliedstaaten über Art. 51 Abs. 1 GRCh in die Pflicht genommen, so gilt dies national für alle Ebenen, d.h. alle Zweige der öffentlichen Gewalt auf allen Ebenen und in allen Handlungsformen.[527]

2. Verletzung von Art. 15 Abs. 1 GRCh

Die Ausnahmeregelung in § 22 Abs. 2 MiLoG ist zunächst in Hinblick auf die Berufsfreiheit in Art. 15 GRCh zu betrachten. Im Unionsrecht wird die diskriminierungsfreie Berufsausübung nicht allein durch das Grundrecht auf Schutz vor Diskriminierungen gemäß Art. 21 Abs. 1 GRCh geschützt. Bei Arbeitnehmern greift daneben idealkonkurrierend die Berufsfreiheit gemäß Art. 15 Abs. 1 GRCh ein.[528]

Die Berufsfreiheit erfasst die für eine gewisse Dauer geleistete entgeltliche Tätigkeit, die zumindest in Erwerbsabsicht erfolgen muss und dem Verdienen der Lebensgrundlage dienen soll.[529] Während in Deutschland die Rechtsprechung im Rahmen der Berufsfreiheit nach Art. 12 Abs. 1 GG zwischen der Berufswahlfreiheit sowie der Berufsausübungsfreiheit differenziert, findet sich diese Unterscheidung in der Rechtsprechung des EuGH so nicht oder jedenfalls nicht konsequent.[530] Der EuGH hat den Be-

---

524 *Mohr*, in: Franzen, Europäisches Arbeitsrecht (2018), Art. 21 GRC Rn. 49.
525 *Riechert/Nimmerjahn*, 2. Auflage, § 22 Rn. 127.
526 Stern/Sachs/*Ladenburger/Vondung*, GRCh, Art. 51 Rn. 9 ff.
527 Streinz/*Streinz/Michel*, AEUV/EUV, Art. 51 GRCh Rn. 5.
528 *Mohr*, RdA 2017, 35 (37).
529 Streinz/*Streinz/Michel*, AEUV/EUV, Art. 15 GRCh Rn. 7; *Schubert*, in: Franzen, Europäisches Arbeitsrecht (2018), Art. 15 GRC Rn. 13.
530 *Schubert*, in: Franzen, Europäisches Arbeitsrecht (2018), Art. 15 GRC Rn. 18.

griff „Beruf" in seiner bisherigen Rechtsprechung noch nicht definiert. Es besteht aber Einigkeit darüber, dass Art. 15 Abs. 1 GRCh sowohl die Berufswahl als auch die Berufsausübung schützt.[531] Dabei können insbesondere gesetzliche Altersgrenzen eine Verletzung von Art. 15 Abs. 1 GRCh darstellen.[532]

Eine unmittelbare Beschränkung der Berufsausübungs- oder Berufswahlfreiheit durch § 22 Abs. 2 MiLoG lässt sich aber letztlich nicht erkennen. Weder für den Arbeitgeber noch für die jugendlichen Arbeitnehmer stellt die Mindestlohnausnahme eine Beeinträchtigung dar. Zum einen beschränkt die Ausnahmeregelung für die Jugendlichen weder durch die Altersgrenze noch durch die Voraussetzungen der abgeschlossenen Berufsausbildung den Zugang zu Beschäftigung. Sie beeinflusst nicht die Möglichkeit des jugendlichen Arbeitnehmers seiner gewünschten Beschäftigung nachzugehen. Die Regelung betrifft lediglich die Vergütung der Arbeit und stellt somit keine Berufswahlregelung dar. Letztlich liegt aber auch keine Beschränkung der Berufsausübungsfreiheit vor. Schließlich ist es auf der einen Seite dem Arbeitgeber nicht verboten, dem minderjährigen Arbeitnehmer ungeachtet des § 22 Abs. 2 MiLoG den Mindestlohn oder sogar einen höheren Lohn zu zahlen. Der Arbeitgeber ist durch die Ausnahmeregelung in seinem Recht, individuelle Löhne mit seinen Arbeitnehmern auszuhandeln, nicht beschränkt. Und auf der anderen Seite bestimmt die Frage, wie viel der jugendliche Arbeitnehmer verdient, nicht die Art und Weise, wie dieser seinen Beruf ausüben kann oder soll.

Auch für eine mittelbare Beeinträchtigung sind keine Anhaltspunkte erkennbar.

3. Verletzung von Art. 20 GRCh

Da durch § 22 Abs. 2 MiLoG Arbeitnehmer unter 18 Jahren anders behandelt werden als solche, die bereits volljährig sind, kommt auch eine Verletzung des allgemeinen Gleichheitsgrundsatzes in Betracht. Dieser ist in Art. 20 der Grundrechtecharta normiert. Dort heißt es schlicht „Alle Menschen sind vor dem Gesetz gleich." Der allgemeine Gleichheitssatz gehört dabei spätestens seit der *Ruckdeschel*-Entscheidung des EuGH aus dem Jah-

---

531 Stern/Sachs/*Blanke*, GRCh, Art. 15 Rn. 28-31, Streinz/*Streinz/Michel*, AEUV/EUV, Art. 15 GRCh Rn. 8; *Schubert*, in: Franzen, Europäisches Arbeitsrecht (2018), Art. 15 GRC Rn. 16 m.w.N.
532 *Schubert*, in: Franzen, Europäisches Arbeitsrecht (2018), Art. 15 GRC Rn. 25.

B. Vereinbarkeit von § 22 Abs. 2 MiLoG mit unionsrechtlichen Vorschriften

re 1977[533] zu den Grundprinzipien des Gemeinschaftsrechts, wurde aber erst durch den Erlass der Grundrechte-Charta in Art. 20 GRCh primärrechtlich niedergelegt.

Eine klare Unterscheidung zwischen Gleichheitssatz und Diskriminierungsverbot ist in der Rechtsprechung des EuGH nicht erkennbar. Dieser spricht zum Beispiel pauschal vom „gemeinschaftsrechtlichen Grundsatz der Gleichheit und der Nichtdiskriminierung"[534] und differenziert nicht genauer zwischen beiden.[535]

Es ist jedoch anerkannt, dass Art. 20 GRCh gegenüber dem spezielleren Gleichheitsgrundrecht in Art. 21 GRCh subsidiär ist, da Art. 21 GRCh eine besondere Ausprägung des allgemeinen Gleichheitssatzes in Art. 20 GRCh darstellt (lex specialis).[536] Daher bedarf es im Folgenden nur der Prüfung der Verletzung des Diskriminierungsverbotes in Art. 21 Abs. 1 GRCh und Art. 20 GRCh tritt zurück.

4. Verletzung von Art. 21 Abs. 1 GRCh

§ 22 Abs. 2 MiLoG stellt nach der hier vertretenen Ansicht eine Verletzung des in Art. 21 Abs. 1 GRCh normierten Verbots der Altersdiskriminierung dar.

a. Alter als geschütztes Merkmal des Art. 21 Abs. 1 GRCh

Art. 21 Abs. 1 GRCh enthält ein umfassendes Verbot von Diskriminierungen wegen des Geschlechts, der Rasse, der Hautfarbe, der ethnischen oder sozialen Herkunft, der genetischen Merkmale, der Sprache, der Religion oder der Weltanschauung, der politischen oder sonstigen Anschauung, der Zugehörigkeit zu einer nationalen Minderheit, des Vermögens, der Geburt, einer Behinderung, des Alters oder der sexuellen Ausrichtung. Somit

---

[533] EuGH, Urteil vom 19.10.1977 – 117/76, ECLI:EU:C:1977:160 [*Ruckdeschel*] = Slg. 1977, 1753.

[534] EuGH, Urteil vom 7. 9. 2006 – C-81/05, ECLI:EU:C:2006:529 [*Cordero Alonso*], Rn. 26, Rn. 37 = NJW 2006, 3623 (3624 f.).

[535] Meyer/*Hölscheidt*, GRCh, Art. 20 Rn. 10G f.; Calliess/Ruffert/*Rossi* EU-GR Charta, Art. 20 Rn. 3.

[536] Calliess/Ruffert/*Rossi* EU-GR Charta, Art. 20 Rn. 17 und Art. 21 Rn. 8; *Jarass*, GRCh, Art. 21 Rn. 6; Meyer/*Hölscheidt*, GRCh, Art. 21 Rn. 31 und Art. 20 GRCh Rn. 11; Stern/Sachs/*Sachs*, GRCh, Art. 20 Rn. 10.

verbietet Art. 21 Abs. 1 GRCh auch jegliche Form der Altersdiskriminierung.

Grundrechtsträger des subjektiven Rechtes in Art. 21 Abs. 1 GRCh sind unter anderem alle natürlichen Personen.[537] Das Recht aus Art. 21 Abs. 1 GRCh ist ein Abwehrrecht, das sowohl ältere als auch jüngere Menschen schützt.[538] Somit sind auch minderjährige Arbeitnehmer ohne Ausbildung vom Schutzbereich des Art. 21 Abs. 1 GRCh umfasst.

b. Diskriminierung durch § 22 Abs. 2 MiLoG und mögliche Rechtfertigung

Wie oben bereits festgestellt, normiert die Gleichbehandlungs-Richtlinie 2000/78/EG selbst nicht das Verbot der Altersdiskriminierung, sondern schafft nur einen allgemeinen Rahmen zur Bekämpfung verschiedener Formen der Diskriminierung, während in der Union ein allgemeiner Grundsatz des Verbots von Diskriminierungen wegen des Alters existiert. Dieser ist mittlerweile auch in Art. 21 Abs. 1 GRCh niedergelegt.[539] Der EuGH betont hierzu, dass das allgemeine Verbot der Altersdiskriminierung nunmehr in Art. 21 Abs. 1 GRCh normiert sei und in den Bereichen Beschäftigung und Beruf durch die RL 2000/78/EG konkretisiert werde.[540] Der EuGH unterscheidet in seinen Urteilen dabei aber nicht zwischen dem in der Rs. *Mangold* von ihm entwickelten Grundsatzes des Verbots der Altersdiskriminierung und dem jetzt normierten Grundrecht aus Art. 21 Abs. 1 GRCh, was für dogmatische Unklarheiten sorgt.[541] Insgesamt bleibt jedoch festzuhalten, dass bei Eröffnung des Anwendungsbereich der Gleichbehandlungsrichtlinie, die Anforderungen an eine Ungleichbehandlung und deren Rechtfertigung im Sinne des Art. 21 Abs. 1 GRCh denen der das Grundrecht konkretisierenden Richtlinie entsprechen und nicht weiter gehen. Somit kann hier auf die Anmerkungen oben zum Verstoß gegen Art. 2 der RL 2000/78/EG verwiesen werden, und es gilt das zur

---

537 *Mohr*, in: Franzen, Europäisches Arbeitsrecht (2018), Art. 21 GRC Rn. 47.
538 *Mohr*, in: Franzen, Europäisches Arbeitsrecht (2018), Art. 21 GRC Rn. 47.
539 Vgl. oben S. 70 ff.
540 EuGH, Urteil vom 22.11.2005 – I-9981, ECLI:EU:C:2005:709 [*Mangold*], Rn. 74 f. = NZA 2005, 1345 (1347) = NJW 2005, 3695; EuGH, Urteil vom 19.1.2010 – C-555/07, Rn. 21 und Rn. 50 [*Kücükdeveci*] = NZA 2010, 85; EuGH (Große Kammer), Urteil vom 19. 4. 2016 – C-441/1, ECLI:EU:C:2016:278 [*Dansk Industri*], Rn. 23 = NZA 2016, 537 (538).
541 *Mohr*, in: Franzen, Europäisches Arbeitsrecht (2018), Art. 21 GRC Rn. 45.

B. Vereinbarkeit von § 22 Abs. 2 MiLoG mit unionsrechtlichen Vorschriften

Richtlinie Gesagte auch bezüglich Art. 21 Abs. 1 GRCh. Im Rahmen der Vereinbarkeit des § 22 Abs. 2 MiLoG Grundrechte sind somit keine weitergehenden Überlegungen erforderlich.

Mithin stellt die Regelung in § 22 Abs. 2 MiLoG eine ungerechtfertigte Altersdiskriminierung im Sinne des Art. 21 Abs. 1 GRCh dar.

IV. Unionsrechtsverstoß

Mithin verstößt § 22 Abs. 2 MiLoG wegen seines diskriminierenden Charakters sowohl gegen Art. 2 der RL 2000/78/EG als auch gegen Art. 21 Abs. 1 GRCh.

Die Unionsrechtswidrigkeit der Regelung durch den Verstoß gegen die Gleichbehandlungsrichtlinie führt aufgrund des Anwendungsvorrangs des Unionsrechts zunächst dazu, dass § 22 Abs. 2 MiLoG als (mit Unionsrecht) kollidierendes Recht von den nationalen Gerichten nicht angewendet werden darf.[542] Dies gilt unabhängig von einer ergangenen EuGH-Entscheidung. § 22 Abs. 2 MiLoG muss also unangewendet bleiben, so dass für minderjährige Arbeitnehmer ohne Ausbildung kein Ausschlusstatbestand mehr besteht und ihnen nach § 1 Abs. 1 MiLoG ein Mindestlohnanspruch zusteht. Eine richtlinienkonforme Auslegungsmöglichkeit ist nicht ersichtlich. Der Mindestlohnanspruch besteht dabei sowohl im Verhältnis zu öffentlichen als auch zu privaten Arbeitgebern. Denn der Unionsrechtsverstoß von § 22 Abs. 2 MiLoG hat wie oben gesehen wegen der primärrechtlichen Verankerung des Grundsatzes des Verbots der Altersdiskriminierung auch unmittelbare Wirkung in Rechtsverhältnissen von Privaten.[543] So ist die hiesige Konstellation vergleichbar mit der EuGH Entscheidung zu § 622 Abs. 2 Satz 2 BGB (*Kücükdeveci*).[544] In dieser hat der EuGH festgestellt, dass das Verbot der Diskriminierung wegen des Alters in seiner Konkretisierung durch die RL 2000/78/EG dahin auszulegen ist, dass es der Regelung des § 622 Abs. 2 Satz 2 BGB entgegensteht. Mithin ist die Regelung in § 622 Abs. 2 Satz 2 BGB vor deutschen Gerichten nicht anwendbar und auch Beschäftigungszeiten vor der Vollendung des 25. Lebensjahres des Ar-

---

542 Düwell/Schubert/*Schubert/Jerchel*, § 22 MiLoG Rn. 52.
543 EuGH, Urteil vom 9.3.1978 – Rs 106/77, NJW 1978, 1741; *Mohr*, in: Franzen, Europäisches Arbeitsrecht (2018), Art. 1 RL 2000/78/EG, Rn. 51; vgl. dazu oben § 5 A. I. 3. a.bb., S. 81 ff.
544 EuGH, Urteil vom 19.1.2010 – C-555/07, ECLI:EU:C:2010:21 [*Kücükdeveci*] = NZA 2010, 85 und diesem folgend das BAG, Urteil vom 01.09.2010 – 5 AZR 700/09, NJW 2010, 3740.

§ 5 Vereinbarkeit von § 22 Abs. 2 MiLoG mit höherrangigem Recht

beitnehmers sind bei der Berechnung der Kündigungsfrist zu berücksichtigen.[545]

Allerdings gilt es noch zu beachten, dass die nationalen Gerichte nach Art. 267 Abs. 2 AEUV bei Zweifeln über die Auslegung des Unionsrechts das nationale Verfahren auch aussetzen und die entscheidungserhebliche Frage dem EuGH zur Klärung vorlegen können. Dies gilt speziell dann, wenn keine gefestigte EuGH-Rechtsprechung zur Frage besteht und die Vereinbarkeit nicht eindeutig beantwortet werden kann. So insbesondere auch bei Fragen, die der Auslegung zugänglich sind, wie eben die Verhältnismäßigkeit der Regelung. Letztinstanzliche Gerichte sind gemäß Art. 267 Abs. 3 AEUV dabei sogar zur Vorlage beim EuGH verpflichtet. Diese Pflicht besteht nach der Rechtsprechung des EuGH nur dann nicht, wenn das Gericht festgestellt hat, dass „die aufgeworfene Frage nicht relevant ist, dass die betreffende unionsrechtliche Bestimmung bereits vom EuGH ausgelegt wurde oder dass die richtige Anwendung des Unionsrechts derart offenkundig ist, dass für vernünftigen Zweifel kein Raum bleibt."[546] Bei einer entsprechenden Lohnklage eines minderjährigen Arbeitnehmers wäre die Frage der Vereinbarkeit von § 22 Abs. 2 MiLoG mit Unionsrecht sicher entscheidungsrelevant und eine unionsrechtliche Klärung eines Mindestlohnausschlusses für minderjährige Arbeitnehmer ohne Ausbildung ist durch den EuGH bisher nicht erfolgt. Da es sich bei der Frage der Vereinbarkeit der Norm mit dem Verbot der Diskriminierung wegen des Alters in seiner Konkretisierung durch die RL 2000/78/EG – wie oben gesehen – im Kern um die Frage der Verhältnis-mäßigkeit von § 22 Abs. 2 MiLoG dreht, geht es hier um juristische Auslegung im klassischen Sinne. Die Frage der Verhältnismäßigkeit ist dabei auch dem Unionsrecht nicht fremd. Die Beurteilung der gerechtfertigten Ungleichbehandlung wegen des Alters nach Art. 6 RL 2000/78/EG ist – wie oben gesehen – danach vorzunehmen, ob die Ungleichbehandlungen objektiv und angemessen und im Rahmen des nationalen Rechts durch ein legitimes Ziel gerechtfertigt und die Mittel zur Erreichung dieses Ziels angemessen und erforderlich sind. Dies erfordert eine umfassende Auslegung und Abwägung. Damit kann hier auch nicht von einer Offenkundigkeit der (Un-) Vereinbarkeit gesprochen werden, so dass zumindest für letztinstanzliche Gerichte eine Vorlagepflicht zu bejahen wäre.

---

545 BAG, Urteil vom 01.09.2010 – 5 AZR 700/09, NJW 2010, 3740 (3741) = BeckOK ArbR/*Gotthardt* (2018), § 622 BGB Rn. 26.
546 EuGH, Urteil vom 9.9.2015 – C-160/14, ECLI:EU:C:2015:565 [*Ferreira da Silva e Brito*] = EuZW 2016, 111 (114).

Im Übrigen gilt: Sollte der EuGH in einem entsprechenden Vorlageverfahren zu demselben Ergebnis wie in dieser Arbeit kommen, nämlich, dass § 22 Abs. 2 MiLoG unionsrechtswidrig ist, und die Norm für unvereinbar mit dem Unionsrecht erklären, so ist die nationale Norm wegen dieses Verstoßes gegen Unionsrecht nicht ipso iure rechtsunwirksam wie es bei einer festgestellten Verfassungswidrigkeit der Fall wäre.[547] Zudem besitzt der EuGH im Gegensatz zum Bundesverfassungsgericht auch keine Normverwerfungskompetenz für nationale Gesetze. Die Norm behält somit weiterhin ihre Gültigkeit unabhängig von einer EuGH Entscheidung.[548]

Letztlich bleibt festzuhalten, dass die nationalen Arbeitsgerichte bei einem entsprechenden Verfahren von ihrer Vorlagemöglichkeit Gebrauch machen und die Frage der Vereinbarkeit von § 22 Abs. 2 MiLoG mit Unionsrecht dem EuGH vorlegen sollten. Alternativ besteht auch die Möglichkeit die Norm mangels Auslegungsmöglichkeit unangewendet zu lassen, so dass auch Jugendliche unter 18 Jahre ohne abgeschlossene Ausbildung in einem entsprechenden Verfahren nach § 1 Abs. 1 MiLoG einen Anspruch auf Zahlung des gesetzlichen Mindestlohnes gegen ihren (privaten oder öffentlichen) Arbeitgeber hätten.

C. Verfassungsmäßigkeit von § 22 Abs. 2 MiLoG

Die Regulierung von Mindestlöhnen für jugendliche Arbeitnehmer – besser gesagt: deren Ausschluss hiervon – wirft auch aus nationaler Sicht verfassungsrechtliche Probleme auf. Dabei kann die Frage nach der verfassungsrechtlichen Zulässigkeit der Ausnahmeregelung in § 22 Abs. 2 MiLoG klar von der in der Literatur bereits ausgiebig diskutierten Frage der generellen verfassungsrechtlichen Zulässigkeit eines flächendeckenden gesetzlichen Mindestlohnes abgegrenzt werden und hat eine eigenständige Bedeutung: Letztere berührt insbesondere die Koalitions- und Vertragsfreiheit, während die Ausnahmen vom MiLoG insbesondere im Hinblick auf den Gleichheitssatz zu bewerten sind. Allerdings besteht auch ein Zusammenhang zwischen beiden: So müssen bei der Beurteilung der Rechtmäßigkeit der Ausnahmen zum Mindestlohn unter anderem auch die Gründe

---

547 Siehe zur Rechtsfolge nach nationalem Verfassungsrecht unten, S.177.
548 So wie auch § 622 Abs. 2 S. 2 BGB weiterhin Gültigkeit besitzt, auch wenn die Norm nicht mehr anwendbar ist.

§ 5 Vereinbarkeit von § 22 Abs. 2 MiLoG mit höherrangigem Recht

für die Einführung eines solchen gesetzlichen Mindestlohnes beachtet werden.[549]

Bisher gibt es noch keine Gerichtsentscheidung zur Verfassungsmäßigkeit von § 22 Abs. 2 MiLoG – jedenfalls keine Entscheidung in der Sache. Dem Bundesverfassungsgericht lag zwar bereits eine gegen § 22 Abs. 2 MiLoG gerichtete Rechtssatzverfassungsbeschwerde eines 17-Jährigen Arbeitnehmers vor. Das Gericht hat die Beschwerde jedoch nicht zur Entscheidung angenommen, sondern diese bereits als unzulässig abgewiesen, da die Beschwerde dem Grundsatz der Subsidiarität nicht genügt hat (§ 90 Abs. 2 Satz 1 BVerfGG). Der Beschwerdeführer wurde auf den Rechtsweg zu den Gerichten für Arbeitssachen[550] verwiesen, was auch zumutbar sei, da dadurch kein schwerer und unabwendbarer Nachteil drohe (§ 90 Abs. 2 Satz 2 BVerfGG).[551] Sollte ein Verfahren betreffend § 22 Abs. 2 MiLoG vor einem Arbeitsgericht anhängig werden, und hält das Gericht den nachkonstitutionellen § 22 Abs. 2 MiLoG – berechtigterweise – für verfassungswidrig, so müsste es ein konkretes Normenkontrollverfahren nach Art. 100 Abs. 1 Satz 1 Alt. 2 GG einleiten. Das Gericht muss das Verfahren dann aussetzen und die Entscheidung des Bundesverfassungsgerichtes einholen.[552]

Dieses Kapitel will nun die verfassungsrechtlichen Aspekte bezüglich der Einführung und Ausgestaltung des § 22 Abs. 2 MiLoG aufgreifen und die Frage beantworten, ob der Ausschluss von Jugendlichen unter 18 Jahren ohne Ausbildung vom Mindestlohnanspruch mit dem Grundgesetz vereinbar ist.

Neben der formellen Verfassungsmäßigkeit muss die Regelung in § 22 Abs. 2 MiLoG auch materiell-rechtlich mit dem Grundgesetz im Einklang stehen. Insbesondere die Koalitions- (Art. 9 Abs. 3 GG) und Berufsfreiheit (Art. 12 Abs. 1 GG) sind als Maßstab heranzuziehen. Letztlich muss die Ausnahme auch am allgemeinen Gleichheitssatz (Art. 3 Abs. 1 GG) gemessen werden. Dabei ist jedoch, wie schon bei der unionsrechtlichen Beurteilung die Einschätzungsprärogative des Gesetzgebers zu beachten, die zu einer Einschränkung der gerichtlichen Kontrolle führt. Gerade in den Bereichen Arbeitsmarkt, Sozialpolitik und Wirtschaftsordnung kommt dem

---

549 *Grzeszick*, Verfassungsrechtliche Zulässigkeit, S. 8.
550 Der Rechtsweg zu den Gerichten für Arbeitssachen dürfte bei einer entsprechenden Lohnklage eines minderjährigen Arbeitnehmers nach § 2 Abs. 1 Nr. 3a) ArbGG eröffnet sein.
551 BVerfG, Beschluss vom 25.6.2015 – 1 BvR 37/15, NZA 2015, 866.
552 Siehe näher dazu BeckOK GG/*Morgenthaler* (2018), Art. 100 Rn. 2.

Gesetzgeber ein erheblicher Einschätzungs- und Gestaltungsspielraum zu.[553] So hat er insbesondere bei der Beurteilung der Zwecktauglichkeit des Gesetzes, also von dessen Geeignetheit und Erforderlichkeit für das angestrebte Ziel, einen prognostischen Einschätzungsspielraum und muss lediglich eine sachgerechte und vertretbare Prognose treffen.[554] Er darf darüber hinaus auch Pauschalierungen und Typisierungen vornehmen, um ein abstrakt-generelles Gesetz zu erlassen, was insbesondere im Rahmen des Gleichheitssatzes (Art. 3 Abs. 1 GG) von Bedeutung ist.[555]

Bevor ein möglicher Grundrechtsverstoß der Bereichsausnahme in § 22 Abs. 2 MiLoG geprüft wird (III. bis V.), soll zunächst die Frage nach der verfassungsrechtlichen Gebotenheit des Mindestlohnes (I.) sowie seine verfassungsrechtliche Verankerung (II.) geklärt werden.

I. Verfassungsrechtliches Gebot zur Einführung eines gesetzlichen Mindestlohns?

Man könnte auf den Gedanken kommen, dass der Gesetzgeber aufgrund des Sozialstaatprinzips gemäß Art. 20 Abs. 1 GG gehalten war, einen gesetzlichen Mindestlohn einzuführen. Dem ist jedoch nicht so. Etwas anderes ergibt sich auch nicht im Hinblick auf die Lehre von den grundrechtlichen Schutzpflichten[556] oder die Lehre der mittelbaren Drittwirkung der Grundrechte[557], durch welche die Grundrechte auch in Privatrechtsverhältnissen eine Wirkung entfalten können.

Zwar ergibt sich aus der Menschenwürdegarantie in Art. 1 Abs. 1 GG in Verbindung mit dem Sozialstaatsprinzip des Art. 20 Abs. 1 GG der grund-

---

553 Vergleiche BVerfG, Urteil vom 1.3.1979 – 1 BvR 532, 533/77 u.a., BVerfGE 50, 290 (338) = NJW 1979, 699 (701 ff.); BVerfG, Beschluss vom 25.7.2007 – 1 BvR 1031/07, NVwZ 2007, 1168 (1171 f.); *Grzeszick*, Verfassungsrechtliche Zulässigkeit, S. 11.
554 BVerfG, Beschluss vom 9.3.1971 – 2 BvR 326/69 u.a., BVerfGE 30, 250 (263) = NJW 1971, 1603 (1603); BVerfG, Beschluss vom 13.2.2007 – 1 BvR 910/05 u.a., BVerfGE 118, 1 (24) = NJW 2007, 2098 (2100).
555 Ständige Rspr., vgl. BVerfG, Beschluss vom 08.10.1991 – BvL 50/86, BVerfGE 84, 348 (359) = NJW 1992, 423 (424); BVerfG, Beschluss vom 11.11.1998 – 2 BvL 10-95, BVerfGE 99, 280 (290) = NJW 1999, 1457 (1457) = DStRE 1999, 202 (205); BVerfG, Urteil vom 6.3.2002 – 2 BvL 17/99, BVerfGE 105, 73 (127) = NJW 2002, 1103 (1109) = DStRE 2002, 349 (363).
556 Vergleiche zu den grundrechtlichen Schutzpflichten *Klein*, NJW 1989, 1633.
557 Grundlegend dazu BVerfG, Urteil vom 15. 1.1958 – 1 BvR 400/51, BVerfGE 7, 198 (206 f.); *Nassibi*, AuR 2012, 305 (306).

rechtliche Anspruch des Einzelnen auf Gewährleistung eines menschenwürdigen Existenzminimums.[558] Dieser Anspruch tritt als Leistungsgrundrecht neben das Abwehrrecht aus Art. 1 GG und richtet sich auch allein gegen den Staat als Adressaten.[559] Dieser Anspruch auf Gewährleistung eines menschenwürdigen Existenzminimums umfasst dabei aber nur solche Mittel, die für ein menschenwürdiges Dasein zwingend erforderlich sind. Ein verfassungsrechtliches Gebot zur Einführung eines gesetzlichen Mindestlohns, abgeleitet aus der Menschenwürdegarantie in Art. 1 Abs. 1 GG in Verbindung mit dem Sozialstaatsprinzip, besteht dagegen nicht.[560] Der einzelne Bürger hat damit keinen verfassungsrechtlichen Anspruch auf die Leistung eines allgemeinen Mindestlohnes. Zudem ließe sich dieses rein staatsgerichtete Existenzgewährleistungsgrundrecht aus Art. 1 Abs. 1 GG auch nicht gegenüber dem privaten Arbeitgeber durchsetzen, da dieser aus Art. 1 Abs. 1 GG gerade nicht zur Sicherung der Existenz seines Arbeitnehmers verpflichtet ist.[561]

Es besteht auch keine staatliche Pflicht zur Einführung eines gesetzlichen Mindestlohns aufgrund der mittelbaren Drittwirkung der Grundrechte. Diese in Art. 1 Abs. 3 in Verbindung mit 20 Abs. 3 GG verankerte Lehre besagt, dass das Grundgesetz als objektives Wertesystem auch das Zivilrecht beeinflusst und keine zivilrechtliche Vorschrift darf im Widerspruch zum Grundgesetz stehen.[562] Die Verpflichtung der Gerichte zur zwar nur mittelbaren, aber dennoch umfassenden Berücksichtigung grundrechtlicher Wertungen bei der Auslegung und Anwendung unbestimmter Rechtsbegriffe in privatrechtlichen Normen kann jedoch – wie bisher auch – bei einem Missverhältnis von Leistung und Gegenleistung

---

558 Vgl. BVerfG, Urteil vom 9.2.2010 – 1 BvL 1/09 u.a., BVerfGE 125, 175 (222), Rn. 133 f. = NJW 2010, 505 (507 f.); *Lobinger*, Mindestlohn und Menschenwürde, in: Verfassungs-voraussetzungen, Gedächtnisschrift für Winfried Brugger (2013), 355 (357).
559 *Lobinger*, Mindestlohn und Menschenwürde, in: Verfassungsvoraussetzungen, Gedächtnisschrift für Winfried Brugger (2013), 355 (359 f.).
560 *Barczak*, RdA 2014, 290 (294); siehe auch *Lobinger*, Mindestlohn und Menschenwürde, in: Verfassungsvoraussetzungen, Gedächtnisschrift für Winfried Brugger (2013), 355 (363 ff., 383), der darlegt, dass der aus der Menschenwürde in Art. 1 Abs. 1 GG abgeleitete Existenzgewährleistungsanspruch gegen den Staat auch nicht als Rechtfertigung für die Einführung des Mindestlohnes geeignet ist; a.A. wohl *Nassibi*, AuR 2012, 305 (306 ff).
561 *Lobinger*, Mindestlohn und Menschenwürde, in: Verfassungsvoraussetzungen, Gedächtnisschrift für Winfried Brugger (2013), 355 (362).
562 *Nassibi*, AuR 2012, 305 (306) m.w.N.

durch einen Rückgriff auf § 138 BGB erfüllt werden, ohne dass es eines gesetzlichen Mindestlohns bedarf.[563]

Auch lässt sich ein Gebot zur Einführung eines gesetzlichen Mindestlohns nicht aus den grundrechtlichen Schutzpflichten ableiten. Zwar ist anerkannt, dass der Arbeitnehmer dem Arbeitgeber strukturell unterlegen ist.[564] Und sind staatliche Schutzpflichten durch Gesetzgebung und subsidiär durch die Rechtsprechung grundsätzlich dort zu aktivieren, wo aufgrund strukturell gestörter Vertragsparität die schwächere Partei vor übermäßigen Nachteilen zu schützen ist.[565] Hier greift das sogenannte Untermaßverbot, welches den Staat in Fällen extremen strukturellen Ungleichgewichts zum Handeln verpflichtet.[566] Aus diesem Grunde bestehen gerade im Arbeitsrecht verhältnismäßig viele Handlungspflichten des Staates zum Schutz der Grundrechte der strukturell unterlegenen Arbeitnehmer.[567] Allerdings steht dem Gesetzgeber zur Verwirklichung dieser Schutzpflichten ein erheblicher Entscheidungsspielraum zu, der nicht auf die Einführung eines gesetzlichen Mindestlohnes beschränkt ist. Auch ist das Untermaßverbot nach dem Bundesverfassungsgericht nur dann verletzt, wenn „die öffentliche Gewalt Schutzvorkehrungen überhaupt nicht getroffen hat oder die ergriffenen Maßnahmen gänzlich ungeeignet oder völlig unzulänglich sind, das gebotene Schutzziel zu erreichen oder erheblich dahinter zurückbleiben"[568]. Beides ist hier nicht der Fall, da der Staat auch schon vor Einführung des Mindestlohngesetzes umfangreiche andere Absicherungen und Unterstützungsleistungen eingeführt hat, so dass das Untermaßverbot nicht verletzt war.

Somit kann aus den grundrechtlichen Schutzpflichten eine gesetzgeberische Pflicht zum Erlass eines gesetzlichen Mindestlohnes nicht abgeleitet werden.[569] Ungeachtet des Nichtbestehens einer verfassungsrechtlichen *Pflicht* zur Einführung eines Mindestlohns war es dem Gesetzgeber natür-

---

563 *Barczak*, RdA 2014, 290 (293 f.).
564 Siehe dazu oben Fn. 51.
565 Vgl. BVerfG, Beschluss vom 07.2.1990 – 1 BvR 26/84 = BVerfGE 81, 242 (256) = NJW 1990, 1469 (1470) sowie Beschluss vom 17.7.2013 – 1 BvR 3167/08, Rn 20 = NJW 2013, 3086 (3087); *Barczak*, RdA 2014, 290 (294); *Kingreen/Poscher*, Grundrechte Staatsrecht II (2018), Rn. 136; *Nassibi*, AuR 2012, 305 (306).
566 *Kingreen/Poscher*, Grundrechte Staatsrecht II (2018), Rn. 137.
567 *Nassibi*, AuR 2012, 305 (307 ff.) mit vielen Beispielen; umfassend *Burgi*, in: Bonner Kommentar zum Grundgesetz, 196. EL 2019, Art. 12 Abs. 1 Rn. 351 ff.
568 BVerfG, Beschluss vom 18.2.2010 – 2 BvR 2502/08, BVerfGE 92, 26 (46), Rn. 11 = NVwZ 2010, 702 (703).
569 *Barczak*, RdA 2014, 290 (294).

lich dennoch *möglich*, einen gesetzlichen Mindestlohn zu erlassen – so lange sich dieser im Rahmen der verfassungsrechtlichen Grenzen bewegt. Auf die Einhaltung dieser formellen und materiellen Grenzen wird im Folgenden näher eingegangen.

II. Verfassungsrechtliche Verankerung der Regelungen: die formelle Rechtmäßigkeit von § 22 Abs. 2 MiLoG

In formeller Hinsicht begegnet § 22 Abs. 2 MiLoG keinen tiefgreifenden verfassungsrechtlichen Bedenken.

§ 22 Abs. 2 MiLoG wurde im Rahmen des Tarifautonomiestärkungsgesetz als Bundesgesetz im August 2014 erlassen und ist zum 1. Januar 2015 in Kraft getreten.[570] Der Bund als Gesetzgeber des MiLoG stützt seine Gesetzgebungskompetenz auf Art. 74 Abs. 1 Nr. 12 GG. Danach beinhaltet die konkurrierende Gesetzgebung „das Arbeitsrecht einschließlich der Betriebsverfassung, des Arbeitsschutzes und der Arbeitsvermittlung sowie die Sozialversicherung einschließlich der Arbeitslosenversicherung". Hier räumt das Grundgesetz dem Bundesgesetzgeber die Zuständigkeit für das individuelle, kollektive, private und öffentliche Arbeitsrecht ein. Umfasst sind alle Vorschriften, die sich auf in abhängiger Tätigkeit geleisteter Arbeit berufen.[571]

Damit hatte der Bund gemäß Art. 74 Abs. 1 Nr. 12 GG die Gesetzgebungskompetenz für die Schaffung und Ausgestaltung eines allgemeinen gesetzlichen Mindestlohnes im Rahmen der konkurrierenden Gesetzgebung. Er machte davon durch den Erlass des Tarifautonomiestärkungsgesetzes 2014 auch Gebrauch. Die Kompetenz umfasst dabei nicht nur den Erlass allgemeiner Lohnuntergrenzen, sondern auch die Befugnis, Ausnahmen davon festzuschreiben, gerade im Hinblick darauf, dass der Erlass des MiLoG verfassungsrechtlich nicht geboten war.

Interessanter ist jedoch die Frage der materiellen Rechtmäßigkeit der Ausnahmeregelung in § 22 Abs. 2 MiLoG. Diese erscheint unter anderem im Hinblick auf Art. 9 Abs. 3, Art. 12 Abs. 1 und Art. 3 Abs. 1 GG nicht unproblematisch.

---

570 BGBl. I 2014/39, I S. 1348.
571 BeckOK GG/*Seiler* (2018), Art. 74 Rn. 47.

III. Verstoß gegen Art. 9 Abs. 3 GG

Ein mit dem Erlass von § 22 Abs. 2 MiLoG verbundener Verstoß gegen die Koalitionsfreiheit aus Art. 9 Abs. 3 GG lässt sich nicht feststellen.

Durch Art. 9 Abs. 3 Satz 1 GG wird die Koalitionsfreiheit geschützt, also das individuelle Recht, sich zur Wahrung und Förderung der Arbeits- und Wirtschaftsbedingungen zu vereinigen.[572] Der Schutzbereich der Koalitionsfreiheit umfasst dabei nach der Rechtsprechung des Bundesverfassungsgerichts „alle Verhaltensweisen, die koalitionsspezifisch sind".[573] Auch den Tarifvertragsparteien steht daher aus Art. 9 Abs. 3 GG eine Normsetzungskompetenz zu.[574] Art. 9 Abs. 3 GG schützt dabei jedoch nicht vor staatlicher Rechtsetzung, da den Tarifvertragsparteien zwar ein Normsetzungs*recht*, aber kein Normsetzungs*monopol* zusteht und die negative Koalitionsfreiheit daher nicht vor einer gesetzlichen Regulierung der Arbeitsbedingungen schützt.[575] Somit war der Gesetzgeber berechtigt, sowohl einen gesetzlichen Mindestlohn[576] als auch Ausnahmen davon zu erlassen. Daher konnte der Gesetzgeber mit § 22 Abs. 2 MiLoG auch eine Ausnahme für minderjährige Arbeitnehmer ohne Ausbildung verabschieden, ohne dadurch Art. 9 Abs. 3 GG zu verletzen.

IV. Verstoß gegen Art. 12 Abs. 1 GG

Zweifellos beschränkt das Mindestlohngesetz die arbeitsrechtliche Vertragsfreiheit. Das Grundrecht des Art. 12 Abs. 1 GG soll gerade vor solchen staatlichen Handlungen schützen, die sich spezifisch auf Beruf und Ausbildung beziehen, und umschließt daher grundsätzlich auch die Freiheit, das Entgelt für berufliche Leistungen einzelvertraglich verbindlich auszuhan-

---

572 ErfK/*Linsenmaier* GG (2018), Art. 9 Rn. 15.
573 BVerfG, Beschluss vom 14.11.1995 – 1 BvR 601/92, BVerfGE 93, 352 (358) = NZA 1996, 381 (382); BVerfG, Beschluss vom 24.04.1996 – 1 BvR 712/86, BVerfGE 94, 268 (283) = NJW 1997, 513 (513).
574 BVerfG, Beschluss vom 24.04.1996 – 1 BvR 712/86, BVerfGE 94, 268 (284) = NJW 1997, 513 (513).
575 BVerfG, Beschluss vom 24.04.1996 – 1 BvR 712/86, BVerfGE 94, 268 (284) = NJW 1997, 513 (513); Düwell/Schubert/*Schubert*, Einleitung Rn. 41.
576 Befürwortend zum Beispiel *Barczak*, RdA 2014, 290 (296); a.A. *Fischer*, ZRP 2007, 20 (20 ff.).

§ 5 Vereinbarkeit von § 22 Abs. 2 MiLoG mit höherrangigem Recht

deln.[577] Dies gilt sowohl für die Arbeitgeber-, als auch für die Arbeitnehmerseite. Gesetzliche Vergütungsregeln wie das Mindestlohngesetz beschränken diese durch Art. 12 Abs. 1 GG geschützte Freiheit. Sie können für den Arbeitnehmer die Einnahmen, welche durch eine berufliche Tätigkeit erzielt werden können, stark beeinflussen.[578] Letztlich lässt sich die Einführung eines gesetzlichen Mindestlohnes aber trotz berufsausübungsbezogenen Eingriffs nach Art. 12 Abs. 1 Satz 2 GG dadurch rechtfertigen, dass mit dem Mindestlohngesetz eine Entlastung der sozialen Sicherungssysteme bezweckt wird und damit vernünftige Ziele des Allgemeinwohls angestrebt werden.[579]

Allerdings könnte auch gerade die Regelung in § 22 Abs. 2 MiLoG als Einschränkung der Berufsfreiheit der Jugendlichen gegen Art. 12 Abs. 1 GG verstoßen. Schließlich normiert § 22 Abs. 2 MiLoG eine Altersgrenze, ab der Arbeitnehmer einen Anspruch auf höheren Lohn bekommen und könnten jüngere Arbeitnehmer dadurch benachteiligt werden. Auch das Bundesverfassungsgericht begreift Altersgrenzen als unmittelbare Diskriminierung wegen des Alters und thematisiert diese primär als eine mögliche Verletzung der individuellen Berufsfreiheit, soweit ein Eingriff in diese vorliegt. Es sieht Altersgrenzen nicht unmittelbar als ein Problem des Rechts auf allgemeine Gleichbehandlung, da eine differenzierende Regelung, die dem Maßstab des Art. 12 Abs. 1 GG standhält, regelmäßig auch die ausreichende Rechtfertigung für die vorgenommene Ungleichbehandlung im Rahmen von Art. 3 GG beinhaltet.[580] Geht es jedoch wie hier auch um die Vorenthaltung von Rechten für den Einzelnen, so ist daneben auch die Vereinbarkeit mit dem allgemeinen Gleichbehandlungsgrundsatz zu untersuchen. Deshalb soll im Folgenden zunächst eine mögliche Verlet-

---

577 Vgl. BVerfG, Beschluss vom 15.12.1999 – 1 BvR 1904/95 u.a., BVerfGE 101, 331 (347) = NJWE-FER 2000, 117; BVerfGE 117, 163 (181) = NJW 2007, 979 m.w.N.
578 BVerfG, Beschluss vom 23.10.2013 – 1 BvR 1842/11, 1 BvR 1843/11, BVerfGE 134, 204 (222) = NJW 2014, 46 (46).
579 Grundlegend zur Stufentheorie siehe BVerfG, Urteil vom 11.6.1958 – 1 BvR 596/56, BVerfGE 7, 377 (401 f.) = NJW 1958, 1035 (1037) [*Apotheken-Urteil*]; BVerfG, Urteil vom 18.7.1972 – 1 BvL 32/70 u.a., NJW 1972, 1561 (1566) [*Numerus Clausus* I]; diesen Maßstab wieder aufgreifend auch BVerfG, Beschluss vom 12.1.2016 – 1 BvR 3102/13, BVerfGE 141, 121 = NJW 2016, 930; zur Rechtfertigung aus Gründen des Allgemeinwohls BVerfG, Urteil vom 2.3.2010 – 1 BvR 256/08 u.a., NJW 2010, 833 (850); zur konkreten Rechtfertigung des MiLoG *Barczak*, RdA 2014, 290 (296).
580 So zum Beispiel BVerfG, Beschluss vom 31.3.1998 – 1 BvR 2167-93 u.a., NJW 1998, 1776 (1778); *Mohr*, RdA 2017, 35 (37).

zung von Art. 12 Abs. 1 GG thematisiert werden, bevor § 22 Abs. 2 MiLoG auch in Bezug auf Art. 3 Abs. 1 GG untersucht wird.

1. Schutzbereich der Berufsfreiheit

Seit dem Apotheken-Urteil des Bundesverfassungsgerichts von 1958[581] gilt Art. 12 Abs. 1 GG als einheitliches Grundrecht der Berufsfreiheit und schützt sowohl die Wahl und die Ausübung der Berufes, die Wahl des Arbeitsplatzes als auch die Vorstufe der Berufsausbildung.[582] Nach der Rechtsprechung des Bundesverfassungsgerichts gewährt Art. 12 Abs. 1 GG „dem Einzelnen das Recht, jede Tätigkeit, für die er sich geeignet glaubt, als Beruf zu ergreifen und zur Grundlage seiner Lebensführung zu machen" und „konkretisiert das Grundrecht auf freie Entfaltung der Persönlichkeit im Bereich der individuellen Leistung und Existenzerhaltung".[583] Dabei ist Art. 12 Abs. 1 GG ein subjektiv-öffentliches Abwehrrecht und schützt vor staatlichen Handlungen, die die Berufsfreiheit einschränken, gewährt jedoch dagegen kein „Recht auf Arbeit".[584] Wie gesehen schützt Art. 12 Abs. 1 GG daneben auch die Freiheit, bestimmte Fragen des Arbeitsverhältnisses, insbesondere die Vergütung, individuell auszuhandeln.

§ 22 Abs. 2 MiLoG stellt eine Vergütungsregel dar. Die Norm regelt inhaltlich das Arbeitsentgelt für jugendliche Arbeitnehmer ohne Ausbildung, indem sie diese vom Mindestlohnanspruch und dem Schutz des MiLoG ausnimmt und dem Arbeitgeber die Vergütung letztlich – mit Ausnahme der Grenze des § 138 BGB –offenlässt. Der Schutzbereich des Art. 12 Abs. 1 GG ist daher eröffnet.[585]

---

581 BVerfG, Urteil vom 11. 6. 1958 – 1 BvR 596/56, BVerfGE 7, 377 (401 f.) = NJW 1958, 1035 (1037).
582 Sachs/*Mann*, GG, Art. 12 Rn. 14.
583 BVerfG, Beschluss vom 20.3.2001 – 1 BvR 491/96, BVerfGE 103, 172 (182 f.) = NJW 2001, 1779 (1779) mit Verweis auf BVerfGE 82, 209 (223) = NJW 1990, 2306 (2307); im Kern so auch schon BVerfG, Beschluss vom 30.10.1961 – 1 BvR 833/59, BVerfGE 13, 181(185) = NJW 1961, 2299 (2299).
584 *Ipsen*, Staatsrecht II, § 15 Rn. 648.
585 Zwar greifen Vergütungsregeln typischerweise auch in die Vertragsfreiheit zwischen Arbeitnehmer und Arbeitgeber ein und wird diese auch durch das Grundrecht der allgemeinen Handlungsfreiheit gemäß Art. 2 Absatz 1 GG geschützt, jedoch tritt bei berufsbezogenen Vergütungsregeln die allgemeine Handlungsfreiheit als Prüfungsmaßstab hinter dem speziellen Schutz des Art. 12 Abs. 1 GG zurück, vgl. BVerfG, Beschluss vom 23.10.2013 – 1 BvR 1842/11, 1 BvR 1843/11, BVerfGE 134, 204 (222 f.) = NJW 2014, 46 (46).

2. Eingriff

Welche verfassungsrechtlichen Anforderungen § 22 Abs. 2 MiLoG erfüllen muss, richtet sich danach, inwieweit die Bereichsausnahme den eben dargestellten Schutzbereich verletzt. f

a. Stufentheorie

Die bekannte, vom Bundesverfassungsgericht bereits 1958 entwickelte und hier nur kurz zu erläuternde Stufentheorie[586] unterscheidet drei mögliche Beschränkungen der Berufsfreiheit mit zunehmender Eingriffsintensität: auf der ersten Stufe die Einschränkungen der Berufsausübung, auf der zweiten Stufe subjektive Einschränkungen der Berufsauswahl und letztlich als dritte Stufe noch objektive Einschränkungen der Berufswahl.[587] Während die Berufsausübungsfreiheit das *ob* der beruflichen Betätigung betrifft, greifen Berufswahlregelungen in das *wie* der beruflichen Tätigkeit ein.[588]

Ein Eingriff in die Berufsfreiheit kann dabei nicht nur unmittelbar durch finale rechtsförmige Beschränkungen wie Gebote und Verbote erfolgen, sondern auch durch mittelbare und faktische Beeinträchtigungen.[589] Daher können grundsätzlich auch Regelungen mit faktischer Wirkung eine Beeinträchtigung der Berufsfreiheit bedeuten.[590]

---

586 Grundlegend BVerfG, Urteil vom 11.6.1958 – 1 BvR 596/56, BVerfGE 7, 377 (402 ff.) = NJW 1958, 1035 (1038) [*Apotheken-Urteil*]; diese Maßstäbe zumindest in der Sache wieder aufgreifend BVerfG, Beschluss vom 8.6.2010 – 1 BvR 2011/07 u.a., BVerfGE 126, 112 = NVwZ 2010, 1212 sowie BVerfG, Beschluss vom 12.1.2016 – 1 BvR 3102/13, BVerfGE 141, 121 = NJW 2016, 930; kurze Darstellung zur Stufentheorie bei Maunz/Dürig/*Scholz*, GG (2018), Art. 12 Rn. 335.
587 *Ipsen*, Staatsrecht II, § 15 Rn. 654 ff.
588 *Kingreen/Poscher*, Grundrechte Staatsrecht II (2018), Rn. 953.
589 BVerfG, Beschluss vom 30.10.1961 – 1 BvR 833/59, BVerfGE 13, 181(185) = NJW 1961, 2299 (2299).
590 Bei faktischen Maßnahmen, die keinen unmittelbar berufsregelnden Charakter haben, fordert das Bundesverfassungsgericht aber in ständiger Rechtsprechung, dass die Maßnahmen zusätzlich „in einem engen Zusammenhang mit der Ausübung eines Berufes stehen und objektiv eine berufsregelnde Tendenz erkennen lassen, vgl. BVerfG, Beschluss vom 30.10.1961 – 1 BvR 833/59, BVerfGE 13, 181(186) = NJW 1961, 2299 (2299); BVerfG, Urteil vom 17.2.1998 – 1 BvF 1/91, BVerfGE 97, 228 (254) = NJW 1998, 1627 (1628).

b. § 22 Abs. 2 MiLoG als Berufsausübungsregelung

§ 22 Abs. 2 MiLoG stellt keine Berufswahlregelung dar. Zwar stellen Altersgrenzen an sich typischerweise subjektive Berufswahlregelungen dar.[591] Aber durch die Regelung in § 22 Abs. 2 MiLoG sind auch minderjährige Arbeitnehmer ohne Ausbildung nicht daran gehindert, einen bestimmten Beruf zu wählen und auszuüben. Die Norm betrifft nur die Vergütung der Arbeit und beinhaltet keine Beschränkung bezüglich des Zugangs zum Beruf. § 22 Abs. 2 MiLoG kann daher nur einen Eingriff in die Berufsfreiheit in Form einer Berufsausübungsregelung darstellen. Eine solche liegt dann vor, wenn die in Frage stehende Regelung „bestimmt in welcher Art und Weise die Berufsangehörigen ihre Berufstätigkeit im Einzelnen zu gestalten haben".[592] Dazu zählen beispielsweise Regelungen über Ladenöffnungszeiten oder Regelungen über Werbung beziehungsweise Werbeverbote. Die gesetzliche Regelung des Mindestlohnes im Allgemeinen greift dabei in die Freiheit des Arbeitgebers ein, individuelle Löhne auszuhandeln und zu vereinbaren, da jetzt mindestens das gesetzliche festgelegte Mindestentgelt von 9,19 € gezahlt werden muss. Das MiLoG insgesamt ist daher wohl eine Berufsausübungsregelung im Sinne von Art. 12 Abs. 1 GG.

Eine unmittelbare Beschränkung der Berufsausübung gerade durch § 22 Abs. 2 MiLoG lässt sich derweil aber nicht erkennen. Hier gilt inhaltlich das bereits oben zur unionsrechtlichen Berufsfreiheit in Art. 15 Abs. 1 GRCh gesagte:[593] Dem Arbeitgeber ist es nicht verboten, dem minderjährigen Arbeitnehmer ungeachtet des § 22 Abs. 2 MiLoG den Mindestlohn oder sogar einen höheren Lohn zu zahlen. Er ist in seinem Recht, individuelle Löhne mit seinen Arbeitnehmern auszuhandeln, nicht beschränkt. Der Jugendliche ist auf der anderen Seite durch die Ausnahmeregelung auch nicht in der Art und Weise begrenzt, wie er seinen Beruf ausüben kann oder soll. Beeinflusst wird seine Berufsausübung beispielsweise durch das JArbSchG, welches für Jugendliche bestimmte Arbeitszeiten und Beschäftigungsarten verbietet, aber nicht durch eine Regelung, die nur das Arbeitsentgelt betrifft, wie § 22 Abs. 2 MiLoG. Für eine mittelbare Be-

---

591 Vgl. zum Beispiel BVerfG, Urteil vom 16.6.1959 – 1 BvR 71/57, BVerfGE 9, 338 (345) = NJW 1959, 1579 (Hebammenaltersgrenze) oder BVerfG, Beschluss vom 21.4.2015 – 2 BvR 1322/12 u.a., BVerfGE 139, 19 (24) = NVwZ 2015, 1279 (1283) – Einstellungs-höchstaltersgrenzen für den öffentlichen Dienst.
592 BVerfG, Urteil vom 11.6.1958 – 1 BvR 596/56, BVerfGE 7, 377 (405 f.) = NJW 1958, 1035 (1038)
593 Siehe oben, § 5 B III 2, 143.

§ 5 Vereinbarkeit von § 22 Abs. 2 MiLoG mit höherrangigem Recht

schränkung der Berufsausübung durch § 22 Abs. 2 MiLoG sind keine Anhaltspunkte ersichtlich.

c. Grundrechtliche Schutzpflicht aus Art. 12 Abs. 1 GG

Zu bedenken ist jedoch, ob der Staat nicht aufgrund seiner Schutzpflichten gehalten war, gerade dem minderjährigen Arbeitnehmer als Untermaß einen Mindestlohnanspruch zu gewährleisten, und ob dadurch nicht das Grundrecht aus Art. 12 Abs. 1 GG verletzt sein könnte. In der Rechtsprechung des Bundesverfassungsgerichts ist anerkannt, dass ein Verstoß gegen staatliche Schutzpflichten nicht nur rein objektiv-rechtliche Verfassungsverletzungen zur Folge hat, sondern auch den einzelnen Grundrechtsträger in seinen subjektiv-öffentlichen Rechten verletzt. Dieser kann die Verletzung daher etwa mittels Verfassungsbeschwerde rügen.[594] Die staatliche Schutzpflicht aus Art. 12 Abs. 1 GG, die im Arbeitsverhältnis, in dem in der Regel keine Vertragsparität herrscht, ohnehin schon aktiviert ist, muss bei besonders schwachen Arbeitnehmern noch stärker herangezogen werden. Zu diesen zählen gerade auch minderjährige Arbeitnehmer. Während vor Erlass des Mindestlohngesetztes auch für erwachsene Arbeitnehmer nur das staatliche Untermaßverbot sowie das (schwache) Sicherheitsnetz des § 138 BGB bestand, besteht für diese jetzt durch den Mindestlohn zumindest ein etwas stärkerer Schutz vor zu niedrigen Löhnen. Demgegenüber sind die schwachen, minderjährigen Arbeitnehmer nun beim Arbeitsentgelt weiterhin auf den Schutz durch den Lohnwuchertatbestand als Untergrenze sowie das staatliche Untermaßverbot beschränkt, da ihnen der Gesetzgeber mit § 22 Abs. 2 MiLoG den Anspruch auf den Mindestlohn nimmt. Allerdings geht das Bundesverfassungsgericht nur unter engen Voraussetzungen von einer Verletzung des Untermaßverbotes aus[595] und diese liegen hier nicht vor. Zum einen kann aufgrund des Lohnwucher-tatbestandes nach § 138 Abs. 2 BGB nicht von einem nicht vorhandenen Schutz gesprochen werden. Zum stellt sich der vorhandene Schutz nicht als völlig unzulänglich dar.[596]

---

594 Vgl. ausdrücklich etwa BVerfG, Urteil vom 1.12.2009 – 1 BvR 2857/07, BVerfGE 125, 39 (78) = NVwZ 2010, 570 (572) m.w.N.
595 Siehe oben Fn 568.
596 Vergleiche zum Lohnwucher speziell bei Jugendlichen § 3 B., S. 38 ff.

3. Rechtfertigung eines Eingriffs

Selbst wenn man – entgegen der hier vertretenen Ansicht – einen Eingriff bejahen würde und § 22 Abs. 2 MiLoG als Berufsausübungsregelung ansieht, so wäre § 22 Abs. 2 MiLoG bereits dann verfassungsmäßig zulässig, wenn die Norm auf einer gesetzlichen Grundlage beruht und „vernünftige Erwägungen des Gemeinwohls" die Norm zweckmäßig erscheinen lassen.[597] Ob dies der Fall ist, muss im Rahmen einer daran angepassten Verhältnismäßigkeitsprüfung untersucht werden.[598] Die Anforderungen an diese sind jedoch nicht sehr hoch, da die Berufsausübung lediglich die erste Stufe der Berufsfreiheit betrifft. Der Eingriff darf insgesamt nicht weiter gehen, als die sie legitimierenden öffentlichen Interessen erfordern und die Eingriffsmittel müssen zur Erreichung der angestrebten Zwecke geeignet und nicht übermäßig belastend sein.[599] Der mit § 22 Abs. 2 MiLoG verfolgte Zweck der nachhaltigen Integration jugendlicher Arbeitnehmer in den Arbeitsmarkt stellt einen Belang des Allgemeinwohls dar. Wie oben festgestellt ist die Regelung in § 22 Abs. 2 MiLoG auch nicht ungeeignet, die Ausbildungsbereitschaft von Jugendlichen zu fördern, insbesondere vor dem Hintergrund des großen Einschätzungs- und Gestaltungsspielraum des Gesetzgebers.[600] Der Eingriff belastet die jugendlichen Arbeitnehmer auch nicht übermäßig, da wenn überhaupt nur eine mittelbare Beeinträchtigung der Berufsausübung vorliegt. Zudem ist es den Arbeitgebern nicht verboten, den jugendlichen Arbeitnehmern auch einen höheren Lohn zu zahlen. Die Jugendlichen sind also nicht stark in ihrer Berufsfreiheit verletzt. § 22 Abs. 2 MiLoG verfolgt somit vernünftige Interessen des Allgemeinwohls, ein etwaiger berufsausübungsbezogener Eingriff in die Berufsfreiheit ist nicht übermäßig belastend und wäre unter diesen Gesichtspunkten gerechtfertigt.

---

597 BVerfG, Urteil vom 11.6.1958 – 1 BvR 596/56, BVerfGE 7, 377 (405.) = NJW 1958, 1035 (1038) [*Apotheken-Urteil*].
598 Ständige Rspr., vgl. BVerfG, Beschluss vom 14.12.1965 – 1 BvL 14/60, BVerfGE 19, 330 (336f.) = NJW 1966, 291 (292); BVerfG, Urteil vom 30.7.2008 – 1 BvR 3262/07 u.a., NJW 2008, 2409 (2411).
599 BVerfG, Beschluss vom 14.12.1965 – 1 BvL 14/60, BVerfGE 19, 330 (336f.) = NJW 1966, 291 (292).
600 Vergleiche oben unter § 5 B. II. 4. c. bb. [2], S. 109 ff.

4. Zwischenergebnis

Die Bereichsausnahme des § 22 Abs. 2 MiLoG ist somit mangels Eingriffs mit der in Art. 12 Abs. 1 GG normierten Berufsfreiheit vereinbar. Selbst wenn man § 22 Abs. 2 MiLoG als gesetzliche Einschränkung der Berufsausübung auffasst, so wäre dieser Eingriff durch Erwägungen des Allgemeinwohls gerechtfertigt. Es liegt daher kein Verstoß gegen Art. 12 Abs. 1 GG vor.

V. Verstoß gegen Art. 3 Abs. 1 GG

Im Schwerpunkt betrifft die Regelung, wonach Jugendlichen unter 18 Jahren kein Mindestlohn gewährt wird, als gesetzlich normierte Altersgrenze den Gleichbehandlungsgrundsatz nach Art. 3 Abs. 1 GG. Bei der Altersgrenze des § 22 Abs. 2 MiLoG handelt es sich – wie oben gesehen – nicht um einen Eingriff in die Berufsfreiheit[601], sondern es geht vielmehr um die Vorenthaltung des Rechts auf den gesetzlichen Mindestlohn nach § 1 Abs. 1 MiLoG. In solchen Fällen muss eine Altersgrenze als Frage der Ungleichbehandlung nach Art. 3 Abs. 1 GG behandelt werden, da keine unmittelbare Beschränkung der Berufsfreiheit nach Art. 12 Abs. 1 GG, sondern die unterschiedliche Behandlung des Einzelnen in Bezug auf den Mindestlohnanspruch im Vordergrund steht.

Wie bereits oben erwähnt, war der Gesetzgeber verfassungsrechtlich aus der Garantie der Menschenwürde oder dem Sozialstaatprinzip zwar nicht verpflichtet, einen allgemeinen gesetzlichen Mindestlohn einzuführen.[602] Gewährt er jedoch einen Mindestlohnanspruch, so darf er bestimmte Personengruppen nicht gleichheitswidrig von dieser Begünstigung ausschließen. Durch § 22 Abs. 2 MiLoG wird jedoch eine bestimmte Personengruppe von Arbeitnehmern (unter 18 Jahre ohne Ausbildung) anders behandelt als (fast) alle anderen Arbeitnehmer und vom Mindestlohnanspruch ausgeschlossen. Das Lebensalter taucht im nationalen Verfassungsrecht nicht als

---

601 Selbst wenn man einen Eingriff bejaht, kann es sich nur um eine Berufsausübungsregelung und nicht um eine Berufswahlregelung handeln, vgl. oben § 5 C. IV. 2. b., S. 159 ff. Der Schwerpunkt der Vereinbarkeit mit der Verfassung liegt nur dann bei Art. 12 Abs. 1 GG, wenn es sich bei der Altersgrenze um eine Berufswahlregelung beziehungsweise überhaupt um einen Eingriff in Art. 12 Abs. 1 GG handelt, nicht aber, wenn es wie hier primär um die Vorenthaltung von Rechten geht oder schon gar kein Eingriff in Art. 12 GG vorliegt.
602 Siehe oben unter § 5 C. I., S. 151 ff.

besonderes Diskriminierungsmerkmal in Art. 3 Abs. 3 GG auf. Da die Ausnahme in § 22 Abs. 2 MiLoG auf dem Alter beruht und somit nicht auf einem in Art. 3 Abs. 3 GG genannten Merkmal der speziellen Gleichheitssätze, kommt als Prüfungsmaßstab hier nur der allgemeine Gleichbehandlungsgrundsatz nach Art. 3 Abs. 1 GG in Betracht.[603]

Interessant ist an dieser Stelle, dass nicht nur in Deutschland die Altersdiskriminierung nicht direkt verboten ist, sondern dass in kaum einer Verfassung der Mitgliedstaaten der Europäischen Union ein ausdrückliches Verbot der Altersdiskriminierung existiert – dennoch haben alle Mitgliedstaaten der Einführung eines ausdrücklichen Verbots in der RL 2000/78/EG zugestimmt.[604]

1. Ungleichbehandlung

Der Grundgedanke des Art. 3 Abs. 1 GG ist simpel und einleuchtend. Gemäß Art. 3 Abs. 1 GG sind alle Menschen vor dem Gesetz gleich und die Norm gebietet dem Gesetzgeber, alle Gruppen von Normadressaten gleich zu behandeln.[605] Der Gleichheitssatz verbietet dabei jedoch nicht jede Differenzierung. Vielmehr ist Schutzgut von Art. 3 Abs. 1 GG die Rechtsgleichheit. Das Grundrecht gebietet dabei die Gleichbehandlung von wesentlich Gleichem und verbietet jede unsachgemäße Differenzierung.[606] Im Rahmen der verfassungsrechtlichen Beurteilung der Ausnahme in § 22 Abs. 2 MiLoG gilt es zunächst zu klären, ob die Ausgrenzung jugendlicher Arbeitnehmer ohne Ausbildung vom Mindestlohnanspruch eine Ungleichbehandlung von wesentlich Gleichem und damit eine verfassungsrechtlich relevante Ungleichbehandlung im Sinne des Art. 3 Abs. 1 darstellt:

---

603 Der allgemeine Gleichheitssatz in Art. 3 Abs. 1 GG ist ansonsten gegenüber den speziellen Gleichheitssätzen in Abs. 3 subsidiär; vgl. Jarass/Pieroth/*Jarass*, Art. 3 GG Rn. 4; a.A. dagegen und Spezialität ablehnend, nur von einem Wertungsvorrang ausgehend Sachs/*Nußberger*, GG, Art. 3 Rn. 77 ff.
604 *Huster*, EuR 2010, 325 (336); tabellarische Darstellung bei Heselhaus/Nowak/*Odendahl*, Handbuch der Grundrechte, § 45 Rn. 59 f.
605 Vgl. zur Geschichte und Wortlaut der Norm *Ipsen*, Staatsrecht II, § 19 Rn. 794 f. m.w.N.
606 *Ipsen*, Staatsrecht, § 19 Rn. 799, 803.

§ 5 Vereinbarkeit von § 22 Abs. 2 MiLoG mit höherrangigem Recht

a. Gleichbehandlungspflicht

Art. 3 Abs. 1 GG enthält genau gesehen zwei Verbote. Das Bundesverfassungsgericht leitet aus dem Gleichheitssatz zunächst das Verbot ab, wesentlich Gleiches ungleich zu behandeln.[607] Daneben verbietet der Gleichheitssatz aber auch die Gleichbehandlung von wesentlich Ungleichem.[608] Der Gesetzgeber ist somit gehalten, wesentlich Gleiches auch gleich und wesentlich Ungleiches seiner Eigenart entsprechend unterschiedlich zu regeln.[609] Dabei gilt der Gleichheitssatz sowohl für ungleiche Belastungen wie auch für ungleiche Begünstigungen.[610] Verboten ist daneben auch ein gleichheitswidriger Begünstigungsausschluss, bei dem einem Personenkreis eine Begünstigung gewährt wird, während diese Begünstigung einem anderen Personenkreis aber vorenthalten wird.[611]

Grundrechtsverpflichteter durch Art. 3 GG ist in erster Linie der Staat in all seinen Untergliederungen (Art. 1 Abs. 3 GG). Die aus Art. 3 Abs. 1 GG folgende Gleichbehandlungspflicht trifft wegen Art. 1 Abs. 3 GG und in Anbetracht der Entstehungsgeschichte dadurch insbesondere auch den Gesetzgeber.[612]

---

[607] So die ständige Rspr. seit BVerfG, Urteil vom 23.10.1951 – 2 BvG 1/51 [*Südweststaat*], BVerfGE 1, 14 (52) = NJW 1951, 877 (878).
[608] Vgl. hierfür ausdrückliche Rspr. des BVerfG: z.B. Beschluss vom 27.6.1961 – 1 BvR 486/59, BVerfGE 13, 46 (53) sowie Beschluss vom 15. Juli 1998 – 1 BvR 1554/89, 963, 963/94, BVerfGE 98, 365 (385); Jarass/Pieroth/*Jarass*, Art. 3 GG Rn. 12.
[609] *Kirchhof*, in: Isensee/Kirchhof (Hrsg.): Handbuch des Staatsrechts, Band VIII, § 181 Rn. 2.
[610] Ständige Rspr, vgl. BVerfG, Beschluss vom 8.6.2004 – 2 BvL 5/00, BVerfGE 110, 412 (431) = NJW-RR 2004, 1657 (1658); BVerfG, Beschluss vom 21.6 2006 – 2 BvL 2/99 BVerfGE 116, 164 (180) = NJW 2006, 2757 (2757); BVerfG, Urteil vom 9.12.2008 – 2 BvL 1/07 u.a, BVerfGE 122, 210 (230) = NJW 2009, 48 (49).
[611] Ständige Rspr., vgl. BVerfG, Beschluss vom 8.6.2004 – 2 BvL 5/00, BVerfGE 110, 412 (431) = NJW-RR 2004, 1657 (1658); BVerfG, Beschluss vom 11. 1. 2005 –2 BvR 167/02; BVerfGE 112, 164 (174) = NJW 2005, 1923 (1924); BVerfG, Beschluss vom 21.6.2006 – 2 BvL 2/99, BVerfGE 116, 164 (180) = NJW 2006, 2757 (2757); Maunz/Dürig/*P. Kirchhof*, GG (2018), Art. 3 Abs. 1 Rn. 282.
[612] BeckOK GG/*Kischel* (2018), Art. 3 Rn. 9; Jarass/Pieroth/*Jarass*, Art. 3 GG Rn. 3.

b. Verfassungsrechtlich relevante Ungleichbehandlung

Die unterschiedliche Handhabung des Mindestlohnanspruchs bei minderjährigen Arbeitnehmern im Vergleich zu volljährigen Arbeitnehmern durch § 22 Abs. 2 MiLoG erweist sich im Ergebnis als verfassungsrechtlich relevante Ungleichbehandlung. Dies wird im Folgenden näher erläutert:
Eine Verletzung von Art. 3 Abs. 1 GG setzt zunächst eine unterschiedliche Behandlung vergleichbarer Sachverhalte voraus, wozu das Aufstellen von Vergleichsgruppen mit im wesentlichen gleichen Sachverhalten erforderlich ist.[613] Daher ist bei der Beurteilung einer Ungleichbehandlung nach Art. 3 Abs. 1 GG zu prüfen, ob mehrere Personengruppen mit gemeinsamem Bezugspunkt (*tertium comparationis*) oder Personen, die sich unter einem gemeinsamen Oberbegriff (*genus proximum*) zusammenfassen lassen, durch Maßnahmen der öffentlichen Gewalt, die dem selben Hoheitsträger zugeordnet werden können, in rechtserheblicher Weise unterschiedlich behandelt werden.[614] Um eine Verletzung von Art. 3 Abs. 1 GG darzustellen, müsste somit eine Gruppe von Normadressaten, die unter einem gemeinsamen Oberbegriff zusammengefasst werden können, durch § 22 Abs. 2 MiLoG unterschiedlich behandelt werden. Die Ungleichbehandlung muss zudem im gleichen Verantwortungsbereich der öffentlichen Gewalt liegen. Die Anforderungen an die Vergleichbarkeit sind dabei relativ gering. So verneint das Bundesverfassungsgericht diese zum Beispiel nur wenn die relevanten Sachverhalte „verschiedenen rechtlichen Ordnungsbereichen zugehörig sind und in anderen systematischen Zusammenhängen stehen".[615]
Vorliegend lassen sich jugendliche Arbeitnehmer, volljährige Arbeitnehmer und Arbeitnehmer mit und ohne Ausbildung unter dem gemeinsamen Oberbegriff „Arbeitnehmer" zusammenfassen. Ihr gemeinsamer Be-

---

613 Jarass/Pieroth/*Jarass*, Art. 3 GG Rn. 10 f.
614 *Kingreen/Poscher*, Grundrechte Staatsrecht II (2018), Rn. 518 ff.; a.A. dagegen BeckOK GG/*Kischel* (2018), Art. 3 Rn. 15.1 f., der die Suche nach einem gemeinsamen Oberbegriff bei der Prüfung der Ungleichbehandlung für nicht sinnvoll erachtet und stattdessen darauf abstellt, ein Vergleichspaar zu bilden; auch mit Vergleichspaaren arbeitend *Ipsen*, Staatsrecht II, § 19, Rn. 801 ff.
615 BVerfG, Beschluss vom 19. 12. 2012 – 1 BvL 18/11, BVerfGE 133, 1 (21) = NJW 2013, 1418 (1421) mit Verweis auf BVerfG, Beschluss vom 18. 6. 1975 – 1 BvL 4/74, BVerfGE 40, 121 (139 f.) = NJW 1975, 1691 (1693); dabei ist anzumerken, dass die fehlende Vergleichbarkeit in Literatur und Rechtsprechung auch teilweise bei der Rechtfertigung geprüft wird und kein eigenständiges Prüfungsmerkmal vorab darstellt, vgl. dazu BeckOK GG/*Kischel* (2018) Art. 3 Rn. 17 f. sowie *Krönke*, EnWZ 2018, 59 (64).

zugspunkt ist ihre Arbeitnehmereigenschaft. Damit besteht für alle unterschiedlichen in § 22 Abs. 2 MiLoG angesprochenen Personengruppen ein gemeinsamer Oberbegriff. Die Maßnahme – also der Erlass des § 22 Abs. 2 MiLoG – ist auch unproblematisch derselben staatlichen Stelle zurechenbar: dem Bund als Gesetzgeber. Ein der Vergleichbarkeit widersprechendes Argument lässt sich nicht finden, ein systematischer Zusammenhang besteht.

Durch die Ausnahmeregelung wird eine bestimmte Arbeitnehmergruppe dieses Oberbegriffs – eben die minderjährigen Arbeitnehmer ohne Ausbildung – vom Anspruch auf den gesetzlichen Mindestlohn ausgenommen und damit anders behandelt als andere, ältere Arbeitnehmer. Der Mindestlohn stellt eine Begünstigung für Arbeitnehmer dar, die dem einen Personenkreis (über 18-jährige Arbeitnehmer und Jugendlichen mit abgeschlossener Ausbildung) gewährt wird, während er einem anderen Personenkreis (den Jugendlichen unter 18 Jahren ohne Ausbildung) vorenthalten wird. Wie oben bereits festgestellt, liegen darin auf den ersten Blick sogar zwei Ungleichbehandlungen: einerseits wird am Merkmal Alter, andererseits am Merkmal der abgeschlossenen Ausbildung differenziert.[616] Letztlich handelt es sich aber bei der Regelung in § 22 Abs. 2 MiLoG trotz dieser beiden Ungleichbehandlung nicht um eine kumulative Ungleichbehandlung, sondern im Schwerpunkt um eine Altersdiskriminierung. Die Ungleichbehandlung betreffend die abgeschlossene Ausbildung fungiert vielmehr eine Rückausnahme beziehungsweise eine Abschwächung der gegebenen Altersdiskriminierung. So gilt die Altersgrenze von 18 Jahren gerade nicht für diejenigen Arbeitnehmer, die bereits eine abgeschlossene Ausbildung haben. Mittelpunkt der Regel bleibt somit die Diskriminierung anhand des Merkmals Alter. Die Rückausnahme betreffend das Merkmal der abgeschlossenen Ausbildung muss jedoch bei der Rechtfertigung berücksichtigt werden.

Der Gesetzgeber behandelt durch die Regelung in § 22 Abs. 2 MiLoG also Gleiches (Arbeitnehmer) ungleich, so dass eine verfassungsrechtlich relevante Ungleichbehandlung vorliegt.

2. Rechtfertigung der Ungleichbehandlung

Vor diesem Hintergrund bleibt im Folgenden zu überlegen, ob das mit § 22 Abs. 2 MiLoG verfolgte Ziel der nachhaltigen Integration junger Men-

---

616 Vergleiche oben § 5 B. II. 3. b., S. 95 ff.

schen in den Arbeitsmarkt einen hinreichend gewichtigen Grund für die differenzierte Behandlung darstellt. Daneben ist zu untersuchen, ob die Regelung den verfassungsrechtlichen Anforderungen nicht genügt. Tut sie dies nicht, hätte das zur Folge, dass § 22 Abs. 2 MiLoG mit dem Grundgesetz unvereinbar wäre. Zwar darf der Gesetzgeber Gleiches nicht ungleich und Ungleiches nicht gleich behandeln. Dies gilt jedoch nicht, wenn es einen sachlichen Grund gibt, der eine Andersbehandlung zu rechtfertigen vermag.

Je nach Regelungsgegenstand und Intensität der Ungleichbehandlung stellt das Bundesverfassungsgericht dabei an die Rechtfertigung im Rahmen von Art. 3 Abs. 1 GG unterschiedliche Anforderungen. So bedürfen die Differenzierungen stets einer Rechtfertigung durch solche Sachgründe, die dem Ziel und dem Ausmaß der Ungleichbehandlung angemessen sind. Dabei gilt laut Bundesverfassungsgericht ein „stufenloser, am Grundsatz der Verhältnismäßigkeit orientierter verfassungsrechtlicher Prüfungsmaßstab, dessen Inhalt und Grenzen sich nicht abstrakt, sondern nur nach den jeweils betroffenen unterschiedlichen Sach- und Regelungsbereichen bestimmen lassen."[617] Um eine verfassungsrechtliche Würdigung des § 22 Abs. 2 MiLoG vornehmen zu können, bedarf es daher zunächst einer Abgrenzung des konkreten Prüfungsmaßstabes (a.), bevor die eigentliche verfassungsrechtliche Beurteilung der Regelung erfolgen kann (b).

a. Prüfungsmaßstab

Die verfassungsrechtlichen Anforderungen an den die Differenzierung tragenden Sachgrund reichen nach der aktuelleren Rechtsprechung des Bundesverfassungs-gericht von gelockerten auf das bloße Willkürverbot beschränkten Bindungen bis hin zum strengen Verhältnismäßigkeitserfordernis.[618] Dies war jedoch nicht immer so.

---

617 BVerfG, Beschluss vom 27.7.2016 – 1 BvR 371/11, BVerfGE 142, 353 (385) = NJW 2016, 3774 (3780).
618 Vgl. *Krönke*, EnWZ 2018, 59 (64); BVerfG, Beschluss vom 21.6.2011 – 1 BvR 2035/07, BVerfGE 129, 49 (68) = NVwZ 2011, 1316 (1316); BVerfG, Beschluss vom 27.7.2016 – 1 BvR 371/11, BVerfGE 142, 353 (385) = NJW 2016, 3774 (3780).

aa. Rechtsprechung des Bundesverfassungsgerichts

Ursprünglich interpretierte das Bundesverfassungsgericht den Gleichheitssatz als bloßes Willkürverbot. Demnach ist der Gleichheitssatz verletzt, „wenn sich ein vernünftiger, sich aus der Natur der Sache ergebender oder sonstwie sachlich einleuchtender Grund für die gesetzliche Differenzierung oder Gleichbehandlung nicht finden läßt, kurzum, wenn die Bestimmung als willkürlich bezeichnet werden muß."[619] Gleichzeitig hat der Gesetzgeber einen weiten Spielraum bei seiner Entscheidung. In einem Beschluss des Bundesverfassungsgerichts von 1980 heißt es: „Von einer Willkür des Gesetzgebers darf man aber nicht schon dann sprechen, wenn er im Rahmen seines freien Ermessens unter mehreren gerechten Lösungen im konkreten Falle nicht die ‚zweckmäßigste', ‚vernünftigste' oder ‚gerechteste' gewählt hat, vielmehr nur dann, wenn sich ein sachgerechter Grund für eine gesetzliche Bestimmung nicht finden läßt [...]. Dabei genügt Willkür im objektiven Sinn, d.h. die tatsächliche und eindeutige Unangemessenheit der Regelung in Bezug auf den zu ordnenden Gesetzgebungsgegenstand".[620] Dies gelte speziell auch für die Beurteilung gesetzlicher Differenzierungen bei der Regelung von Sachverhalten: „Welche Sachverhaltselemente so wichtig sind, daß ihre Verschiedenheit eine Ungleichbehandlung rechtfertigt, hat regelmäßig der Gesetzgeber zu entscheiden. Sein Spielraum endet erst dort, wo die ungleiche Behandlung der geregelten Sachverhalte nicht mehr mit einer am Gerechtigkeitsgedanken orientierten Betrachtungsweise vereinbar ist, anders ausgedrückt; wo ein einleuchtender Grund für die gesetzliche Differenzierung fehlt."[621] Die Unsachlichkeit der Differenzierung musste also evident sein, um eine Verletzung der Gleichbehandlungspflicht zu bejahen.[622]

In den 1980er Jahren entwickelte das Bundesverfassungsgericht dann auch die sogenannte „neue Formel".[623] So wurde sich von dem ursprünglich entwickelten bloßen Willkürverbot abgewandt. Man sah in Karlsruhe den Gleichheitssatz „vor allem dann verletzt, wenn eine Gruppe von Normadressaten im Vergleich zu anderen Normadressaten anders behandelt wird, obwohl zwischen beiden Gruppen keine Unterschiede von sol-

---

619 BVerfG, Urteil vom 23.10 1951 – 2 BvG 1/51B, NJW 1951, 877 (879).
620 BVerfG, Urteil vom 16.3.1955 – 2 BvK 1/54, NJW 1955, 625 (625).
621 BVerfG, Beschluss vom 16.6.1959 – 2 BvL 10/59, NJW 1959, 1627 (1628).
622 BeckOK GG/*Kischel* (2018), Art. 3 Rn. 30.
623 Erstmals BVerfG, Beschluss vom 07.10. 1980 – 1 BvL 50, 89/79, 1 BvR 240/79, BVerfGE 55, 72 (88f.) = NJW 1981, 271 (271 f.); vgl. zur Beschreibung der Entwicklung in der Rspr. vor allem *Britz*, NJW 2014, 346 (346 f.).

cher Art und solchem Gewicht bestehen, dass sie die ungleiche Behandlung rechtfertigen könnten."[624] Je nach Regelungsgegenstand und Differenzierungsmerkmalen wurden unterschiedliche Anforderungen an die Rechtfertigung gestellt. Der Prüfungsmaßstab reichte nun vom bloßem Willkürverbot bis zur strengen Bindung an das Gebot der Verhältnismäßigkeit, wobei fließende Übergänge bestanden.[625] Dabei unterschied man zwischen personenbezogenen Ungleichbehandlungen auf der einen sowie sachverhalts- und verhaltensbezogenen Ungleichbehandlungen auf der anderen Seite. Ein strenger Prüfungsmaßstab war nach der bisherigen Rechtsprechung des Bundesverfassungsgerichts insbesondere dort angezeigt, wo die Merkmale personenbezogen und nicht sach- oder verhaltensbezogen sind. Mit anderen Worten, wo „eine gesetzliche Regelung zu einer Differenzierung zwischen Personengruppen und nicht lediglich zwischen Sachverhalten führt".[626] Das galt dabei nicht nur, wenn Personengruppen unmittelbar betroffen sind, sondern auch mittelbar, d.h. wenn „eine Ungleichbehandlung von Sachverhalten mittelbar eine Ungleichbehandlung von Personengruppen bewirkt".[627] Sachverhaltsbezogene Unterscheidungen unterlagen einem weniger strengen Prüfungsmaßstab.

Gleichgeblieben trotz neuer Formel ist der weite Beurteilungsspielraum des Gesetzgebers: Nach der Rechtsprechung des Bundesverfassungsgerichts ist die Einschätzungsprärogative des Gesetzgebers nämlich erst dann überschritten, wenn seine Erwägungen so offensichtlich falsch sind, dass sie vernünftigerweise keine Grundlage für die angegriffenen gesetzgeberischen Maßnahmen abgeben können.[628] Diese neue Formel wurde dabei

---

[624] BVerfG, Beschluss vom 7.10.1980 – 1 BvL 50, 89/79, 1 BvR 240/79, BVerfGE 55, 72 (88f.) = NJW 1981, 271 (271 f.).

[625] BVerfG, Beschluss vom 14.7.1999 – 1 BvR 995/95 u.a., BVerfGE 101, 54 (101) = NJW 2000, 1471 (1478); BVerfG BVerfGE 103, 172 (193) = NJW 2001, 1779); BVerfG, Beschluss vom 13.6.2006 – 1 BvR 1160/03, NJW 2006, 3701 (3705); *Grzeszick*, verfassungsrechtliche Zulässigkeit, S. 10.

[626] BVerfG, Beschluss vom 13.6.2006 – 1 BvR 1160/03, NJW 2006, 3701 (3705) m.w.N aus der Rspr.

[627] BVerfG, Beschluss vom 13.2.2007 – 1 BvR 910/05 u.a., BVerfGE 118, 1 (26) = NJW 2007, 2098 (2102).

[628] BVerfG, Beschluss vom 18. 7. 2005 – 2 BvF 2/01, BVerfGE 113, 167 (214) = NVwZ 2006, 559 (574); BVerfG, Beschluss vom 05.10.1993 – 1 BvL 34/81, BVerfGE 89, 132 (141) = NJW 1994, 1465 (1466).

vom Bundesverfassungsgericht wiederholt – insbesondere 1993 und nach 2010 – weiterentwickelt.[629]

In seiner jüngsten Rechtsprechung seit 2011 hat das Bundesverfassungsgericht diese bisherige Formel wieder aufgegeben und formuliert den Prüfungsmaßstab für die Rechtfertigung nun so, dass sich für den Gesetzgeber aus Art. 3 Abs. 1 GG unterschiedliche Grenzen ergeben können, die „stufenlos von gelockerten, auf das Willkürverbot beschränkten Bindungen bis hin zu strengen Verhältnismäßigkeits-erfordernissen reichen können".[630] Aufgegeben hat das Bundesverfassungs-gericht auch die ursprüngliche Unterscheidung zwischen der personenbezogenen Ungleichbehandlung und der sachverhalts- und verhaltensbezogenen Ungleich-behandlung, die nun generell demselben strengen Prüfungsmaßstab unterliegen.[631] Mit einer strengeren Verhältnismäßigkeit geht auch die Wahrscheinlichkeit einher, dass die dem Gesetzgeber eingeräumten Spielräume verfassungsrechtlich enger gezogen werden, zwingend ist dies jedoch nicht.[632]

bb. Kriterien zur Bestimmung dieses Prüfungsmaßstabes

Die jeweilige Prüfungsintensität bei der Beurteilung einer Ungleichbehandlung im Rahmen von Art. 3 Abs. 1 GG ist nach der Rechtsprechung des Bundesverfassungsgerichts dabei anhand unterschiedlicher Merkmale zu bestimmen. Nachdem die Rechtsprechung zur Unterscheidung von sach- und personenbezogenen Ungleichbehandlung aufgegeben wurde, beeinflussen diese Merkmale das Prüfungsprogramm nicht mehr. Nach der jüngeren Rechtsprechung sind nun noch drei verschiedene Faktoren für die Bestimmung des Prüfungsmaßstabes im Rahmen von Art. 3 Abs. 1 GG entscheidend:[633]

---

629 *Britz*, NJW 2014, 346 (346) m.w.N.; vgl. kritisch zu der Katalogisierung der Rspr. in verschiedene Formeln BeckOK GG/*Kischel* (2018), Art. 3 Rn. 28 mit vielen Nachweisen.
630 BVerfG, Beschluss vom 27.7.2016 – 1 BvR 371/11, BVerfGE 142, 353 (385) = NJW 2016, 3774 (3780); erstmals verwendet das BVerfG die Formulierung im Beschluss vom 21.6.2011 – 1 BvR 2035/07, BVerfGE 129, 49 (68) = NVwZ 2011, 1316 (1316).
631 Vgl. zur Entwicklung dieser Rechtsprechung *Britz*, NJW 2014, 346 (347 ff.)
632 *Britz*, NJW 2014, 346 (351).
633 BVerfG, Beschluss vom 23.6.2015 – 1 BvL 13/11, 1 BvL 14/11, NJW 2015, 3221 (3224); *Britz*, NJW 2014, 346 (349); BeckOK GG/*Kischel* (2018), Art. 3 Rn. 45 f.

[1] Vergleichbarkeit mit den Merkmalen in Art. 3 Abs. 3 GG

So ist insbesondere zu prüfen, wie weit sich die Unterscheidungsmerkmale im Einzelfall den in Art. 3 Abs. 3 GG genannten Persönlichkeitsmerkmalen annähern. Diese Nähe ist nach der Rechtsprechung stärker, je „größer die Gefahr ist, dass eine an sie anknüpfende Ungleichbehandlung zur Diskriminierung einer Minderheit führt".[634] Bejaht hat das Bundesverfassungsgericht diese Nähe beispielsweise für die sexuelle Orientierung beziehungsweise Identität[635] sowie für die Staatsangehörigkeit[636].

[2] Verletzung von Freiheitsgrundrechten

Weiterhin ist zu untersuchen, ob Freiheitsgrundrechte inzident betroffen sind,[637] d.h. in welchem Maß sich die Ungleichbehandlung von Personen oder Sachverhalten auf die Ausübung grundrechtlich geschützter Freiheiten auswirken kann".[638] Allerdings ist hier insofern Vorsicht geboten, als fast jede staatliche Maßnahme in irgendeiner Weise Freiheitsrechte des Einzelnen berührt.[639] Eine bloße Berührung von Freiheitsgrundrechten alleine ist daher nicht ausreichend, das Bundesverfassungsgericht verlangt, dass mindestens ein Eingriff in den Schutzbereich eines Freiheitsgrundrechtes vorliegt damit die Prüfungsintensität im Rahmen von Art. 3 GG angehoben wird.[640]

---

634 Ständige Rspr. seit BVerfGE 88, 87 (96) = NJW 1993, 1517 (1517); vgl. aus der neueren Rspr. hierzu BVerfG, Beschluss vom 7.5.2013 – 2 BvR 909/06 u.a., BVerfGE 133, 377 (408) = NJW 2013, 2257 (2258).
635 BVerfG, Beschluss vom 7. 7. 2009 – 1 BvR 1164/07, BVerfGE 124, 199 (220) = NJW 2010, 1439 (1440); BVerfG, Beschluss vom 19. 6. 2012 – 2 BvR 1397/09, BVerfGE 131, 239 (256) = NVwZ 2012, 1304 (1306).
636 BVerfG, Beschluss vom 7. 2. 2012 – 1 BvL 14/07, BVerfGE 130, 240 (255) = NJW 2012, 1711 (1713).
637 Sachs/*Nußberger*, GG, Art. 3 Rn. 92.
638 Ständige Rspr., vgl. BVerfG, Beschluss vom 26.01.1993 – 1 BvL 38, 40, 43/92, BVerfGE 88, 87 (96) = NJW 1993, 1517; BVerfG, Beschluss vom 11.1.2005 – 2 BvR 167/02, BVerfGE 112, 164 (174) = NJW 2005, 1923 (1924); BVerfG, Urteil vom 9.12.2008 – 2 BvL 1/07 u. a., BVerfGE 122, 210 (230) = NJW 2009, 48 (49)
639 *Britz*, NJW 2014, 346 (349).
640 BeckOK GG/*Kischel* (2018), Art. 3 Rn. 48, 133.

[3] Einflussmöglichkeiten des Einzelnen

Letztlich ist noch ausschlaggebend, inwiefern der Betroffene einen Einfluss auf die unterscheidungserheblichen Merkmale hat.[641] Unbeeinflussbare Persönlichkeitsmerkmale erfordern eine intensivere Prüfung als Merkmale, auf die der Einzelne bewusst Einfluss nehmen und sie somit verändern kann. Entscheidend für den Prüfungsmaßstab ist daher auch „inwieweit die Betroffenen in der Lage sind, durch ihr Verhalten die Verwirklichung der Kriterien zu beeinflussen, nach denen unterschieden wird".[642]

Das bloße Willkürverbot ist nur noch dann als Prüfungsmaßstab heranzuziehen, wenn das Unterscheidungsmerkmal den Menschen nicht in seinen unbeeinflussbaren Merkmalen betrifft und deshalb den geschützten Kern seiner Individualität erfasst. Dies ist insbesondere dann der Fall, wenn das Unterscheidungsmerkmal keine Nähe mit den in Art. 3 Abs. 3 GG genannten Merkmalen aufweist und wenn durch die Ungleichbehandlung im Wesentlichen keine Freiheitsgrundrechte – auch nicht inzident – berührt werden, der berührte Bereich also nicht unter besonderem anderem grundrechtlichen Schutz steht.[643] Dabei ist jedoch nach *Nußberger* für das Willkürverbot als eigenständige Kategorie kein Raum mehr, vielmehr stelle das Verbot einfach nur das untere Ende der Prüfungsskala dar.[644]

cc. Prüfungsmaßstab für § 22 Abs. 2 MiLoG

Welchen verfassungsrechtlichen Anforderungen muss sich nun § 22 Abs. 2 MiLoG stellen um mit dem Gleichheitsgebot des Art. 3 Abs. 1 GG vereinbar zu sein? Ausgehend von den aufgezeigten Grundsätzen reichen die verfassungsrechtlichen Anforderungen an die Regelung in § 22 Abs. 2 MiLoG zwar über das bloße Willkürverbot hinaus. Es zeigt sich aber, dass für die Prüfung des § 22 Abs. 2 MiLoG am Grundsatz des allgemeinen Gleichheitsgrundsatzes kein strenger Prüfungsmaßstab anzuwenden ist:

---

641 Sachs/*Nußberger*, GG, Art. 3 Rn. 32, 92.
642 BVerfG, Beschluss vom 12. 10. 2010 – 1 BvL 14/09, BVerfGE 127, 263 (280) = NJW 2011, 1793 (1795); *Britz*, NJW 2014, 346 (350).
643 Vgl. *Grzeszick*, Verfassungsrechtliche Zulässigkeit, S. 10 f.; BeckOK GG/*Kischel* (2018), Art. 3 Rn. 31.
644 Sachs/*Nußberger*, GG, Art. 3 Rn. 33.

Für einen intensiveren Prüfungsmaßstab spricht zwar die Tatsache, dass der Einzelne auf sein Alter keinen Einfluss hat und der Mindestlohnausschluss den jugendlichen Arbeitnehmer daher besonders hart trifft.[645] Auf das Merkmal der abgeschlossenen Ausbildung, was bei der Rückausnahme eine Rolle spielt, kann der einzelne Arbeitnehmer dagegen sehr wohl Einfluss nehmen. So steht es dem Arbeitnehmer zumindest frei, ob er sich für eine Ausbildung bewirbt und ein etwaiges Ausbildungsangebot eines Arbeitgebers annimmt oder nicht. Er kann somit durch sein Verhalten die Verwirklichung der Kriterien (teilweise) beeinflussen, nach denen unterschieden wird.

Gegen einen strengen Prüfungsmaßstab lässt sich jedoch anführen, dass § 22 Abs. 2 MiLoG nicht unmittelbar an eines der in Art. 3 Abs. 3 GG genannten Merkmale anknüpft. Hinsichtlich des Merkmales der abgeschlossenen Ausbildung kann man sicher auch nicht von einer Vergleichbarkeit mit den in Absatz 3 genannten Persönlichkeitsmerkmalen ausgehen. Das Gesetz nennt dort nur historisch geprägte Kategorien und Merkmale, deren Beachtung der Gesetzgeber eine hohe Bedeutung zumisst.[646] Einer abgeschlossenen Berufsausbildung kommt dabei keine vergleichbare Gewichtung zu, das Merkmal steht sicher nicht auf einer Ebene wie die in Art. 3 Abs. 3 GG genannten Kategorien Abstammung, Sprache oder Glauben. Schwieriger erscheint dies für das Merkmal Alter. Höchstrichterliche Rechtsprechung zur Prüfung des Merkmals Alter am Maßstab des Art. 3 Abs. 1 GG gibt es derzeit nicht.[647] Es existieren zwar einige Urteile zu beruflichen Altersgrenzen oder Ungleichbehandlungen wegen des Alters im Berufsleben.[648] Das Bundesverfassungsgericht hat einschlägige Fälle aber bisher vorrangig mit Unionsrecht gelöst oder mit Art. 12 GG als Prüfungsmaßstab und hat keine Prüfung am Maßstab des deutschen Gleichheitssatzes vorgenommen.[649]

Das Alter stellt wie Herkunft, Rasse und Abstammung ein unveränderbares Persönlichkeitsmerkmal dar. Für eine Nähe zu Art. 3 Abs. 3 GG

---

645 Auch das BVerfG hat das Merkmal des Lebensalters als die verfassungsrechtlichen Anforderungen verschärfend interpretiert, vgl. BVerfG, Beschluss vom 27.7.2016 – 1 BvR 371/11, NJW 2016, 3774 (3780).
646 BeckOK GG/*Kischel* (2018) Art. 3 Rn. 140.
647 BeckOK GG/*Kischel* (2018) Art. 3 Rn. 139; *Krieger* in: Schmidt-Bleibtreu/Hofmann/Henneke (2017), GG, Art. 3 Rn. 44.
648 Vgl. die ausführliche Darstellung hierzu bei *Mager*, Altersdiskriminierung, in: Festschrift Säcker (2011), 1075 (1087 ff.).
649 Vgl. beispielsweise BVerfG, Beschluss vom 21.4.2015 – 2 BvR 1322/12, 2 BvR 1989/12, BVerfGE 139, 19 (50 ff.) = NVwZ 2015, 1279 (1281 f.).

spricht auch die Tatsache, dass das Alter unionsrechtlich bei den Diskriminierungsmerkmalen des Art. 1 der RL 2000/78/EG sowie in Art. 21 GRCh neben Religion, Rasse oder Behinderung als Merkmal aufgezählt und somit offensichtlich vom Unionsgesetzgeber gleichwertig neben diesen eingestuft wird. Allerdings berücksichtigt das Bundesverfassungsgericht die Unveränderbarkeit eines Merkmales schon bei der Frage der Einflussmöglichkeit des Einzelnen und das Merkmal darf nicht doppelt gewertet werden. Zudem hat der deutsche Gesetzgeber das Alter eben gerade nicht in den Katalog des Art. 3 Abs. 3 GG aufgenommen. Eine Gefahr, dass eine an das Alter anknüpfende Ungleichbehandlung zur Diskriminierung einer Minderheit führt, besteht angesichts der Tatsache, dass sich das biologische Alters des Einzeln stetig ändert ebenfalls nicht. Anders wie beispielsweise die Merkmale Ethnie oder Geschlecht betrifft das Alter ein grundsätzlich veränderbares Merkmal.[650] Zudem existieren bereits eine Vielzahl weitestgehend problemloser Altersgrenzen und Altersdifferenzierungen im deutschen Recht. Das Alter zählt auch gerade nicht zu den historisch problematischen beziehungsweise generell verpönten Differenzierungskriterien.[651] Hinzu kommt, dass das Merkmal Alter grundsätzlich jeden betreffen kann und es sich damit von den anderen, spezielleren Differenzierungsmerkmalen in Art. 3 Abs. 3 GG abgrenzt.[652] Eine Nähe des Merkmals Alter zu den in Art. 3 Abs. 3 GG genannten Kategorien ist nach der hier vertretenen Ansicht daher abzulehnen.[653]

Die Ungleichbehandlung hat andererseits – wie oben gesehen – keinen Einfluss auf Freiheitsgrundrechte. Das bedeutet, die Bereichsausnahme in § 22 Abs. 2 MiLoG wirkt sich nicht nachteilig auf die Ausübung der grundrechtlich geschützten Freiheiten der jugendlichen Arbeitnehmer ohne Ausbildung aus. Vielmehr bleibt für die jugendlichen Arbeitnehmer die Situation die gleiche, wie sie vor Erlass des Mindestlohngesetzes existierte. Auch für den Arbeitgeber stellt die Bereichsausnahme keine Einschränkung der beruflichen Freiheit dar. § 22 Abs. 2 MiLoG ist mit Art. 12 Abs. 1 GG vereinbar und somit besteht hier kein wie vom Bundesverfassungs-

---

[650] *Mohr*, RdA 2017, 35 (37).
[651] BeckOK GG/*Kischel* (2018), Art. 3 Rn. 140; *Huster*, EuR 2010, 325 (337).
[652] *Krieger* in: Schmidt-Bleibtreu/Hofmann/Henneke (2017), GG, Art. 3 Rn. 44; *Huster*, EuR 2010, 325 (337).
[653] A.A. Sachs/*Nußberger*, GG (2018), Art. 3 Rn. 257d, die sich für eine Gleichstellung des Alters mit den in Art. 3 Abs. 3 genannten Kriterien ausspricht, zugleich jedoch dafür plädiert, die Anforderungen an die Rechtfertigung nicht zu überspannen.

gericht geforderter intensiver Eingriff in Freiheitsgrundrechte, der einen strengeren Prüfungsmaßstab verlangt.[654]

Im Ergebnis spricht somit nur die nichtvorhandene Möglichkeit des Einzelnen, auf sein Alter Einfluss zu nehmen, für einen intensiveren Prüfungsmaßstab, während alle anderen Kriterien einen geringen Prüfungsmaßstab erlauben. Da die Unterscheidungsmerkmale keine Nähe zu den in Art. 3 Abs. 3 GG genannten Merkmalen aufweisen und keine Freiheitsgrundrechte berührt werden, könnte man auf den Gedanken kommen, § 22 Abs. 2 MiLoG nur am Willkürverbot zu messen. Jedoch ist zu beachten, dass mit dem Unterscheidungsmerkmal des Alters immer noch ein für den betroffenen Arbeitnehmer gerade unbeeinflussbares Merkmal zur Differenzierung angebracht wird und für eine bloße Willkürprüfung somit kein Raum ist. Daher ist bei Abwägung aller Argumente eine einfache Verhältnismäßigkeitsprüfung vorzunehmen, die bezüglich der Intensität aber über eine bloße Willkürprüfung hinausgeht.

Hinsichtlich der Einschätzung eines geringen Prüfungsmaßstabs findet sich in der Literatur die Ansicht, die Ausnahme in § 22 Abs. 2 MiLoG knüpfe an Merkmale an, die nicht unmittelbar personenbezogen sind. Da es bei den Ausnahmen zum Mindestlohn insgesamt auf die „Tätigkeiten der Bürger im Ausbildungs- und Erwerbsleben sowie das Bestehen weiterer Einkünfte oder materieller Existenzsicherungen" ankomme, würde eine Gruppenbildung nach einem sachbezogenen Merkmal vorliegen.[655] Diese Einschätzung unterliegt jedoch – wie bereits erwähnt[656] – überholten Maßstäben, da wie oben gesehen das Bundesverfassungsgericht seine Prüfung des Art. 3 Abs. 1 GG seit 2011 nicht mehr auf die Unterscheidung von personen- und sachbezogenen Merkmalen stützt.

b. Rechtfertigung der Ausnahme in § 22 Abs. 2 MiLoG?

Um mit dem Grundgesetz vereinbar zu sein, muss die Regelung in § 22 Abs. 2 MiLoG somit einer einfachen Verhältnismäßigkeitsprüfung standhalten. Dabei kann im Grundsatz auf die Erörterung der Verhältnismäßigkeit, wie sie bereits bei Prüfung der Gleichbehandlungsrichtlinie

---

654 So auch *Grzeszick*, ZRP 2014, 66 (67), der sich aber auf alle Ausnahmen in § 22 MiLoG gleichermaßen bezieht.
655 So *Grzeszick*, Verfassungsrechtliche Zulässigkeit, S. 10, S. 13 f.; *ders.*, ZRP 2014, 66 (67) sowie diesem zustimmend *Barczak*, RdA 2014, 290 (298).
656 Siehe oben unter § 5 C. V. 2. a. aa. am Ende.

§ 5 Vereinbarkeit von § 22 Abs. 2 MiLoG mit höherrangigem Recht

2000/78/EG vorgenommen wurde, verwiesen werden.[657] Im Ergebnis ist die Regelung in § 22 Abs. 2 MiLoG als unverhältnismäßig zu beurteilen, da sie zwar ein legitimes Ziel verfolgt und zur Erreichung dieses Zieles auch noch geeignet sein mag. Jedoch ist die Bereichsausnahme für Jugendliche weder erforderlich noch angemessen. Die wichtigsten Punkte zur Verhältnismäßigkeit sollen im Folgenden noch einmal kurz aufgegriffen werden.

Ausgangspunkt der verfassungsrechtlichen Beurteilung ist die Frage der Zwecksetzung der gesetzgeberischen Maßnahme. Als legitimes Ziel für die Ungleichbehandlung nennt die Gesetzesbegründung die Integration von Jugendlichen in den Arbeitsmarkt und die Vermeidung von Fehlanreizen betreffend die Aufnahme einer Ausbildung. Diese Ziele sind verfassungsrechtlich zulässig und insofern nicht zu beanstanden.

Die Regelung kann wohl auch als geeignet bezeichnet werden, dieses genannte Ziel zu erreichen. Verfassungsrechtlich gilt eine Regelung schon dann als geeignet, wenn der Erfolg durch ihre Hilfe gefördert wird. Die Möglichkeit der Zweckerreichung ist bereits ausreichend.[658] Zudem verfügt der Gesetzgeber gerade im Arbeitsrecht über einen weiten Einschätzungsspielraum,[659] auf den es vorliegend in der Tat auch ankommt. Es ist nämlich bislang nicht nachgewiesen, dass ein mangels Mindestlohnanspruchs niedrigerer Lohn die Arbeitsmarktchancen der jugendlichen Arbeitnehmer erhöhen kann. Zwar wird vorgebracht, dass die jugendlichen Arbeitnehmer dadurch für Arbeitgeber attraktiver werden, und dass ein zu hoher Mindestlohn die Jugendlichen dazu verleiten könne, eine mit Mindestlohn vergütete Arbeitsstelle anzunehmen statt eine viel geringer vergütete Ausbildung zu beginnen.[660] Empirisch ist eine Korrelation von Jugendarbeitslosigkeit und der Einbeziehung Jugendlicher in den Mindestlohn indes nicht belegbar. Hier greift jedoch der Beurteilungsspielraum des Gesetzgebers. Zwar wird durch die Wahl der Altersgrenze bei 18 Jahren nur ein Teil der Jugendlichen erfasst, die vor der Wahl einer Ausbildung oder der Aufnahme einer mit Mindestlohn bezahlten Vergütung stehen. Aber somit wird von der Regelung in § 22 Abs. 2 MiLoG immerhin eine relevante Gruppe von Jugendlichen vor den Fehlanreizen des Mindestlohnes geschützt und das vom Gesetzgeber verfolgte Ziel zumindest

---

657 Siehe oben unter § 5 B. II. 4. c. bb., S. 107 ff.
658 BVerfG, Beschluss vom 11. 7. 2006 – 1 BvL 4/00, BVerfGE 116, 202 (224) Rn. 91 = NJW 2007, 51 (55); *Ulber*, NZA 2016, 619 (621).
659 BVerfG, Beschluss vom 23. 10. 2013 – 1 BvR 1842/11, 1 BvR 1843/11, BVerfGE 134, 204 (223) = NJW 2014, 46 (47); *Ulber*, NZA 2016, 619 (621).
660 Vgl. *Wank*, RdA 2015, 88 (92).

teilweise gefördert, was für eine verfassungsrechtliche Geeignetheit ausreicht.

Die Bereichsausnahme ist jedoch nicht erforderlich, um das vom Gesetzgeber verfolgte Ziel zu erreichen, da beispielsweise mit einem gestaffelten Jugendmindestlohn ein gleich effektives, weniger einschneidendes Mittel bekannt ist und sich als mildere Maßnahme geradezu aufdrängt.

In Anbetracht der oben bereits genannten Argumente ist die Ausnahmeregelung schließlich auch nicht angemessen, d.h. verhältnismäßig im engeren Sinne. So kommt es teilweise zu unbilligen Härtefällen, wenn beispielsweise ein minderjähriger Auszubildender eine zusätzliche Erwerbstätigkeit ausübt, um die verhältnismäßig geringe Ausbildungsvergütung aufzustocken und dabei in den Anwendungsbereich des § 22 Abs. 2 MiLoG fällt, obwohl er vom Schutzzweck der Norm gar nicht umfasst ist. Der Gleichheitssatz verlangt eine Gleichbehandlung von rechtlich Gleichem und die Ungleichbehandlung von rechtlich Ungleichem. Zwar erlaubt die Verfassung dem Gesetzgeber auch gewisse Generalisierungen und Pauschalisierungen, so dass er nicht verpflichtet ist, jeden individuellen Sonderfall zu berücksichtigen. Vielmehr gilt eine typisierende Regelung unter Gleichheitsgesichtspunkten im Regelfall als rechtmäßig, so lange die Typisierung zur Vermeidung von Härtefällen notwendig und die Beeinträchtigung des Gleichheitssatzes sowohl qualitativ als auch quantitativ gering ist.[661] Dies gilt jedoch nicht mehr, wenn nicht nur einzelne, aus dem Rahmen fallende Sonderfälle, sondern bestimmte, wenn auch zahlenmäßig begrenzte Gruppen typischer Fälle ohne zureichende sachliche Gründe durch die Regelung benachteiligt werden.[662] Jugendliche Arbeitnehmer, die arbeiten müssen, um sich ihre Ausbildung zu finanzieren, sind aber gerade *kein* atypisches Bild. Arbeitende Schüler und Studenten sind vielmehr ein gängiges Bild der heutigen Gesellschaft, so dass eine Generalisierung und Pauschalisierung durch § 22 Abs. 2 MiLoG hier nicht mehr angemessen ist. Zudem stellt die Regelung einen paternalistischen Grundrechtseingriff dar, weil der Gesetzgeber die Jugendlichen durch § 22 Abs. 2 MiLoG vor sich selbst zu schützen versucht und sie insofern zur Aufnahme oder Fortsetzung der Ausbildung lenken will. Zur Zielerreichung benachteiligt die Regelung die Jugendlichen, indem ihnen keine Mindestlohnansprüche gewährt werden. Diese eingriffsintensivierende Beschränkung erfordert je-

---

661 *Grzeszick*, Verfassungsrechtliche Zulässigkeit, S. 12.
662 BeckOK GG/*Kischel* (2018), Art. 3 Rn. 121.

§ 5 Vereinbarkeit von § 22 Abs. 2 MiLoG mit höherrangigem Recht

doch eine gesteigerte Rechtfertigung, welche § 22 Abs. 2 MiLoG nicht erfüllen kann.[663]

VI. Zusammenfassung

Die Regelung in § 22 Abs. 2 MiLoG stellt somit keinen Verstoß gegen die Grundrechte in Art. 9 Abs. 3 GG[664] oder Art. 12 Abs. 1 GG[665] dar. Der Ausschluss jugendlicher Arbeitnehmer vom Mindestlohn durch § 22 Abs. 2 MiLoG stellt jedoch eine nicht gerechtfertigte Ungleichbehandlung im Sinne von Art. 3 Abs. 1 GG dar und verstößt gegen nationales Verfassungsrecht.[666]

VII. Rechtsfolge

Aufgrund der Unvereinbarkeit der Regelung mit den Grundrechten, ergibt sich als materielle Rechtsfolge die Nichtigkeit des § 22 Abs. 2 MiLoG: Das verfassungswidrige Gesetz ist ex tunc und ipso iure rechtsunwirksam.[667] Die in § 95 Abs. 3 Satz 1 BVerfGG einfachgesetzlich angeordnete Regelfolge ist die Feststellung der Nichtigkeit des § 22 Abs. 2 MiLoG, welche nur durch das Bundesverfassungsgericht erfolgen kann.[668] Dabei wirkt dieser Ausspruch jedoch nur noch deklaratorisch.[669] Die Verletzung des Gleichheitssatzes birgt besondere Probleme, so dass bei einer Verletzung von Art. 3 Abs. 1 GG mehrere Möglichkeiten in Betracht kommen, um diesen Verstoß auszuräumen.[670] Das Bundesverfassungsgericht greift in der Praxis insbesondere bei der Verletzung des Gleichheitssatzes häufiger auf die im Wege richterlicher Rechtsfortbildung entwickelte, bloße Unvereinbarkeitserklärung zurück.[671] Im Regelfall ordnet das Gericht also an, dass Gerichte

---

663 Siehe dazu oben unter § 5 B. II. 4. c. bb. [4] [aa], S. 134 ff.
664 Zur Vereinbarkeit mit Art. 9 Abs. 3 GG siehe oben § 5 C. III., S. 155 f.
665 Zur Vereinbarkeit mit Art. 12 Abs. 1 GG siehe oben § 5 C. IV., S. 155 ff.
666 Zur Unvereinbarkeit mit Art. 3 Abs. 1 GG siehe oben § 5 C. V., S. 162 ff.
667 *Schlaich/Korioth*, BVerfGG (2018), 5. Teil, Rn. 379.
668 BeckOK GG/*Kischel* (2018), Art. 3 Rn. 69.
669 BeckOK BVerfGG/*Von Ungern-Sternberg* (2018), § 95 Rn. 32; *Schlaich/Korioth*, BVerfGG (2018), 5. Teil, Rn. 380.
670 Vgl. Sachs/*Nußberger*, GG, Art. 3 Rn. 130 ff.
671 BeckOK BVerfGG/*Von Ungern-Sternberg* (2018), § 95 Rn. 32, 35; Sachs/*Nußberger*, GG Art. 3 Rn. 130; *Schlaich/Korioth*, BVerfGG (2018), 5. Teil, Rn. 395 ff.

und Behörden die betreffende Norm nicht mehr anwenden dürfen und legt eine Frist fest, innerhalb derer der Gesetzgeber eine verfassungsmäßige Neuregelung erlassen muss.[672] In Ausnahmefällen kann das Bundesverfassungsgericht auch die vorübergehende Fortgeltung der für unvereinbar erklärten Norm anordnen,[673] was vorliegend jedoch nicht in Betracht kommen dürfte. Vielmehr liegt es nahe, dass das Gericht § 22 Abs. 2 MiLoG wegen Verstoßes gegen Art. 3 Abs. 1 GG für unanwendbar erklären und gleichzeitig den deutschen Gesetzgeber auffordern wird, die Mindestlohnausnahme so zu gestalten, dass sie keine Ungleichbehandlung mehr darstellt. Dabei kann auch eine rückwirkende Umgestaltung möglich sein.[674]

Welche Gestaltungsmöglichkeiten der Gesetzgeber dabei berücksichtigen sollte, wird im abschließenden Kapitel näher dargestellt.

---

672 *Krieger*, in: Schmidt-Bleibtreu/Hofmann/Henneke, GG, Art. 3 Rn. 37.
673 *Krieger*, in: Schmidt-Bleibtreu/Hofmann/Henneke, GG, Art. 3 Rn. 37. Dies ist zum Beispiel im Steuerrecht üblich, wenn die Norm Grundlage von Massenverfahren ist.
674 Sachs/*Nußberger*, GG, Art. 3 Rn. 132.

§ 6 Schlussbetrachtungen und Ausblick

Eine abschließende Beurteilung des § 22 Abs. 2 MiLoG gestaltet sich schwierig. Wie bei vielen arbeitsrechtlichen Schutznormen stellt sich auch im Fall des § 22 Abs. 2 MiLoG das Problem der Vereinbarkeit von Rechtssicherheit mit materieller Rechtmäßigkeit sowie die tatsächliche Umsetzung rechtspolitischer Ziele.

A. Kein Einklang mit den einschlägigen unions- und verfassungsrechtlichen Vorgaben

Wie im Verlauf der Abhandlung gezeigt, verstößt § 22 Abs. 2 MiLoG gegen Art. 6 der RL 2000/78/EG sowie gegen Art. 21 GRCh und ist somit nicht mit Unionsrecht vereinbar. Zugleich verstößt die Regelung gegen Art. 3 Abs. 1 GG und ist daher grundgesetzwidrig.

Spannend bleibt, ob es eine gerichtliche Auseinandersetzung geben wird, bei welcher der § 22 Abs. 2 MiLoG in der Sache anzuwenden ist und wie sich dann das weitere Verfahren hier gestalten wird. Es sind drei Szenarien denkbar:

Hält ein deutsches Arbeitsgericht die Norm wegen des Verstoßes gegen die Gleichbehandlungsrichtlinie 2000/78/EG für unionsrechtswidrig, so kann es die Frage der Vereinbarkeit von § 22 Abs. 2 MiLoG mit Unionsrecht dem EuGH im Rahmen eines Vorabentscheidungsverfahren gemäß Art. 267 Abs. 2 AEUV zur Klärung vorlegen.[675] Sollte das Arbeitsgericht die Norm für offensichtlich unionsrechtswidrig halten und keine Auslegungsmöglichkeit sehen, so kann es diese auch ohne Vorlage zum EuGH unangewendet lassen und dem minderjährigen Arbeitnehmer ohne Ausbildung einen Mindestlohnanspruch gegen seinen Arbeitgeber zusprechen.[676]

Hält das deutsche Arbeitsgericht die Norm dagegen für verfassungswidrig, so muss es ein anhängiges Verfahren aussetzen und nach Art. 100 Abs. 1 Satz 1 Alt. 2 GG die Entscheidung des Bundesverfassungsgerichts

---

675 Siehe oben, § 5 B. IV., S. 147 ff.
676 Siehe oben, § 5 B. IV., S. 147 ff.

einholen.[677] Das Bundesverfassungsgericht wiederum wäre nach Art. 267 Abs. 3 AEUV an sich verpflichtet, die Frage der Vereinbarkeit von § 22 Abs. 2 MiLoG mit Unionsrecht dem EuGH zur Klärung vorzulegen.[678] Vor dem Hintergrund seiner bisherigen Rechtsprechung muss jedoch davon ausgegangen werden, dass das Bundesverfassungsgericht bei einem entsprechenden Verfahren eine Beurteilung rein an nationalem Verfassungsrecht vornehmen und seiner Vorlagepflicht nicht nachkommen wird.

Letztlich ist auch die ökonomische Wirksamkeit der Regelung völlig offen. Ob eine Mindestlohnausnahme in ökonomischer Hinsicht dazu geeignet ist, die Arbeitsmarkt-Integration von minderjährigen Arbeitnehmern zu fördern, bleibt fraglich. Gesicherte Studien diesbezügliche existieren (noch) nicht. Untersuchungen aus dem europäischen Ausland lassen jedoch wie oben erwähnt vermuten, dass ein gegebener Mindestlohnanspruch keinen negativen Einfluss auf das Ausbildungsverhalten von Jugendlichen hätte.[679] Unabhängig von einer gesicherten Studie hierzu kann man jedoch festhalten, dass § 22 Abs. 2 MiLoG in der derzeitigen Fassung selbst bei ökonomischer Geeignetheit der Mindestlohnausnahme gegen höherrangige Recht verstößt.[680]

B. Alternative Lösungsmöglichkeiten

Wie oben im Rahmen der Verhältnismäßigkeitsprüfung bereits gesehen, kommen als Alternative zur derzeitigen Maßnahme in § 22 Abs. 2 MiLoG andere Regelungsmöglichkeiten in Betracht, um das mit der Regelung verfolgte Gesetzesziel zu erreichen, d.h. die Ausbildungsbereitschaft von Jugendlichen zu erhöhen. Diese beinhalten nicht zwingend einen vollständigen Ausschluss vom Mindestlohn für die Jugendlichen. In der Literatur wurden bereits einige Ansätze diskutiert. Im Folgenden sollen nun noch einmal unterschiedliche Lösungsmöglichkeiten aufgegriffen und erörtert werden. Letztlich lassen sich die Alternativen in zwei Gruppen aufteilen. Einige Vorschläge setzen bei § 22 Abs. 2 MiLoG an und wollen diesen grundsätzlich beibehalten und lediglich inhaltlich abändern (I). Die zweite

---

677 Siehe oben, § 5 C., S. 149 f.
678 Siehe oben, § 5 B. IV., S. 147 ff.
679 Siehe oben § 5 B. II. 4 c.bb. [2] [b] [aa], S. 112 ff.
680 So stünden die Erforderlichkeit und Angemessenheit der Regelung einer Vereinbarkeit mit höherrangigem Recht immer noch entgegen, siehe oben § 5 B. II. 3. c. bb [3], S. 124 ff. sowie § 5 C.V.b., S. 175 ff.

§ 6 Schlussbetrachtungen und Ausblick

Gruppe will § 22 Abs. 2 MiLoG dagegen ganz streichen und das Gesetzesziel durch gesetzliche Regelungen an anderer Stelle erreichen (II).

I. Änderung von § 22 Abs. 2 MiLoG

Zunächst sollen die Alternativen betrachtet werden, die das Gesetzesziel durch eine bloße inhaltliche Anpassung des § 22 Abs. 2 MiLoG erreichen möchten.

1. Mindestlohnausnahme begrenzt auf Vollzeitbeschäftigungen

Es gäbe zum einen die Möglichkeit, den Ausschluss in § 22 Abs. 2 MiLoG auf Vollzeitbeschäftigungen zu beschränken und die Mindestlohnausnahme nur für Jugendliche in einer (sich auch aus mehreren Teilzeittätigkeiten ergebenden) Vollzeitbeschäftigung anzuwenden. Dies ließe sich durch eine Änderung des § 22 Abs. 2 MiLoG erreichen, indem der Anwendungsbereich der Norm auf Arbeitsverhältnisse mit einer Arbeitszeit von mehr als 38 Stunden pro Woche reduziert wird.[681] Dadurch eliminiert man die überschießende Tendenz der Norm. Denn mit dieser Regelung würden zumindest diejenigen Jugendlichen, die neben der Ausbildung arbeiten, um sich diese zu finanzieren, vom Mindestlohn profitieren.[682] Zudem beeinträchtigt dies auch nicht das Gesetzesziel, Jugendliche durch die Gewährung von Mindestlohn nicht vom Antritt einer Ausbildung oder vom Besuch einer weiterbildenden Schulde abzuhalten. Denn ein Jugendlicher, der sich zum Beispiel als Kellner oder durch Babysitting einen Zuverdienst erwirtschaftet, um seine Ausbildung zu finanzieren, wird durch diesen Nebenverdienst wohl keinen Anreiz erhalten die Ausbildung oder die Schule abzubrechen, selbst wenn er dafür den Mindestlohn erhält.

Schwierig dürfte hier lediglich die praktische Umsetzung beziehungsweise Überprüfung sein. Wie kann die Zollverwaltung, die gemäß § 14 MiLoG für die Kontrolle der Zahlung des Arbeitsentgelts in Höhe des Mindestlohnes durch den Arbeitgeber zuständig ist, nachprüfen, ob der Jugendliche nun in Teilzeit oder Vollzeit arbeitet? Und wie ist es in den Fällen, in denen ein Jugendlicher zum Beispiel mehrere Jobs hat, zum Beispiel jedes Wochenende 6 Stunden Babysitten, und 8 Stunden Nachhilfe

---

[681] *Riechert/Nimmerjahn*, 2. Auflage, § 22 Rn. 138; *Bors*, NZA 2014, 938 (942).
[682] *Bors*, NZA 2014, 938 (942).

pro Woche? Wer kontrolliert, ob mehrere Arbeitsverhältnisse addiert nicht doch den Umfang einer Vollzeitbeschäftigung erreichen? Bei einer Anhäufung von Minijobs käme eine Meldung und Überprüfung über die Minijob-Zentrale in Betracht, die sich derzeit auch bereits um die Abwicklung von Minijobs kümmert. Bei Beschäftigungen, die über die Minijob-Grenzen hinausgehen, bedürfte es jedoch einer anderen Kontrolle. Dies müsste rechtlich geklärt werden, die Überprüfung von gesetzlichen Regelungen stellt jedoch ein bekanntes Problem dar.

2. Anhebung der Altersgrenze in § 22 Abs. 2 MiLoG

Eine weitere Alternative könnte es sein, die Altersgrenze des § 22 Abs. 2 MiLoG anzuheben.

Wie oben gezeigt, passt die gesetzliche Altersgrenze von 18 Jahren nicht zu dem aktuellen Stand der Ausbildungszahlen.[683] Da viele junge Menschen ihre Ausbildung erst mit 20 Jahren beginnen, wird das Gesetzesziel durch die aktuelle Regelung nicht gefördert. Denn ein 20-Jähriger, der vor der Frage steht, ob er eine Berufsausbildung beginnen oder aber eine mit Mindestlohn bezahlte Beschäftigung annehmen soll, für die er keine Ausbildung braucht, wird durch die aktuelle Regelung nicht dahingehend gefördert eine Ausbildung zu beginnen. Effektiver zur Verfolgung des Gesetzeszieles wäre es, die Altersgrenze an das Durchschnittsalter bei Ausbildungsbeginn anzupassen und zum Beispiel auf 22 Jahre anzuheben, wie es derzeit auch in den Niederlanden der Fall ist.[684] So würde die Regelung nicht nur die ohnehin abnehmende Zahl an Jugendlichen betreffen, die im Alter von 16 oder 17 Jahren ihre Ausbildung beginnen.

Dagegen wird jedoch eingewandt, dass eine Erhöhung der Altersgrenze zu einer nicht zulässigen (stärkeren) Altersdiskriminierung führen würde.[685] So würde es Unternehmen die Möglichkeit geben, qualifizierte junge Arbeitnehmer schlechter zu bezahlen als ältere Arbeitnehmer mit vergleichbaren Qualifikationen. Zusätzlich würde damit gerade das duale Berufsbildungssystem, also die klassische Kombination von schulischer mit

---

683 Vgl. oben S. 115 ff.
684 Dafür zum Beispiel *Thüsing*, Stellungnahme (2014), S. 53 f. und *Wolf*, BB 2014, Nr. 21, Die erste Seite.
685 *Preis*, Stellungnahme (2014), S. 82, der auch eine auf 21 Jahre angehobene Altersgrenze für rechtswidrig hält; BeckOK ArbR/*Greiner* MiLoG (2018), § 22 Rn. 51, der eine Anhebung der Altersgrenze für nicht sachgerecht hält.

§ 6 Schlussbetrachtungen und Ausblick

beruflicher Ausbildung, weniger attraktiv für Jugendliche. Durch das Abrutschen vieler qualifizierter Tätigkeiten in den Niedriglohnsektor hätte das System ohnehin schon an Reputation verloren, so dass es Jugendliche in der Hoffnung auf bessere Verdienstmöglichkeiten zunehmend in die Hochschulen drängt.[686] Sicher ist die Anhebung der Altersgrenze auch unter dem angesprochenen paternalistischen Regelungsumstand kritisch zu beurteilen.[687] Mit einer Erhöhung der Altersgrenze nimmt der Gesetzgeber einer erhöhten Zahl von Jugendlichen die Entscheidungsbefugnis. Mit steigendem Alter muss dem Individuum jedoch auch eine erhöhte Einsichtsfähigkeit zugesprochen werden, die stärker berücksichtigt werden muss. Zumal mit einer bloßen Anhebung der Altersgrenze, die Zahl der Jugendlichen, die vom Anwendungsbereich der Regelung umfasst wird, stärker steigt und mit ihr überproportional auch die Zahl derjenigen Jugendlichen, die vom Schutzzweck gar nicht umfasst sind.[688] Die Rechtfertigung einer Mindestlohnausnahme für Jugendliche unter 22 Jahren ohne Ausbildung erscheint daher wohl ausgeschlossen, so dass eine Anhebung der Altersgrenze in § 22 Abs. 2 MiLoG nicht in Betracht kommt.

3. Abschläge vom Mindestlohn: gestaffelter Jugendmindestlohn

Eine weitere Möglichkeit könnte darin bestehen, das Mindestlohngesetz insofern anzupassen, dass keine Ausnahmen geschaffen werden, sondern lediglich Abzüge vom vollen Mindestlohnanspruch normiert werden.[689] Diesen Weg des prozentualen Anspruchs auf den gesetzlichen Mindestlohn hatte der Gesetzgeber bereits für eine Übergangszeit hinsichtlich dem Mindestlohnanspruch der Zeitungszusteller in § 24 Abs. 2 MiLoG beschritten. Diese Übergangszeit ist am 31.01.2016 abgelaufen. Ein ähnliches Modell ist jedoch durchaus für junge Arbeitnehmer ohne Berufsausbildung denkbar. Solche Regelungen gibt es wie oben dargestellt bereits in den Niederlanden, Frankreich oder Großbritannien.[690] Eine Staffelung würde bedeuten, den minderjährigen Arbeitnehmern stünde kein voller, sondern nur ein prozentual gekürzter Anspruch auf den gesetzlichen Mindestlohn zu.

---

686 Vgl. zum Ganzen *Bosch*, Stellungnahme (2014), S. 70.
687 BeckOK ArbR/*Greiner* MiLoG (2018), § 22 Rn. 52.
688 Siehe dazu oben § 5 B. II. 4. c. bb [bb], S. 137 ff.
689 So auch ErfK/*Franzen* MiLoG (2018), § 22 Rn. 5; vgl. dazu auch die ausführliche Darstellung oben unter § 5 B. II. 4. c. bb. [3] [b] [bb], S. 130 ff.
690 Vgl. oben § 4 B, S. 54.

So könnte man beispielsweise normieren, dass ein 16-Jährigen Arbeitnehmer ohne Ausbildung einen Anspruch auf 70 % des Mindestlohnes hat. Um der Kritik hinsichtlich des falsch gewählten Weichenalters[691] zu begegnen, sollte man den vollen Mindestlohnanspruch auch nicht bereits bei 18 Jahren ansetzen, sondern bei 21 oder 22 Jahren, angepasst an die Statistiken zum Ausbildungsalter. Mit dieser Regelung kann zudem den Gefahren eines zu hohen Mindestlohns für jugendliche Arbeitnehmer begegnet werden.[692]

4. Höchstlohngrenze statt Mindestlohnausschluss

Preis/Ulber unterbreiten in ihrem Gutachten einen weiteren Lösungsvorschlag: So soll eine Höchstgrenze für den Stundenlohn für junge Menschen ohne Ausbildung die konsequente Lösung für die Verwirklichung des Ziels des Gesetzgebers darstellen.[693] Denn wie oben erwähnt, verbietet es die Regelung in § 22 Abs. 2 MiLoG nicht, dass jugendlichen Arbeitnehmern ein höherer Stundenlohn gezahlt wird.[694] Es wird aber teilweise gefordert, dass gerade die Verhinderung von Mindestlohnzahlungen für Jugendliche sichergestellt werden müsste, um das vom Gesetzgeber beabsichtigte Ziel der Vermeidung von Fehlanreizen zu verfolgen. Sicherlich kann nicht bezweifelt werden, dass eine gesetzliche Höchstgrenze die Zahlung eines erhöhten Entgeltes an den jugendlichen Arbeitnehmer verhindern würde. Damit könnte man zwar die Gefahr der fehlerhaften Anreize reduzieren. Gleichzeitig würde dies jedoch einen erheblichen Eingriff in die Vertragsfreiheit (Art. 12 Abs. 1; Art. 2 Abs. 1 GG) zwischen Arbeitgeber und Arbeitnehmer sowie erneut eine erhebliche Benachteiligung der jugendlichen Arbeitnehmer darstellen. Die Rechtfertigung einer solchen direkten Altersdiskriminierung durch das vom Gesetzgeber bezweckte Ziel der nachhaltigen Integration in den Arbeitsmarkt erscheint eher abwegig. Die Lösung des Konflikts über eine Höchstlohngrenze für Jugendliche ist daher abzulehnen.

---

691 Vgl. oben § 5 B. II. 4. c. bb. [2] [b] [bb], S. 115 ff., „18 Jahre als „falsche" Altersgrenze".
692 Vgl. dazu oben § 5 B. II. 4. c. bb. [3] [b] [bb], S. 130 ff., sowie *Philip Plickert*, Mindestlohn mit Kipppunkt, F.A.Z. vom 12. November 2018, S. 16 mit Verweis auf *Christl et al.*, Revisiting the Employment Effects of Minimum Wages in Europe, German Economic Review 19 (4), S. 426 ff.
693 *Preis/Ulber*, Gutachten (2014), S. 112 f.
694 Siehe oben, S. 120.

II. Abschaffung von § 22 Abs. 2 MiLoG

Während man also einerseits die bestehende gesetzliche Regelung lediglich anpassen könnte, bestehen auf der anderen Seite auch eine Reihe von Alternativvorschlägen, die § 22 Abs. 2 MiLoG ganz abschaffen möchten. Den jugendlichen Arbeitnehmern soll also ein Mindestlohnanspruch zugesprochen werden. Das Regelungsziel der nachhaltigen Integration junger Menschen in den Arbeitsmarkt lasse sich durch Veränderungen an anderer Stelle besser erreichen.

1. Arbeitszeiten im JArbSchG anpassen

Ein weiterer Lösungsvorschlag knüpft dafür im JArbSchG an. So wird befürwortet, wenn der Gesetzgeber unter 18-Jährige schützen will, sollte er die Jugendlichen in den Mindestlohnanspruch einbeziehen und vielmehr gleichzeitig das JArbSchG insofern anpassen, als dort die zulässige Arbeitszeit von Jugendlichen reduziert wird.[695] Derzeit dürfen Jugendliche (also gemäß § 2 Abs. 2 JArbSchG die 15- bis 17-Jährigen) grundsätzlich bis zu 8 Stunden pro Tag und 40 Stunden pro Woche arbeiten (§ 8 Abs. 1 JArbSchG). Das entspricht einer Vollzeitbeschäftigung. Man könnte den durch § 22 Abs. 2 MiLoG verfolgten Gesetzeszweck insofern durchsetzen, indem man beispielsweise die Arbeitszeit von unter 18-Jährigen außerhalb eines Ausbildungsverhältnisses begrenzt, aber ihnen für die Dauer der erlaubten Stunden einen Mindestlohnanspruch gibt. Das bedeutet, die Jugendlichen bekommen Mindestlohn, dürfen gleichzeitig aber nur eine gewisse Anzahl pro Woche/Monat neben der Ausbildung arbeiten. Arbeitsstunden im Ausbildungsverhältnis müssten vom Mindestlohnanspruch natürlich ausgenommen werden. Denkbar wäre es, die Stundenzahl zum Beispiel auf maximal 20 Stunden pro Woche zu reduzieren. Die Zahl orientiert sich am sozialversicherungsrechtlichen „Werkstudentenprivileg". Gesetzliches Leitbild dieses Werkstudentenprivilegs sind demnach Studierende, die neben ihrem Studium eine entgeltliche Beschäftigung ausüben, um sich dadurch die zur Durchführung des Studiums und zur Bestreitung ihres Lebensunterhalts erforderlichen Mittel zu verdienen.[696] Aber die Be-

---

695 *Preis*, Stellungnahme (2014), S. 82; *Preis/Ulber*, Gutachten (2014), S. 129; kritisch zu diesem Vorschlag Beck OK ArbR/*Greiner* (2018), § 22 MiLoG Rn. 52.1.
696 BSG, Urteil vom 11.11.2003 – B 12 KR 24/03 R, BeckRS 2004, 40022; BeckOK SozR/*Müller* (2018), SGB III § 139 Rn. 13.

schäftigung ist nur sozialversicherungsfrei, wenn und solange sie neben dem Studium ausgeübt und diesem nach Zweck und Dauer untergeordnet wird, mithin das Studium die Hauptsache, die Beschäftigung die Nebensache ist.[697] Eingeschriebene Studenten dürfen nach der ständigen Rechtsprechung des Bundessozialgerichts daher regelmäßig nicht mehr als 20 Stunden wöchentlich arbeiten, damit sie noch als „ordentlich Studierende" gelten und versicherungsfrei in der Kranken-, Pflege- und Arbeitslosen-versicherung bleiben können.[698] Auch beim Werkstudentenprivileg geht es also um die Höhe der zulässigen Nebentätigkeit neben einer Ausbildung. Die Rechtsprechung des Bundessozialgerichts zu der Frage, wann die Ausbildung noch im Vordergrund steht, lässt sich auf die Frage der zulässigen Arbeitsstunden für jugendliche Arbeitnehmer neben einer Ausbildung übertragen.

Der Gesetzgeber müsste also § 8 Abs. 1 JArbSchG insofern anpassen, dass die zulässige Stundenzahl, in der jugendliche Arbeitnehmer beschäftigt werden dürfen, von derzeit 40 auf maximal 20 Stunden reduziert wird. Arbeitszeiten des Ausbildungsverhältnisses sind davon auszunehmen. Zugleich müsste er die Vorschrift des § 22 Abs. 2 MiLoG komplett streichen. Für Kinder im Sinne des § 2 Abs. 1 JArbSchG gilt ohnehin ein Beschäftigungsverbot, das nur wenige Ausnahmen zulässt.

2. Anhebung der Ausbildungsvergütung

Als eine weitere Möglichkeit könnte man – wie oben auch schon diskutiert – statt einem Ausschluss vom Mindestlohn für Jugendliche darüber nachdenken, die Ausbildungsvergütungen schrittweise anzuheben um diese (zumindest teilweise) an das Mindestlohnniveau anzupassen. Dadurch wird die Attraktivität der Ausbildung gesteigert und gleichzeitig die Fehlanreize, die der Mindestlohn an Jugendliche setzen kann, gesenkt. Dies entspricht letztlich dem Gesetzesziel des § 22 Abs. 2 MiLoG.

Eine Entlastung der Arbeitnehmer durch parallele Verpflichtung der Arbeitgeber zur Anhebung der Vergütungen, erscheint jedoch verfassungsrechtlich problematisch. Zudem hat der Gesetzgeber – wie oben gesehen –

---

697 BSG, Urteil vom 11.11.2003 – B 12 KR 24/03 R, BeckRS 2004, 40022; BeckOK SozR/*Müller* (2018), SGB III § 139 Rn. 13.
698 Die Versicherungsfreiheit richtet sich dabei nach § 7 Abs. 1 SGB V, § 27 Abs. 2 SGB III, § 6 Abs. 1 Nr. 3 SGB V § 27 Abs. 4 Satz 1 Nr. 2 SGB III.

§ 6 Schlussbetrachtungen und Ausblick

auch keine rechtlichen Befugnisse die Ausbildungsvergütungen zu beeinflussen.[699]

Insgesamt sollte der Gesetzgeber jedoch gezielt weiter daran arbeiten, die Ausbildung für Jugendliche interessanter zu gestalten.

3. Ausnahme von Qualifizierungsmaßnahmen vom Anwendungsbereich

An dem Punkt der Ausbildungsförderung setzt auch der folgende Vorschlag an. *Preis* befürwortet den Abbau von Ausbildungsbarrieren statt einer Mindestlohnausnahme, um das von der Regierung verfolgte Ziel zu erreichen.[700] So sollen solche Ausbildungsförderungsmaßnahmen gestärkt werden, die Jugendlichen und jungen Erwachsenen, die noch nicht für eine Ausbildung qualifiziert sind, den Weg in eine Ausbildung ermöglichen. Diese Qualifizierungsmaßnahmen, wie sie beispielsweise schon in der chemischen Industrie und in der Metallindustrie existieren, geben Betrieben die Möglichkeit, noch nicht ausbildungsreife Jugendliche in einer maximal einjährigen Förderphase auf die Berufsausbildung vorzubereiten, um sie anschließend in ein reguläres Ausbildungsverhältnis übernehmen zu können.[701] Diese Maßnahmen sollten nach dem Vorschlag von *Preis* daher explizit vom Anwendungsbereich des Mindestlohngesetzes ausgenommen und die bisherige Regelung in § 22 Abs. 2 MiLoG gestrichen werden. Dafür spricht zum einen die Tatsache, dass diese Qualifizierungsmaßnahmen eine Förderung der Ausbildung verfolgen und zugleich nur einen begrenzten Zeitraum (maximal ein Jahr) umfassen. Eine Ungleichbehandlung für diesen Bereich würde damit ein nicht gar so scharfes Schwert darstellen. Diese Maßnahme allein wäre allerdings sicher nicht genug.

4. Reduzierung der Sozialabgabenpflicht für den Arbeitgeber

Um die Integration der Jugendlichen in den Arbeitsmarkt zu erhöhen, könnte man auch darüber nachdenken, die Sozialabgabenpflicht für den

---

699 Vergleiche oben § 5 B. II. 4. c. bb. [3] [b] [aa], S. 126 ff.
700 *Preis*, Stellungnahme (2014), S. 82 mit konkretem Formulierungsvorschlag.
701 Nähere Infos sowie den entsprechenden Tarifvertrag dazu gibt es beispielsweise beim Verband der Metall- und Elektro-Industrie Nordrhein-Westfalen e.V, abzurufen unter: https://metall.nrw/bildung/ausbildung/tarifvertrag-zur-foerderung-der-ausbildungsfaehigkeit [zuletzt abgerufen am 29.11.2018].

Arbeitgeber im Hinblick auf jugendliche Arbeitnehmer bis zu einem bestimmten Alter zu reduzieren. Dadurch würde die Einstellung von Jugendlichen für den Arbeitgeber attraktiver, so dass dessen Arbeitsmarktchancen höher stehen. Zudem erhält der jugendliche Arbeitnehmer nach Streichung des § 22 Abs. 2 MiLoG Mindestlohn und ist damit finanziell bessergestellt als bisher.

Eine ähnliche Gestaltung gibt es bereits in Frankreich, wo die Reduzierung der Sozialversicherungsbeitragspflicht des Arbeitgebers insbesondere die Beschäftigung von Angehörigen der Risikogruppen des Arbeitsmarktes fördern soll.[702] Problematisch an dieser Idee ist jedoch, dass dadurch eine Verschlechterung der Finanzkraft des Sozialversicherungsträgers miteinhergeht, welche durch das MiLoG ja gerade gestärkt werden soll. Zum anderen wird das Sozialversicherungssystem dadurch für arbeitsmarktpolitische Zwecke instrumentalisiert. In Frankreich jedoch werden den reduzierten Beitragspflichten zur Sozialversicherung positive Beschäftigungseffekte zugeschrieben.[703] Freilich kann diese Möglichkeit den durch den Mindestlohnanspruch gefürchteten Fehlanreizen für die Jugendlichen nicht entgegenwirken. Hier wäre ein Zusammenspiel mit anderen Regelungen notwendig, beispielsweise mit der Reduzierung der zulässigen Arbeitszeiten.

III. Die richtige Alternative?

Die *eine* Lösung zur gesetzlichen Regelung des vom Gesetzgeber erkannten Problems zur Arbeitsmarktintegration von Jugendlichen durch Verhinderung von Fehlanreizen betreffend die Aufnahme einer Berufsausbildung gibt es nicht. Sicher sind hier auch von politischer Seite Maßnahmen in Bezug auf die Ausbildungsförderung und die Steigerung der Attraktivität der Ausbildung zu treffen. *De lege ferenda* ist die Anpassung der erlaubten Arbeitszeiten im JArbSchG mit der gleichzeitigen Streichung des § 22 Abs. 2 MiLoG am sinnvollsten. Daneben sollten Qualifizierungsmaßnahmen jedoch vom Anwendungsbereich des Mindestlohngesetzes ausgenommen werden. Auch die Idee, Nebenbeschäftigungen von der Bereichsausnahme auszunehmen erscheint plausibel und effektiv, um das bezweckte

---

702 Vgl. *Seifert*, Der salaire minimum interprofessionel de croissance (SMIC): rechtliche Gestaltung und Erfahrungen, S. 96 f.
703 Vgl. *Seifert*, Der salaire minimum interprofessionel de croissance (SMIC): rechtliche Gestaltung und Erfahrungen, S. 97.

Ziel der Arbeitsmarktintegration von Jugendlichen zu erreichen. Hier stellen sich meines Erachtens allerdings Abgrenzungsprobleme.

C. Fazit

Es bleibt abzuwarten, ob sich der Gesetzgeber überhaupt mit einer Alternative zur jetzigen Gesetzlage des § 22 Abs. 2 MiLoG beschäftigen wird oder muss. Dies hängt wohl insbesondere davon ab, ob es eine gerichtliche Befassung mit der Norm geben wird, in deren Folge der Gesetzgeber zum Handeln aufgefordert wäre. Letztlich bleibt zu sagen, dass der Gesetzgeber mit der Regelung in § 22 Abs. 2 MiLoG eine für viele Seiten unbefriedigende Lösung gewählt hat, um das von ihm gesetzte Ziel, jugendliche Arbeitnehmer durch Förderung der Ausbildung langfristig in den Arbeitsmarkt zu integrieren, zu erreichen. Durch die diskriminierende Regelung werden die minderjährigen Arbeitnehmer ohne Ausbildung doppelt benachteiligt. Der Gesetzgeber ist mit seinem paternalistischen *Nudge* in § 22 Abs. 2 MiLoG übers Ziel hinausgeschossen.

Literaturverzeichnis

Gesetzesänderungen, Rechtsprechung und Literatur wurden berücksichtigt bis zum 1. Dezember 2018.

Amlinger, Marc; Bispinck, Reinhard; Schulten, Thorsten: Jugend ohne Mindestlohn?, Zur Diskussion um Ausnahme- und Sonderregelungen für junge Beschäftigte, WSI Report 14, März 2014.

Arnold, Christian: Anmerkung zum Urteil in der Rs. Balkaya (EuGH, Urteil vom 9.7.2015 – C-229/14, ECLI:EU:C:2015:455), NZA 2015, S. 2481 ff.

Auzero, Gilles; Baugard, Dirk; Dockès, Emmanuel: Droit du travail, 31ᵉ édition, Paris 2017.

Bamberger, Heinz et al. (Hrsg.): Beck'scher Online-Kommentar BGB, 48. Edition, München, Stand: 1.11.2018 (zitiert BeckOK BGB/*Bearbeiter*)

Barczak, Tristan: Mindestlohngesetz und Verfassung, RdA 2014, S. 290 ff.

Bayreuther, Frank: Altersgrenzen, Kündigungsschutz nach Erreichen der Altersgrenze und die Befristung von „Altersrentnern", Eine Skizze im Lichte der Hörnfeldt-Entscheidung des EuGH, NJW 2012, S. 2758 ff.

Bayreuther, Frank: Auflösung des Arbeitsverhältnisses durch Altersgrenzen und die Beschäftigung von „Altersrentnern, NZA-Beilage 2015, S. 84 ff.

Bayreuther, Frank: Der gesetzliche Mindestlohn, NZA 2014, S. 865 ff.

Bayreuther, Frank: Gesetzlicher Mindestlohn und sittenwidrige Arbeitsbedingungen, NJW 2007, S. 2022 ff.

Bepler, Klaus: Problematische Arbeitsverhältnisse und Mindestlohn, in: *Wißmann/Annuß/Picker* (Hrsg.), Festschrift für Reinhard Richardi zum 70. Geburtstag, München 2007, S. 189 ff.

Blumenwitz, Dieter: Einführung in das anglo-amerikanische Recht, JuS Schriftenreihe, 7. Auflage, München 2003.

Boeck, Björn: Das Verhältnis von Mindestlohn und Sittenwidrigkeits-rechtsprechung, RdA 2018, S. 210 ff.

Böggemann, Stephen: Arbeitsgerichtliche Rechtsprechung zum Lohnwucher, NZA 2011, S. 493 ff.

Bosch, Gerhard: Schriftliche Stellungnahme zur öffentlichen Anhörung am 30. Juni 2014 in Berlin, BT-Ausschuss-Drucksache, Ausschuss Arbeit und Soziales 18(11)148, S. 62 ff. (zitiert als *Bosch*, Stellungnahme (2014)).

Bouquet, Stefanie: Die Auswirkungen der eruopäischen Regelungen zur Altersdiskriminierung auf das französische Arbeitsrecht, Dissertation, Würzburg 2011.

Literaturverzeichnis

BR-Drucksache 147/1/14 vom 12.05.2014: Empfehlungen der Ausschüsse, (Ausschuss für Arbeit und Sozialpolitik, der Rechtsausschuss und der Wirtschaftsausschuss) zum Entwurf eines Gesetzes zur Stärkung der Tarifautonomie (Tarifautonomiestärkungsgesetz).

BR-Drucksache 147/14 (Beschluss) vom 23.05.2014: Stellungnahme des Bundesrates zum Entwurf eines Gesetzes zur Stärkung der Tarifautonomie (Tarifautonomiestärkungsgesetz).

Britz, Gabriele: Der allgemeine Gleichheitssatz in der Rechtsprechung des BVerfG, Anforderungen an die Rechtfertigung von Ungleichbehandlungen durch Gesetz, NJW 2014, S. 346 ff.

Brockhaus-Verlag: Brockhaus – Die Enzyklopädie in 30 Bänden, 21. Auflage 2006.

Brors, Christiane: Europäische Rahmenbedingungen für den neuen Mindestlohn und seine Ausnahmen, NZA 2014, S. 938 ff.

BT- Drucksache 18/1558 vom 28.05.2014: Gesetzentwurf der Bundesregierung – Entwurf eines Gesetzes zur Stärkung der Tarifautonomie (Tarifautonomiestärkungsgesetz).

Bug, Arnold: Ausnahmen von einem gesetzlichen Mindestlohn für einzelne Arbeitnehmergruppen aus verfassungsrechtlicher Sicht; Wissenschaftliche Dienste, WD 6 – 3000 – 002/14 vom 13. Januar 2014.

Callies, Christian; Ruffert, Matthias (Hrsg.): EUV/AEUV, Das Verfassungsrecht der Europäischen Union mit Europäischer Grundrechtecharta, Kommentar, 5. Auflage, München 2016.

Collins, Hugh; Ewing, K.D.; McColgan, Aileen: Labour Law, Cambridge 2012.

Cooper, Preston: Exemption from Minimum Wages would Help Younger Workers, Commentary vom 7. Januar 2015., Economics 21, Manhattan Institute for Policy Research.

Cooper, Preston: Help Young Workers With a Youth Minimum Wage, Commentary vom 8. August 2016, Economics 21, Manhattan Institute for Policy Research.

Crawford, Claire et al.: The impact of the minimum wage regime on the education and labour market choices of young people: a report to the Low Pay Commission; December 2011.

Däubler, Wolfgang: Der gesetzliche Mindestlohn – doch eine unendliche Geschichte?, NJW 2014, S. 1924 ff.

Däubler, Wolfgang: Tarifvertragsrecht, Ein Handbuch, 3. Auflage, Baden-Baden 1993.

Detzer, Daniel: Mindestlöhne und Beschäftigung – Die theoretische Debatte und empirische Ergebnisse, WSI-Mitteilungen 8/2010, S. 412 ff.

Dreesen, Flemming: Mindestlohn in Dänemark, NZA-Beilage 2009, S. 13 ff.

Dreier, Horst (Hrsg.): Grundgesetz Kommentar, 3. Auflage, Band I, Tübingen 2013.

Düwell, Franz Josef; Schubert, Jens: Mindestlohngesetz, Handkommentar, 2. Auflage, Baden-Baden 2016.

Epping, Volker; Hillgruber,Christian (Hrsg.) : Beck'scher Online-Kommentar Grundgesetz, 38. Edition, München, Stand 15.8.2018 (zitiert als BeckOK GG/*Bearbeiter*).

Erman, Walter (Begr.): Bürgerliches Gesetzbuch, Handkommentar, Band 1, 15. Auflage, Köln 2017.

Fischer, Mattias G.: Gesetzlicher Mindestlohn – Verstoß gegen die Koalitionsfreiheit?, ZRP 2007, S. 20 ff.

Fischer-Lescano, Andreas: Verfassungs-, völker- und europarechtlicher Rahmen für die Gestaltung von Mindestlohnausnahmen, Rechtsgutachten im Auftrag des Wirtschafts- und Sozialwissenschaftlichen Instituts in der Hans-Böckler-Stiftung (WSI) und des Deutschen Gewerkschaftsbundes (DGB), März 2014.

Franzen, Martin; Gallner, Inken; Oetker, Hartmut (Hrsg.): Kommentar zum europäischen Arbeitsrecht, 2. Auflage München 2018. (zitiert als *Franzen*, Europäisches Arbeitsrecht)

Fuchs, Maximilian; Marhold, Franz: Europäisches Arbeitsrecht, 5. Auflage, Wien 2017.

George, Roman: Mindestlöhne und Beschäftigung, WSI-Mitteilungen 9/2008, S. 479 ff.

Giesen, Richard: Rechtspolitik des Mindestlohns, in: *Schubert, Jens M.* (Hrsg.), Anforderungen an ein modernes kollektives Arbeitsrecht, Festschrift für Otto Ernst Kempen, Baden-Baden 2013, S. 216 ff.

Giesen, Richard: Verbotene Altersdiskriminierung durch befristete Arbeitsverträge mit Arbeitnehmern ab 52 Jahren, SAE Sammlung Arbeitsrechtlicher Entscheidungen, 02/2006, S. 45 ff.

Grabitz, Eberhard; Hilf, Meinhard; Nettesheim, Martin: Das Recht der Europäischen Union, EUV/AEUV, 65. EL, August 2018, München.

Gries, Jürgen; et al.: Bildungssysteme in Europa, Kurzdarstellungen, Arbeitsmaterialien, Institut für Sozialforschung, Informatik und Soziale Arbeit, Berlin 2005.

Groeben, Hans von der; Schwarze, Jürgen; Hatje, Armin: Europäisches Unionsrecht, Vertrag über die Europäische Union – Vertrag über die Arbeitsweise der Europäischen Union – Charta der Grundrechte der Europäischen Union, Kommentar, 7. Auflage, Baden-Baden 2015.

Grzeszick, Bernd: Ausnahmen vom gesetzlichen Mindestlohn: verfassungsrechtlich zulässiger Kompromissweg?, ZRP 2014, S. 66 ff.

Grzeszick, Bernd: Die verfassungsrechtliche Zulässigkeit von Ausnahmeregelungen zum gesetzlichen Mindestlohn, März 2014, Studie im Auftrag der Vereinigung der Bayrischen Wirtschaft e.V.

Haberzettl, Katja: Varianten der Kodifizierung eines Mindestlohns und ihre Vereinbarkeit mit höherrangigem Recht, Baden-Baden 2011.

Hanau, Peter: 60 Jahre Bundesarbeitsgericht, Eine Chronik, München 2014.

Hantel, Peter: Europäisches Arbeitsrecht, Mit zahlreichen Beispielsfällen aus der Rechtsprechung des EuGH, Berlin u.a. 2016.

Literaturverzeichnis

Hardy, Stephen; Butler, Mark: Labour Law in Great Britain, Sixth Edition, Alphen aan den Rijn 2014.
Hay, Peter: US-Amerikanisches Recht, 6. Auflage, München 2015.
Henssler, Martin: Mindestlohn und Tarifrecht, RdA 2015, S. 43 ff.
Heselhaus, Sebastian; Nowak, Carsten: Handbuch der Europäischen Grundrechte, München 2006.
Heuer, Jan: Art. 51 Abs. 1 Satz 1 GRC: Die Bindung der Mitgliedstaaten an die Unionsgrundrechte, München 2014.
Heukenkamp, Elisabeth: Gesetzlicher Mindestlohn in Deutschland und Frankreich, Dissertation, Baden-Baden 2017.
Hilgenstock, Christopher: Mindestlohngesetz, Eine systematische Darstellung, München 2014.
Huster, Stefan: Gleichheit im Mehrebenensystem: Die Gleichheitsrechte der Europäischen Union in systematischer und kompetenzrechtlicher Hinsicht, EuR 2010, S. 325 ff.
Ipsen, Jörg: Staatsrecht II, Grundrechte, 21. Auflage, München 2018.
Isensee, Josef; Kirchhof, Paul (Hrsg.): Handbuch des Staatsrechts der Bundesrepublik Deutschland, Band VIII, Grundrechte: Wirtschaft, Verfahren, Gleichheit, 3. Auflage, Heidelberg 2010.
Jacobs, Antoine: Labour Law in the Netherlands, Second Edition, Alphen aan den Rijn 2015.
Jansen, Anika et al.: Ausbildung in Deutschland weiterhin investitionsorientiert – Ergebnisse der BIBB-Kosten-Nutzen-Erhebung 2012/13, BIBB Report 1/2015, Bonn 2015.
Jarass, Hans D.: Charta der Grundrechte der Europäischen Union, Kommentar, 3. Auflage, München 2016.
Jarass, Hans D.: Die Bindung der Mitgliedstaaten an die EU-Grundrechte, NVwZ 2012, S. 457 ff.
Jarass, Hans D.: Zum Verhältnis von Grundrechtecharta und sonstigem Recht, EuR 2013, S. 29 ff.
Jarass, Hans D.; Pieroth, Bodo: Grundgesetz für die Bundesrepublik Deutschland, Kommentar, 15. Auflage, München 2018.
Junker, Abbo: Europäische Grund- und Menschenrechte und das deutsche Arbeitsrecht (unter besonderer Berücksichtigung der Koalitionsfreiheit), ZfA 2013, S. 91 ff.
Junker, Abbo: Gesetzlicher Mindestlohn und Europäische Grundfreiheiten, EuZA 2015, S. 399 ff.
Junker, Abbo: Grundkurs Arbeitsrecht, 17. Auflage, München 2018.
Kahl, Wolfgang; Waldhoff, Christian; Walter, Christian (Hrsg.): Bonner Kommentar zum Grundgesetz, Stand: 196. Ergänzungslieferung 2019.
Kainer, Friedemann: Mindestlohnregelungen im Lichte der europäischen Grundfreiheiten, NZA 2016, S. 394 ff.

Kearns, Ellen C. (editor): The Fair Labor Standards Act, Second Edition, Arlington 2010.

Kingreen, Thorsten; Poscher, Ralf: Grundrechte Staatsrecht II, 34. Auflage, Heidelberg 2018.

Klein, Eckart: Grundrechtliche Schutzpflicht des Staates, NJW 1989, S. 1633 ff.

KMK → Sekretariat der Ständigen Konferenz der Kultusminister der Länder in der Bundesrepublik Deutschland.

Krönke, Christoph: Datenpaternalismus, Staatliche Interventionen im Online-Datenverkehr zwischen Privaten, dargestellt am Beispiel der Datenschutz-Grundverordnung, Der Staat 55 (2016), S. 319 ff.

Krönke, Christoph: Die Verfahrensautonomie der Mitgliedstaaten der Europäischen Union, Dissertation, Tübingen 2013.

Krönke, Christoph: Ungleiche Vergütungsregeln im Netzstabilisierungsregime des EnWG, EnWZ 2018, S. 59 ff.

Krüper, Julian (Hrsg.): Grundlagen des Rechts, 3. Auflage, Baden-Baden 2017.

Lakies, Thomas: Jugendarbeitsschutzgesetz, Basiskommentar zum JArbSchG mit Einleitung und ergänzenden Vorschriften, 8. Auflage, Frankfurt a.M. 2018.

Lakies, Thomas: Mindestlohngesetz, Basiskommentar zum MiLoG, 3. Auflage, Frankfurt a.M. 2017.

Lakies, Thomas: Wie niedrig darf der Lohn sein?, ArbRAktuell 2011, S. 554 ff.

Latzel, Clemens: Die Anwendungsbereiche des Unionsrechts, EuZW 2015, S. 658 ff.

Lesch, Hagen; Mayer, Alexander; Schmid Lisa: Das deutsche Mindestlohngesetz: Eine erste ökonomische Bewertung, IW policy paper 4/2014. Institut der deutschen Wirtschaft, Köln.

Lobinger, Thomas: Mindestlohn und Menschenwürde, in: *Anderheiden/Keil/Kirste/Schaefer* (Hrsg.) Verfassungsvoraussetzungen, Gedächtnisschrift für Winfried Brugger, Tübingen 2013, S. 355 ff.

Lobinger, Thomas: Stärkung oder Verstaatlichung der Tarifautonomie, JZ 2014, S. 810 ff.

Lobinger, Thomas: Vertragsfreiheit und Diskriminierungsverbote, Privatautonomie im modernen Zivil-und Arbeitsrecht, in: *Isensee, Josef* (Hrsg.): Vertragsfreiheit und Diskriminierung, Berlin 2007, S. 99 ff.

Lorig, Wolfgang; Hirsch, Mario: Das politische System Luxemburgs, Eine Einführung, Wiesbaden 2008.

Löwisch, Manfred; Rieble, Volker: Tarifvertragsgesetz, Kommentar, 4. Auflage, München 2017.

Mager, Ute: Altersdiskriminierung – Eine Untersuchung zu Konzept und Funktionen eines ungewöhnlichen Diskriminierungsverbots, in: *Joost, Detlev* et. al. (Hrsg.), Festschrift für Franz Jürgen Säcker zum 70. Geburtstag, München 2011.

Maunz, Theodor; Dürig, Günter (Begr.): Grundgesetz Kommentar, 84. EL, August 2018, München.

Meyer, Jürgen (Hrsg.): Charta der Grundrechte der Europäischen Union, 4. Auflage, Baden-Baden 2014.

Literaturverzeichnis

Mohr, Jochen: Höchstaltersgrenzen für die Einstellung und die Berufsausübung unter Geltung des europarechtlichen Diskriminierungsverbots wegen des Alters, EuZA 2010, S. 371 ff.

Mohr, Jochen: Zulässigkeit unmittelbarer Altersdiskriminierung auf Grund unternehmensindividueller Gesichtspunkte, RdA 2017, S. 35 ff.

Möller, Kai: Paternalismus und Persönlichkeitsrecht, Berlin 2005.

MüKoBGB → Säcker; Franz Jürgen et al. (Hrsg.): Münchener Kommentar zum Bürgerlichen Gesetzbuch.

Nassibi, Ghazaleh: Sicherung des Existenzminimums durch Entlohnung im Arbeitsverhältnis?, AuR 2012, S. 305 ff.

Natzel, Benno: Zur Angemessenheit der Ausbildungsvergütung, DB 1992, S. 1521 ff.

Nordlund, Willis J.: A Brief History of the Fair Labour Standards Act, Labour Law Journal 1988, S. 715 ff.

Painter, Richard W.; Holmes, Ann E.M.: Cases & Materials on Employment Law, 10th Edition, Oxford 2015.

Palandt, Otto (Begr.): Bürgerliches Gesetzbuch (BGB), Kommentar, 77. Auflage, München 2018

Pfeifer, Harald; Walden, Günter; Wenzelmann; Felix: Reduziert die Einführung eines Mindestlohns die Anreize, eine Berufsausbildung aufzunehmen?, BWP 2/2014, S. 48 ff.

Philip Plickert: Mindestlohn mit Kipppunkt, F.A.Z. Nr. 263 vom 12. November 2018, S. 16.

Picker, Christian: Das neue Mindestlohngesetz, JSE 2015, S. 4 ff.

Picker, Christian: Niedriglohn und Mindestlohn, RdA 2014, S. 25 ff.

Picker, Christian; Sausmikat, Philipp: Ausnahmsweise Mindestlohn? Das MiLoG und die Praktikanten, NZA 2014, S. 942 ff.

Plagemann, Hermann: Anmerkung zum Urteil des LAG Berlin-Brandenburg vom 9.1.2015 – 6 Sa 1343/14, 6 Sa 1953/14, FD-SozVR 2015, 369717.

Popella, Florian: Praktikanten zwischen Mindestlohngesetz und Berufsbildungsgesetz, Dissertation, Baden-Baden 2017.

Preis, Ulrich: Arbeitsrecht, Individualarbeitsrecht, Lehrbuch für Studium und Praxis, 5. Auflage, Köln 2017.

Preis, Ulrich: Erfurter Kommentar zum Arbeitsrecht, 19. Auflage, München 2019 (zitiert als ErfK/*Bearbeiter*).

Preis, Ulrich: Schriftliche Stellungnahme zur öffentlichen Anhörung am 30. Juni 2014 in Berlin, BT-Ausschuss-Drucksache, Ausschuss Arbeit und Soziales 18(11)148, S. 76 ff. (zitiert als *Preis*, Stellungnahme (2014)).

Preis, Ulrich; Sagan, Adam: Europäisches Arbeitsrecht, Grundlagen – Richtlinien – Folgen für das deutsche Recht, Köln 2015.

Preis, Ulrich; Temming, Felipe: Der EuGH, das BVerfG und der Gesetzgeber – Lehren aus Mangold II, NZA 2010, S. 185 ff.

Preis, Ulrich; Ulber, Daniel: Die Verfassungsmäßigkeit des allgemeinen gesetzlichen Mindestlohns, Rechtsgutachten auf Ersuchen der Hans-Böckler-Stiftung, Arbeitspapier 305, Köln 2014 (zitiert als *Preis/Ulber*, Gutachten (2014)); Gutachten online abrufbar unter https://www.boeckler.de/pdf/p_arbp_305.pdf (zuletzt abgerufen am 29.11.2018).

Richevaux, Marc: Jeunes, JurisClasseur 2010, Fascicule 9-15.

Rieble, Volker: Funktionalität allgemeiner und sektoraler Mindestlöhne, in: *Rieble/Junker/Giesen* (Hrsg.), Mindestlohn als politische und rechtliche Herausforderung, München 2011, S. 17-41.

Rieble, Volker; Picker, Christian: Lohnwucher, ZfA 2014, S. 153 ff.

Riechert, Christian; Nimmerjahn, Lutz: Mindestlohngesetz, Kommentar, 1. Auflage, München 2015.

Riechert, Christian; Nimmerjahn, Lutz: Mindestlohngesetz, Kommentar, 2. Auflage, München 2017.

Riesenhuber, Karl: Europäisches Arbeitsrecht, Eine systematische Darstellung, Heidelberg u.a. 2009.

Rolfs, Christian; et al. (Hrsg.): Beck'scher Online-Kommentar Arbeitsrecht, 49. Edition, München, Stand 1.9.2018 (zitiert als BeckOK ArbR/*Bearbeiter*).

Rolfs, Christian; et al. (Hrsg.): Beck'scher Online-Kommentar Sozialrecht, 50. Edition, München, Stand 1.9.2018 (zitiert als BeckOK SozR/*Bearbeiter*).

Rothballer, Thomas: Berufliche Anforderungen im AGG, Dissertation, Berlin 2016.

Rutter, Jill; Marshall, Edward; Sims, Sam: The introduction of the National Minimum Wage (1998), in: *dies.*, The "S" Factors, Lessons from IFG's policy success reunions, S. 60 ff.

Sachs, Michael (Hrsg.): Grundgesetz, Kommentar, 8. Auflage, München 2018.

Säcker; Franz Jürgen et al. (Hrsg.): Münchener Kommentar zum Bürgerlichen Gesetzbuch, Band 1, Allgemeiner Teil, 8. Auflage, München 2018 (zitiert als MüKoBGB/*Bearbeiter*).

Säcker; Franz Jürgen et al. (Hrsg.): Münchener Kommentar zum Bürgerlichen Gesetzbuch, Band 4, Schuldrecht, Besonderer Teil II, 7. Auflage, München 2016 (Zitiert als MüKoBGB/*Bearbeiter*).

Schaub, Günter (Begr.): Arbeitsrechts-Handbuch, Systematische Darstellung und Nachschlagewerk für die Praxis; 17. Auflage, München 2017.

Schlachter, Monika: Das Verbot der Altersdiskriminierung und der Gestaltungsspielraum der Tarifvertragsparteien, Gutachten, Trier 2014.

Schlaich, Klaus; Korioth, Stefan: Das Bundesverfassungsgericht – Stellung, Verfahren, Entscheidungen – Ein Studienbuch, 11. Auflage, München 2018.

Schmidt-Bleibtreu, Bruno; Hofmann, Hans; Henneke, Hans-Günter: GG, Kommentar zum Grundgesetz, 14. Auflage, Köln 2017.

Schroeder, Werner: Das Gemeinschaftsrechtsystem: eine Untersuchung zu den rechtsdogmatischen, rechtstheoretischen und verfassungsrechtlichen Grundlagen des Systemdenkens im Europäischen Gemeinschaftsrecht, Dissertation, Tübingen 2002.

Literaturverzeichnis

Schubert, Claudia: Der Tarifvertrag in den Schranken Europas – Die Tarifautonomie als Bestandteil der europäischen Wirtschaftsordnung, ZfA 2013, S. 1 ff.

Schulten, Thorsten: Mindestlohnregime in Europa...und was Deutschland von ihnen lernen kann, Studie für die Friedrich Ebert Stiftung, Berlin, Februar 2014.

Schulten, Thorsten: Schriftliche Stellungnahme zur öffentlichen Anhörung am 30. Juni 2014 in Berlin, BT-Ausschuss-Drucksache, Ausschuss Arbeit und Soziales 18(11)148, S. 83 ff. (zitiert als *Schulten*, Stellungnahme (2014)).

Schulten, Thorsten; Bispinck Reinhard: Stellungnahme des Wirtschafts- und Sozialwissenschaftlichen Institutes (WSI) in der Hans-Böckler-Stiftung zum Gesetzentwurf der Bundesregierung über ein „Gesetz zur Stärkung der Tarifautonomie" (Tarifautonomiestärkungsgesetz) vom 28.05.2014, BT-Drs.18/1558 sowie zum Antrag der Fraktion DIE LINKE „Mindestlohn in Höhe von 10 Euro pro Stunde einführen" vom 19.02. 2014, BT-Drs. 18/590, anlässlich der öffentlichen Anhörung des Bundestagsausschusses für Arbeit und Soziales am 30.06.2014 in Berlin (zitiert als *Schulten/Bispinck*, Stellungnahme WSI (2014)).

Schulten, Thorsten; Bispinck, Reinhard; Schäfer, Claus (Hrsg.): Mindestlöhne in Europa, Hamburg 2006.

Seifert, Achim: Der salaire minimum interprofessionel de croissance (SMIC): rechtliche Gestaltung und Erfahrungen, in: *Rieble/Junker/Giesen* (Hrsg.), Mindestlohn als politische und rechtliche Herausforderung, München 2011, S. 75 – 102.

Sekretariat der Ständigen Konferenz der Kultusminister der Länder in der Bundesrepublik Deutschland (Hrsg.) : Das Bildungswesen in der Bundesrepublik Deutschland 2014/2015, Darstellung der Kompetenzen, Strukturen und bildungspolitischen Entwicklungen für den Informationsaustausch in Europa, bearbeitet von Thomas Eckhardt, Bonn 2017. (Zitiert als KMK)

Simpson, Bob: A Milestone in the Legal Regulation of Pay: The National Minimum Wage Act 1998, ILJ 1999, Volume 28, S. 1 ff.

Sittard, Ulrich: Das MiLoG – Ein Ausblick auf die Folgen und anstehende Weichenstellungen, NZA 2014, 951.

Sittard, Ulrich: Verfassungs- und europarechtliche Anmerkungen zu den Mindestlohnbeschlüssen des Deutschen Juristentags, NZA 2010, S. 1160 ff.

Sodan, Helge; Zimmermann Markus: Tarifvorrangige Mindestlöhne versus Koalitionsfreiheit – Die Neufassungen des Mindestarbeitsbedingungengesetzes und des Arbeitnehmer-Entsendegesetzes, NJW 2009, S. 2001 ff.

Staudinger, Julius von (Begr.): Kommentar zum Bürgerlichen Gesetzbuch mit Einführungsgesetz und Nebengesetzen, Buch 1, Allgemeiner Teil, §§ 134 – 138; ProstG, Berlin, Neubearbeitung 2017.

Staudinger, Julius von (Begr.): Kommentar zum Bürgerlichen Gesetzbuch mit Einführungsgesetz und Nebengesetzen, Buch 2, Recht der Schuldverhältnisse, §§ 611 – 613 (Dienstvertragsrecht 1), Berlin, Neubearbeitung 2016.

Steinhauser, Lenz: Altersdiskriminierung in Großbritannien, Dissertation, Berlin 2012.

Stern, Klaus; Sachs, Michael: Europäische Grundrechte-Charta, GRCh, Kommentar, München 2016.

Sternberg-Lieben, Detlev; Reichmann Philipp: Die gesetzliche Regelung der Patientenverfügung und das medizinische Selbstbestimmungsrecht Minderjähriger, NJW 2012, S. 257 ff.

Streinz, Rudolf: Europarecht, 10. Auflage, München 2016.

Streinz, Rudolf: EUV/AEUV, Beck'sche Kurzkommentare, 3. Auflage, München 2018 (zitiert als Streinz/*Bearbeiter*, EUV/AEUV).

Streinz, Rudolf; Liesching, Marc; Hambach, Wulf (Hrsg.): Glücks- und Gewinnspielrecht in den Medien, Kommentar, München 2014.

Temming, Felipe: Der Fall Palacios: Kehrtwende im Recht der Altersdiskriminierung), NZA 2007, S. 1193 ff.

Thaler, Richard; Sunstein, Cass: Nudge: Improving Decisions about Health, Wealth and Happiness, New Haven u.a., 2008.

Thüsing, Gregor: Blick in das europäische und ausländische Arbeitsrecht, RdA 2008, S. 51 ff.

Thüsing, Gregor: Europäisches Arbeitsrecht, 3. Auflage, München 2017.

Thüsing, Gregor: Schriftliche Stellungnahme zur öffentlichen Anhörung am 30. Juni 2014 in Berlin, BT-Ausschuss-Drucksache, Ausschuss Arbeit und Soziales 18(11)148, S. 52 ff. (zitiert als *Thüsing*, Stellungnahme (2014)).

Ulber, Daniel: Legislative Einschätzungsprärogative im Arbeitsrecht, NZA 2016, S. 619 ff.

Ulber, Daniel: Personelle Ausnahmen und Einschränkungen im MiLoG, AuR 2014, S. 404 ff.

Vachet, Gérard: Salaire – Fixation, JurisClasseur 2010, Fascicule 26-10.

van Peijpe, Taco: Minimum Income Protection in the Netherlands, NZA-Beilage 2009, S. 97 ff.

Walter, Christian; Grünewald, Benedikt (Hrsg.): Beck'scher Online-Kommentar BVerfGG, 5. Edition, München, Stand 1.6.2018 (zitiert als BeckOK BVerfGG/*Bearbeiter*).

Waltermann, Raimund: Aktuelle Fragen des Mindestlohngesetzes, AuR 2015, S. 166 ff.

Waltermann, Raimund: Mindestlohn oder Mindesteinkommen?, NJW 2010, S. 801 ff.

Waltermann, Raimund: Mindestlohn, Mindesteinkommen, Mindestsicherung – Eine Bewertung aus der Sicht des deutschen Arbeits- und Sozialrechts, NZA-Beilage 2009, S. 110 ff.

Wank, Rolf: Der Mindestlohn, RdA 2015, S. 88 ff.

Wank, Rolf: Mindestlöhne – Begründungen und Instrumente, in: *Bauer, Jobst-Hubertus* et al. (Hrsg.): Festschrift für Herbert Buchner zum 70. Geburtstag, München 2009, S. 898 ff.

Weber, Klaus (Hrsg.): Creifelds Rechtswörterbuch, 22. Auflage, München 2017.

Weiss, Alexander: Der mutmaßliche Gesetzgeberwille als Argumentationsfigur, ZRP S. 66 ff.

Literaturverzeichnis

Weiß, Wolfgang: Grundrechtsschutz durch den EuGH: Tendenzen seit Lissabon, EuZW 2013, S. 287 ff.

Wiedemann, Herbert; Thüsing, Gregor: Der Schutz älterer Arbeitnehmer und die Umsetzung der Richtlinie 2000/78/EG, NZA 2002, S. 1234 ff.

Winkler, Daniela: Kommentierung zu Art. 12 GG, Stand: 47. EL, September 2015, in: *Friauf, Karl Heinrich; Höfling, Wolfram* (Hrsg.): Berliner Kommentar zum Grundgesetz, Loseblattsammlung.

Wissenschaftliche Dienste, Deutscher Bundestag: Ausnahme von einem gesetzlichen Mindestlohn für Jugendliche ohne Berufsausbildung vor dem Hintergrund des allgemeinen Gleichheitssatzes sowie dessen mögliche Ausweitung auf junge Erwachsene bis 21 Jahren, WD 6 – 3000 – 114/14. *Der Name des Autors dieses Gutachtens ist nicht veröffentlicht.*

Wissenschaftliche Dienste, Deutscher Bundestag: Kompetenzen des Bundes im Bereich des Bildungswesens, Handlungsoptionen für eine gesamtstaatliche Bildungspolitik, WD 3 – 3000 – 126/09 vom 2. April 2009. *Der Name des Autors dieses Gutachtens ist nicht veröffentlicht.*

Wissenschaftliche Dienste, Deutscher Bundestag: Mindestlöhne für jüngere Arbeitnehmer/Jugendliche in Europa und die Auswirkungen auf das Beschäftigungsniveau dieser Gruppen, WD 6 – 3000 – 060/14 vom 26.03.2014. *Der Name des Autors dieses Gutachtens ist nicht veröffentlicht.*

Wolf, Roland: Der neue Mindestlohn, Tarifstärkung geht anders!, BB 2014, Nr. 21, Die erste Seite.

Wolff, Johanna: Eine Annäherung an das Nudge-Konzept nach Richard H. Thaler und Cass R. Sunstein aus rechtswissenschaftlicher Sicht, Rechtswissenschaft 2015, S. 194 ff.

Zeising, Patrick; Weigert, Daniel-René: Verfassungsmäßigkeit des Mindestlohngesetzes, NZA 2015, S. 15 ff.